"十四五"职业教育国家规划教材

课程思政示范课程配套教材

高等职业教育商贸类专业群

物流类专业智慧物流系列教材

供应链管理基础

（第二版）

- 主　编　马　翔
- 副主编　刘小军

中国教育出版传媒集团

高等教育出版社·北京

内容简介

本教材是"十四五"职业教育国家规划教材，也是高等职业教育商贸类专业群物流类专业智慧物流系列教材。

"供应链管理基础"是《职业教育专业简介（2022年修订）》中商贸类专业的专业基础课和专业核心课。本教材立足立德树人根本任务，从树立供应链思维，拓展德技并修素养，培养复合型、创新型人才要求出发，构建知识、技能与素养体系。本教材内容包括：供应链管理认知、供应链战略管理、供应链体系构建、供应链伙伴关系管理、供应链计划管理、供应链运营管理、供应链物流管理、供应链绩效管理、供应链风险管理和供应链服务与创新。

本教材既可以作为高等职业教育专科、本科物流类、电子商务类、工商管理类等专业的教材，也可以作为社会学习者了解供应链管理的普及性读本。

本教材依托供应链运营专业教学资源库，配有数字化教学资源，精选其中具有典型性、实用性的资源以二维码方式标注，供读者即扫即用，满足学习者全方位、立体化、颗粒化线上线下学习需要。教师如需获取本书授课用PPT、电子教案、习题答案等配套资源，请登录"高等教育出版社产品信息检索系统"（xuanshu.hep.com.cn）免费下载。

图书在版编目（CIP）数据

供应链管理基础 / 马翔 主编. -- 2版. -- 北京：
高等教育出版社，2024.8（2025.5重印）. -- ISBN 978-7-04-062445-8

Ⅰ.F252.1

中国国家版本馆CIP数据核字第2024VS0750号

供应链管理基础（第二版）
GONGYINGLIAN GUANLI JICHU

策划编辑	康 蓉	**责任编辑**	康 蓉	**封面设计**	赵 阳	**版式设计**	赵 阳
责任绘图	于 博	**责任校对**	张 薇	**责任印制**	存 怡		

出版发行	高等教育出版社	**社址**	北京市西城区德外大街4号	**邮政编码** 100120
购书热线	010-58581118	**咨询电话**	400-810-0598	
网址	http://www.hep.edu.cn	http://www.hep.com.cn		
网上订购	http://www.hepmall.com.cn	http://www.hepmall.com	http://www.hepmall.cn	
印刷	北京华联印刷有限公司	**开本** 787mm×1092mm 1/16	**印张** 18	
字数	430 千字	**版次** 2020年10月第1版 2024年8月第2版	**印次** 2025年5月第2次印刷	
定价	49.80元			

本书如有缺页、倒页、脱页等质量问题，请到所购图书销售部门联系调换
版权所有 侵权必究
物料号 62445-00

经世济民
诚信服务
德法兼修

第二版前言

近年来，不论是在行业企业发展的技术与模式上，以及在社会经济发展的环境与生态上，还是在全球产业格局的重构与竞争上，供应链都发生了深刻变化。

新一轮科技革命和产业变革叠加复杂的国际环境和科技竞争，促使国际产业分工格局和竞争版图深刻调整，全球产业链供应链加速重构，供应链的竞争从微观企业供应链竞争向中观产业链供应链延伸，进而上升为国家安全体系的宏观层面。面对世界之变、时代之变、历史之变的挑战，党的二十届三中全会通过的《中共中央关于进一步全面深化改革　推进中国式现代化的决定》（以下简称《决定》）明确指出："健全提升产业链供应链韧性和安全水平制度"，形成具有自主可控、稳定畅通、安全可靠、抗击能力强的产业链供应链，既是我国实现高质量发展、建设现代化产业体系和构建新发展格局的根本路径，也是增强我国产业国际竞争力、应对风险挑战和维护经济安全的必然要求。

在数字经济发展的大潮下，随着各类智能装备和新一代信息技术、人工智能技术等的广泛应用，供应链竞争的模式加速向基于数字化环境的竞争转变，如果我们不积极拥抱数字化供应链，则将会处于弱势，甚至被淘汰。数字化已不再是"选择题"，而是"必答题"。同时，在全球气候变化、环境污染、资源匮乏等人类面临的共同挑战下，供应链的绿色发展对于推动全球经济绿色发展具有重要意义。许多国家作出碳中和承诺，知名企业也纷纷提出碳达峰、碳中和时间表。低碳、绿色成为未来供应链发展的必由之路。

供应链数字化转型是一项复杂的跨界工程，需要具备数据思维与数字化能力的高素质技术技能人才。《中华人民共和国职业分类大典（2022年版）》中首次增加"数字职业"标识（标识为S），新职业供应链管理师便是其中之一。数字化技术技能已成为支撑供应链职业人才岗位胜任力的基本能力，越来越多的社会评价组织、知名企业将数字技术技能列为关键职业能力的评价内容之一。面对越来越纷繁复杂的国际环境和不断创新变革的供应链新业态新模式，供应链管理也需要跨学科、跨专业的复合型、创新型人才。

为适应供应链行业发展的新业态、新模式，跟上新技术革命与产业变革的步伐，应对国际社会的新形势和新挑战，服务产业转型升级与国家重大战略，贯彻习近平总书记提出的"整合科技创新资源，引领发展战略性新兴产业和未来产业，加快形成新质生产力"，深入推进职普融通、产教融合、科教融汇，第二版教材在保持第一版原有知识、技能与素养体系不变的前提下，着重体现以下鲜明特点：

1. 设计双线课程思政体系，落实立德树人根本任务

贯彻二十届三中全会提出的中国式现代化是物质文明和精神文明相协调的现代化，深入挖掘供应链知识技能体系中的内生性课程思政元素，构建提升产业链供应链硬核实力与培育事业兴民为本的家国情怀的双线课程思政体系，设置"和合自主铸链兴企""创新驱动强链强国""制度保障稳链为民"三个课程思政特色栏目，创新德技一体案例设计思想，精心选用专业性和思政性一体化的双功能案例，形成提升产业竞争力与安全性的"铸链—强链—稳链"供应链保障线和体现社会主义制度优势与价值观的"兴企—强国—为民"课程思政升华线。

2. 立足中国企业实践，服务国家产业战略

本次修订着重体现中国特色。一是引导案例选取国企在智能装备、航空航天等领域的科技创新案例和央企共链行动等重大强链活动，讲好中国故事，彰显中国智慧；二是精选中国企业在智能制造、乡村振兴、科技创新等重点领域的创新案例，体现合作共赢、自主可控、绿色低碳等供应链思想，增强民族自豪感和自信心；三是设计"调查研究与善作善成"，针对新能源汽车、AGV 机器人、生鲜冷链等我国产业链供应链的热点难点设置任务情境，增强学生的行业认知、职业认同和责任感、使命感。

3. 构建数字技能体系，适应数字经济转型

《决定》指出："健全促进实体经济和数字经济深度融合制度。"这已成为中国式现代化建设的重要任务。人工智能、区块链、物联网、大数据、云计算等技术越来越广泛应用于供应链，数字技术贯穿供应链全流程，极大地提升了供应链的效率和质量。本次修订在每章都增加了数字化供应链的内容，基于我国企业的数字化转型实践，引入数字孪生、机器学习、AI 大模型、中台控制塔等新技术在供应链中的应用场景，介绍供应链管理中的数字技术、数字应用，以及由此带来的新业态、新模式。

4. 深刻领会创新驱动，赋能形成新质生产力

《决定》明确指出"健全因地制宜发展新质生产力体制机制。"新业态、新模式是新质生产力的重要组成部分，供应链管理作为一种现代管理模式和方法，借助新一代信息技术、人工智能技术不断迭代，成为现代商业模式和服务模式创新的引领者。本次修订新增与新质生产力的相关知识和案例，体现供应链创新有效赋能生产制造、商贸流通各行各业，加速形成新质生产力，成为产业链发展壮大的倍增器。

本教材由广东财贸职业学院马翔教授主编，设计整体修订方案并定稿审核，由刘小军任副主编。在本教材修订过程中，深圳城市职业学院（深圳技师学院）刘小军博士负责编写数字化供应链的内容，武汉交通职业学院丁立群博士负责"调查研究与善作善成"部分的设计编写，深圳市怡亚通教育发展有限公司李铁光总经理负责本教材的数字化资源建设，马翔教授负责引导案例和课程思政特色栏目的更新与编写。在此，特别感谢高等教育出版社编辑的精心指导，感谢校企合作伙伴深圳市怡亚通供应链股份有限公司和广东翰智数字科技有限公司的大力支持。

本教材在编写过程中，参阅了大量国内外专家学者和研究机构的论文著作、文献资料和研究报告，引用并采纳了其中鲜明、精辟的观点和见解，在此向各位专家学者和研究机构表示诚挚的感谢。

由于编者水平及时间有限，教材中难免存在错误和疏漏，敬请各位读者批评指正，以使教材日臻完善。

马 翔

2024 年 4 月

第一版前言

在经济全球化和新技术、新模式迅速发展的背景下,企业竞争已进入供应链竞争时代,供应链管理成为世界级企业的标配,不论是制造业、流通业还是服务业,都需要运用供应链思维与方法,借助先进的信息技术与智能装备,实现从供应商、生产商、分销商直到最终客户的全流程价值链增值。

供应链作为一种新战略、新动能、新模式,成为新时代的软实力,可以极大地改变一个国家的经济发展方式、产业发展方式、城市发展方式、企业发展方式,政府、行业、企业、个体都应该鼓励建立供应链思维。供应链思维主要体现在整合、共享、协同、创新。国家通过供应链战略提升国家竞争力;政府通过供应链体系建设加强政府管理手段和治理能力;城市通过供应链创新更高效、节能、集约地提升城市综合竞争力;企业通过供应链创新快速响应市场,减少各环节的交易成本,持续增加供应链整体的长期竞争力和盈利能力。

党的二十大报告指出:"我们要坚持以推动高质量发展为主题,把实施扩大内需战略同深化供给侧结构性改革有机结合起来,增强国内大循环内生动力和可靠性,提升国际循环质量和水平,加快建设现代化经济体系,着力提高全要素生产率,着力提升产业链供应链韧性和安全水平,着力推进城乡融合和区域协调发展,推动经济实现质的有效提升和量的合理增长。"供应链的安全与韧性对于推动高质量发展、加快建设现代化经济体系、维护国家产业安全具有重要指导意义。同时,作为新型现代服务业,供应链创新发展可以赋能产业链发展,推动产业链降本增效,推动传统行业的产业链现代化转型。2017年10月,《国民经济行业分类》(GB/T 4754—2017)明确把供应链管理服务单列统计类别:商务服务业-7224-供应链管理服务。国务院办公厅印发《关于积极推进供应链创新与应用的指导意见》(国办发〔2017〕84号)要求:以提高发展质量和效益为中心,以供应链与互联网、物联网深度融合为路径,以信息化、标准化、信用体系建设和人才培养为支撑,创新发展供应链新理念、新技术、新模式,高效整合各类资源和要素,提升产业集成和协同水平,打造大数据支撑、网络化共享、智能化协作的智慧供应链体系,推进供给侧结构性改革,提升我国经济全球竞争力。明确提出培育100家左右的全球供应链领先企业,重点产业的供应链竞争力进入世界前列,我国成为全球供应链创新与应用的重要中心。

"加快培养多层次供应链人才"是落实和推进供应链创新与应用的重要措施。2017年本科院校开始开设供应链管理专业并实现招生,2020年供应链管理专业正式进入教育部本科专业目录。同期,供应链管理师入选人力资源和社会保障部等部门联合发布的新职业目录中,被定义为:运用供应链管理的方法、工具和技术,从事产品设计、采购、生产、销售、服务等全过程的协同,以控制整个供应链系统的成本并提高准确性、安全性和客户服务水平的人员。

随着大数据、云计算、物联网、区块链、人工智能等技术的飞速发展,社会进入了数字经济时代,具备跨学科、跨专业能力的复合型、创新型新商科人才是适应技术创新和社会变革的必然,供应链思维、理念、方法、工具已成为经管类学生所要熟悉和掌握的重要知识能力之一,同时也是其他学科人才在管理知识与能力方面的重要选择之一。2019年7

月发布的《高等职业学校专业教学标准》中,"供应链管理基础"成为物流类、电子商务类、市场营销类、工商管理类等专业的专业基础课、专业核心课或专业拓展课。但与之对应的教材却比较稀缺,现有的各类、各层次的教材其体系与内容不适合面向多学科、多专业、普适性的供应链基础知识与技能的学习需要。

本书立足新商科理念,从树立供应链思维、拓展财商素养、培养德技并修的复合型、创新型人才出发,以熟悉与掌握供应链基本知识与技能为目标构建知识技能体系。与现有教材相比,本书具有以下特点:

1. 定位明确,点面结合

本书主要针对财经商贸大类各专业的教学需要,提供完整的"供应链管理基础"课程的知识技能体系,以知识点、技能点的覆盖度和广度为主,兼顾深度。如在"供应链管理工具"栏目中,选取有代表性的或企业最新总结创立的供应链管理工具,激发学习者的兴趣,提升学习能力。

2. 扎根中国,体系重构

供应链管理的理论与实践都在快速发展,尤其是中国的行业、企业在供应链管理实践方面创新不断,成效显著。因此,作为管理模式创新的供应链管理知识技能体系绝不能故步自封,要切实做到理论联系实际,与时俱进。如本书将以往教材单列的同属于运营层面的采购、生产、分销章节合并为一章,增加了供应链服务与创新内容,旨在强化读者对供应链新兴产业的重视,能够全视角、全方位地审视供应链管理。

3. 立德树人,素能融合

党的二十大报告指出:"育人的根本在于立德。全面贯彻党的教育方针,落实立德树人根本任务,培养德智体美劳全面发展的社会主义建设者和接班人。"本书基于供应链管理行业特征构建课程思政体系,挖掘开放包容、守正创新、柔韧有力、自信自强、追求卓越、工匠精神等内生性思政元素。为了夯实基础素养,拓展实战能力,本书设置能力挑战栏目,问题全部来自企业管理中真实的痛点与难点,解决方案不局限于供应链或某一专业知识与能力,而是需要跨专业知识能力的整合与贯通,以此提升综合分析能力。

4. 立足产业,面向职业

整合创新思想是供应链管理特有的甚至是核心的特质,因此供应链的理论与实践必须紧跟社会实践。本书注重吸收企业家、管理者总结的和企业实践证明行之有效的方法和技术,如施云的供应链架构思维树(SATT)、怡亚通公司的供应链服务体系等。技术创新与应用是现代供应链快速发展的重要推手,本书通过供应链科技栏目介绍供应链管理中运用的新技术、新工艺、新方法等。

本书在编写过程中,参阅了大量国内外专家、学者的论著与文献资料,引用、采纳了其中鲜明精辟的观点和见解,在此向各位专家、学者表示诚挚的感谢。

由于编者水平有限,书中难免存在错误和缺陷,敬请广大读者批评指正以使本书日臻完善。

编 者
2023 年 6 月

目 录

第一章　供应链管理认知 / 001
第一节　供应链认知 / 004
第二节　供应链管理 / 011
第三节　数字化供应链 / 019

第二章　供应链战略管理 / 029
第一节　供应链战略与供应链
　　　　战略管理 / 032
第二节　核心竞争力与业务外包 / 036
第三节　供应链战略匹配 / 040
第四节　数字化供应链战略转型 / 046

第三章　供应链体系构建 / 053
第一节　供应链设计 / 056
第二节　供应链物流网络规划 / 062
第三节　供应链业务流程重组 / 068
第四节　数字供应链系统构建 / 075

第四章　供应链伙伴关系管理 / 081
第一节　供应链伙伴关系概述 / 084
第二节　供应链伙伴关系的
　　　　建立与评价 / 089
第三节　供应商关系管理与
　　　　客户关系管理 / 094
第四节　供应商数字化管理 / 098

第五章　供应链计划管理 / 105
第一节　需求预测与产销计划 / 108
第二节　供应链生产运作计划管理 / 113
第三节　供应链库存控制 / 121
第四节　数字化供应链计划 / 130

第六章　供应链运营管理 / 137
第一节　供应链采购管理 / 140
第二节　供应链生产管理 / 144
第三节　供应链分销管理 / 153
第四节　数字化供应链运营 / 159

第七章　供应链物流管理 / 167
第一节　供应链物流管理概述 / 170
第二节　供应链物流典型活动 / 178
第三节　第三方物流与第四方物流 / 184
第四节　物流数字化和数字化供应链物流 / 190

第八章　供应链绩效管理 / 199
第一节　供应链绩效评估 / 202
第二节　供应链绩效指标 / 207
第三节　供应链绩效评估方法 / 214
第四节　数字化供应链绩效管理 / 219

第九章　供应链风险管理 / 227

第一节　供应链风险概述 / 230
第二节　供应链风险识别、
　　　　评估和处理 / 234
第三节　供应链应急管理 / 239
第四节　数字化供应链风险管理 / 245

第十章　供应链服务与创新 / 253

第一节　供应链服务概述 / 256
第二节　供应链金融服务 / 259
第三节　供应链数字化行业创新 / 268

参考文献 / 277

01 第一章
供应链管理认知

学习目标

素养目标
- 树立开放包容、合作共赢的理念,增强供应链数字创新意识
- 充分认识供应链创新的战略意义,培养以供应链思维提升产业竞争力和实现价值创造与增值的意识

知识目标
- 掌握供应链的概念、特征与结构
- 熟悉供应链的主要类型与特征
- 掌握供应链管理的概念与目标
- 掌握供应链管理的主要内容与运行机制
- 掌握供应链管理的协同性
- 了解数字化供应链的特征与主要技术
- 掌握数字化供应链的内涵和特征

技能目标
- 能够绘制供应链网络结构图
- 能够识别供应链类型
- 能够确定企业供应链管理的目标与内容

思维导图

- 供应链管理认知
  - 供应链认知
    - 供应链的概念
    - 供应链的结构
    - 供应链的特征
    - 供应链的类型
  - 供应链管理
    - 供应链管理模式的产生
    - 供应链管理的内涵
    - 供应链管理的目标
    - 供应链管理的特征
    - 供应链管理的内容
    - 供应链管理的运行机制和内涵要求
    - 供应链管理的协同性
    - 供应链管理的发展趋势
  - 数字化供应链
    - 数字经济时代下供应链管理模式的变革
    - 数字化供应链的内涵
    - 数字化供应链的特征
    - 数字化供应链技术
    - 供应链中台管理系统

学习计划

素养提升计划

知识学习计划

技能训练计划

引导案例

中央企业产业链融通发展共链行动

"国际产业发展的经验表明,推进产业链上下游有效融通,是现代化产业体系建设必不可少的重要内容。"当前,为共同应对外部复杂环境,更加需要强化上中下、产供销的有效衔接,高效聚集各类生产要素,保持并增强我国产业体系完备和配套能力较强的优势,加快提升我国产业的核心竞争力。2023年6月,国务院国资委会同工业和信息化部,向中央企业印发《关于开展中央企业产业链融通发展共链行动的通知》(简称共链行动),发起中央企业产业链融通发展共链行动。

共链行动有"五共"内涵:

1. 共建新机制,实现多维度协同

绘制产业链图谱,牵头组织产业联盟,加强与产业链相关企业的协调会商,建立产业链上中下游供需对接机制、项目共建机制、成果共享机制和生态共建机制,提升我国产业链协作效率。

2. 共筑新基础,夯实产业发展底座

加大科技创新投入,组建更多创新联合体,打造统一开放、竞争有序的产学研协同创新网络,联合中小企业开展强基补短工程和产业基础能力再造工程,着力解决我国产业体系"缺基少核"问题。

3. 共享新成果,激发产业发展原动力

积极开放应用场景,以首台套、首批次、首版次为切入点,推动更多的中小企业产品服务进入中央企业采购名录,为新产品、新技术大规模示范应用提供支撑。

4. 共创新生态,打造互利共赢共同体

发挥龙头企业产业主导作用,强化产业链供需协同,引领带动各类市场主体参与新型价值创造体系建设,着力营造开放共享、相融共生、互利共赢的平台和生态。

5. 共谋新发展,掌握未来竞争主动权

加强与各类所有制企业在新领域、新赛道上的合作,大力发展新一代移动通信、人工智能、生物技术、新材料等科技含量高、带动作用大的战略性新兴产业,积极培育孵化未来产业,加快形成新质生产力。加强与国际商业伙伴合作,完善面向全球的生产服务和资源获取网络,构建具有更强创新力,更加多元化、安全可靠的供应链体系。

对于微观层面的市场主体而言,产业链融通发展是加快建设世界一流企业的必然要求。世界一流企业的重要特征就是具有强大的产业引领力,能够快速整合全球资源,带动产业链整体升级,长期保持全球领先的价值创造能力。2023年9月14日,中央企业产业链融通发展共链行动正式启动,探索建立以中央企业为牵引,以专精特新"小巨人"、制造业单项冠军等优质中小企业为支撑的大中小企业有序竞合、融通发展的新格局。经过建设,中央企业扎实推进基础固链、技术补链、融合强链、优化塑链，带动各类经营主体参与现代化产业体系建设，向产业链价值链中高端迈进，有效维护产业链供应链安全稳定，取得积极成效。

> **引思明理**
>
> 党的二十大报告围绕"提升产业链供应链韧性和安全水平""确保粮食、能源、产业链供应链可靠安全"等作出重要部署。确保产业链稳定和安全，提升产业链现代化水平，有助于降低"卡链""断链"风险，为产业迈向全球价值链中高端夯实基础。共链行动能够引导推动中央企业更好发挥在建设现代化产业体系中的引领带动作用，通过搭建开放共享、互利共赢的产业发展融通平台，打造产业链生态圈战略合作，有效促进大中小企业在更宽领域、更深层次实现供需匹配、协同创新、成果共享、生态共建，共同提升我国产业链供应链的韧性和竞争力。

第一节　供应链认知

一、供应链的概念

中华人民共和国国家标准《物流术语》（GB/T 18354-2021）对供应链（supply chain）的定义是：生产及流通过程中，围绕核心企业的核心产品或服务，由所涉及的原材料供应商、制造商、分销商、零售商直到最终用户等形成的网链结构。

供应链包括产品到达顾客手中之前所有参与供应、生产、分配和销售的企业和最终消费者。供应链对上游的供应者（供应活动）、中间的生产者（制造活动）和物流商（储存运输活动），以及下游的消费者（分销活动）同样重视。供应链不仅是一条连接从供应商到用户的物料链、信息链、资金链，而且是一条增值链。物料在供应链上因加工、包装、运输等过程而增加其价值，给相关企业带来收益。

二、供应链的结构

（一）供应链的基本结构模型

根据供应链的定义，其结构可以简单归纳为如图1-1所示的模型。

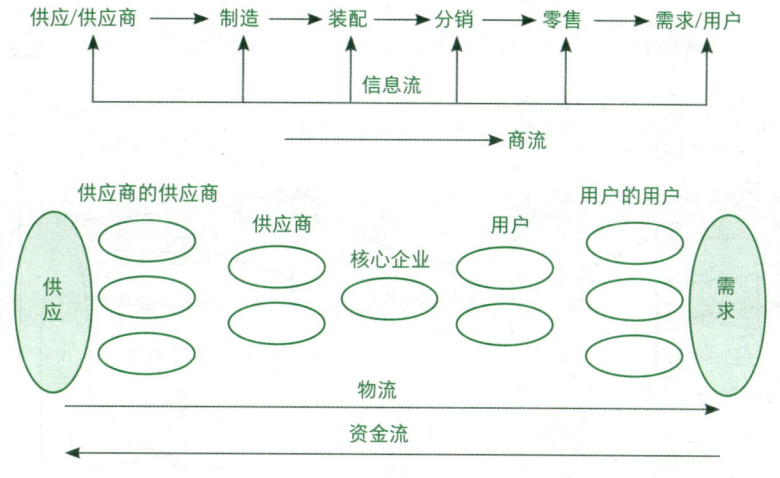

图 1-1　供应链的网链结构模型

从供应链的结构模型可以看出，供应链是一个网链结构，一般由一个核心企业，围绕核心企业的供应商、供应商的供应商、用户、用户的用户组成。一个企业是一个节点，节点企业和节点企业之间是一种需求与供应关系，各节点企业在需求信息的驱动下，通过供应链的职能分工与合作（设计、生产、分销、物流等），以商流、物流、资金流和信息流（即"四流"）为媒介，实现整个供应链的不断增值。

"四流"互为存在，密不可分，相互作用，既是独立存在的单一系列，又是一个组合体。通常情况下，物流从供应商到用户的方向流动，资金流的流动方向与之相反，而信息流、商流则是双向的，因为用户的需求信息是向上游反馈的，而供应商的供应信息则是向下游传递的。商流是物流、资金流和信息流的起点，也可以说是后"三流"的前提，没有商流一般不可能产生物流、资金流和信息流。反过来，没有物流、资金流和信息流的匹配与支撑，商流也不可能达到目的。"四流"之间往往互为因果关系。

（二）供应链的三维结构

第一维水平结构是指供应链范围内的层次数目。供应链既可能很长，拥有很多层，也可能很短，层次很少。

第二维垂直结构是指每一层中供应商或顾客的数目。一个企业可能有很窄的垂直结构，其每一层供应商或顾客很少。

第三维指的是供应链范围内核心企业的水平位置。核心企业能最终被定位在供应源附近、终端顾客附近或供应链终端节点间的某个位置，见图 1-2。

> **即学即练**
>
> 请绘出以下产品的供应链结构图：冰箱、手机、皮夹克、奶茶。

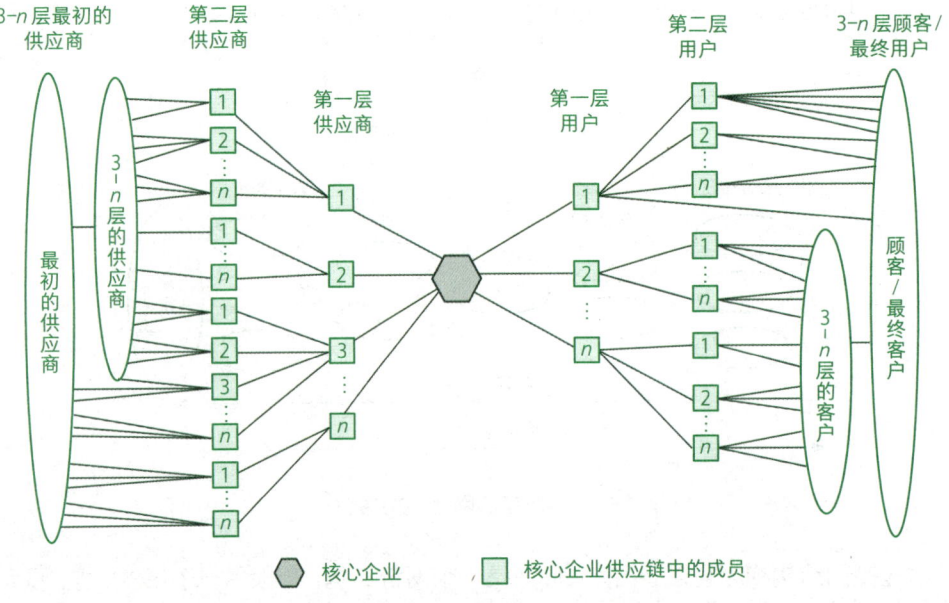

图 1-2 供应链的三维结构层次

三、供应链的特征

供应链的特征包括以下内容：

1. 复杂性

因为供应链节点企业组成的跨度（层次）不同，供应链往往由多个、多类型甚至多国企业构成，所以供应链结构模式比一般单个企业的结构模式更为复杂。

2. 动态性

供应链管理因企业战略和适应市场需求变化的需要，其中的节点企业需要动态更新，这就使得供应链具有明显的动态性。

3. 面向需求性

供应链的形成、存在、重构，都是基于一定的市场需求而发生的，并且在供应链运作过程中，用户的需求拉动是供应链中信息流、产品/服务流、资金流运作的驱动源。

4. 交叉性

节点企业可以是一个供应链的成员，同时又是另一个供应链的成员。众多供应链形成交叉结构，增加了协调管理的难度。

四、供应链的类型

（一）按照供应链网络结构划分

按照供应链网络结构不同，供应链可分为 V 形供应链、A 形供应链、T 形供应链，如

图 1-3 所示。

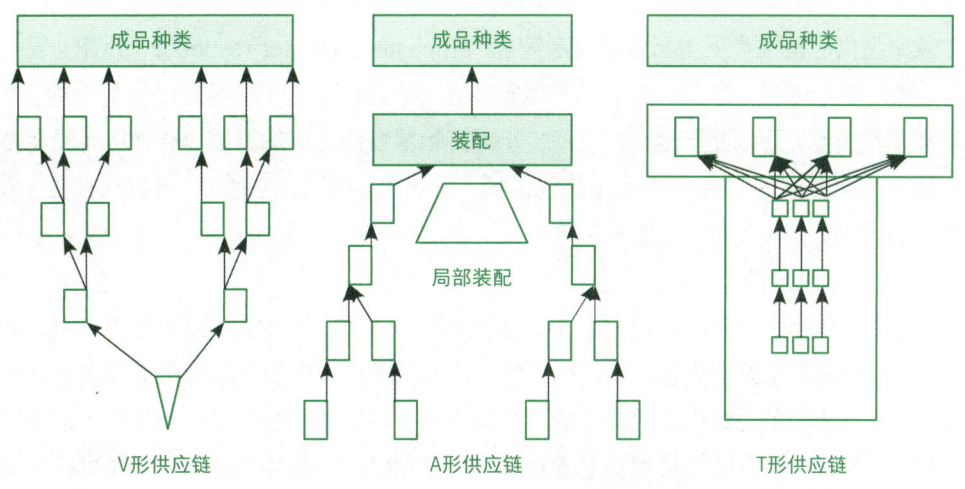

图 1-3 V 形、A 形、T 形供应链结构图

1. V 形供应链

V 形供应链是供应链网状结构中最基础的结构。这种供应链以大批量物料存在方式为基础，经过企业加工转换为中间产品，提供给其他企业作为原材料。生产中间产品的企业往往客户要多于供应商，呈发散状。例如，石油、化工、造纸和纺织等企业生产种类繁多的产品，满足众多下游客户的需求，从而形成了 V 形供应链。

2. A 形供应链

A 形供应链的主要目标是按订单完成生产，通常以大规模装配（加工车间）为主。来自众多供应商的大量物料输入，只产出数量相对较少的最终产品。其特征是大量采用外购零件和通用设备，最后大规模装配，满足客户订单需求，如飞机、船舶制造等。

3. T 形供应链

介于上述两种模式之间，许多企业通常是 T 形供应链。这种供应链的特点是既会聚又发散，从与其情形相似的供应商公司采购大量物料，为大量最终用户及合作伙伴提供构件和套件。T 形供应链表现为无限产品类别、有限元件数量，即通过有限元件的组合形成无限产品类别，如为汽车、电子器械和飞机主机厂商提供零配件的企业等。

> **即学即练**
> 请各举一个产品的例子，分别说明 V 形、A 形、T 形供应链。

（二）根据供应链的功能模式划分

根据供应链的功能模式（物理功能和市场中介功能）不同，可以把供应链划分为效率型供应链（efficient supply chain）和反应型供应链（responsive supply chain）。

1. 效率型供应链

效率型供应链主要体现供应链的物理功能，是指能够以最低成本将原材料转化成零部件、半成品、成品，以及在供应链中运输等的供应链。这类供应链所提供的产品需求可

微课：
供应链类型

以预测，企业可以采取各种措施降低成本，在低成本的前提下妥善安排订单，完成生产和产品交付，使供应链存货最小化、生产效率最大化。

效率型供应链适合采用高效消费者响应（efficient consumer response，ECR）管理策略，它强调供应链各方之间在生产、库存等多方面的高效协作，重视优化生产流程、控制成本和节约资源，通过生产者、供应商、分销商和零售商之间的紧密协作，从而提高整个供应链的效率。ECR 适用于产品单位价值低，库存周转率高，毛利少，可替代性强，购买频率高的行业。

2. 反应型供应链

反应型供应链是指体现供应链的市场中介功能，即把产品分配到满足用户需要的市场，对未预知的需求作出快速反应的供应链。这类供应链所提供产品的市场需求有很大的不确定性，或者产品生命周期较短，或者产品本身技术发展很快，或者产品需求的季节性波动很强。因此，供应链需要保持较高的市场应变能力，实现柔性生产，从而减少产品过时和失效的风险。

反应型供应链适合采用快速响应（quick response，QR）管理策略，它注重企业的敏捷性，要求企业必须了解客户的需求，并根据这些需求进行生产计划和运输安排；并要求企业具有足够的应变能力，能够在市场需求发生变化时快速调整生产流程和库存管理，以减少整体反应时间，达到快速响应市场需求的目的。QR 适用于单位价值高，季节性强，可替代性差，购买频率低的行业。

效率型供应链和反应型供应链的比较如表 1-1 所示。

表 1-1　效率型供应链和反应型供应链的比较

比较项目	效率型供应链	反应型供应链
追求目标	低成本满足需求	快速响应顾客需求
管理核心	保持较高的平均利用率	配置多余的缓冲库存
供应链战略	在成本与质量上进行权衡	在速度、弹性和质量的基础上进行选择
产品设计	以最低生产成本取得最大销售业绩	创建调节系统，允许产品差异化发生
库存战略	降低整个供应链的库存	部署缓冲库存，应对不稳定的需求
生产战略	提高设备利用率，形成规模效益，降低成本	维持边际生产能力弹性，满足非预期需求
定价战略	边际收益较低，价格是吸引顾客的驱动因素	边际收益较高，价格不是吸引顾客的主要驱动因素
提前期	保持稳定的情况下尽可能缩短提前期	大量投资于缩短提前期
供应商选择	以成本和质量为核心	以速度、柔性、质量为核心

（三）按照供应链驱动力的来源划分

按照供应链驱动力的来源不同，供应链可以分为推动式供应链、拉动式供应链和推拉混合式供应链。

1. 推动式供应链

推动式供应链是以制造商为核心企业，根据产品的生产和库存情况，有计划地把商品推销给客户，其驱动力来源于供应链上游的制造商。

在一个推动式供应链中，生产和分销的决策都是根据长期预测的结果作出的。这种运作方式以生产为中心，力图通过提高生产率、降低单件产品成本来获得利润。供应链上各节点企业之间的集成度较低，反应速度较慢，不能满足变化了的需求，会使供应链产生大量的过时库存，甚至出现产品过剩等现象。这种运作方式的库存成本高，对市场变化反应迟钝，适用于供应链管理的初级阶段，产品或市场变动较小的情况，如图1-4所示。

> **即学即问**
> 如果你是一个企业管理者，如何确定采用推动式供应链、拉动式供应链还是推拉混合式供应链？

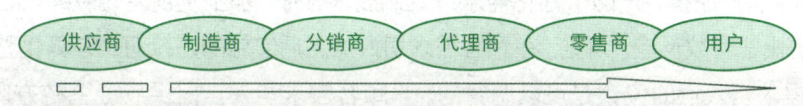

图1-4 推动式供应链

2. 拉动式供应链

拉动式供应链管理的理念是以顾客为中心，通过对市场和客户的实际需求以及对其需求的预测来拉动产品的生产和服务。拉动式供应链的驱动力产生于最终用户。

在拉动式供应链中，生产和分销是由需求驱动的。整个供应链的集成度较高，信息交换迅速，可有效降低库存，并可根据客户的需求实现定制化服务，为客户带来更大的价值。采取这种运作方式的供应链系统库存量较低，响应市场速度较快，但这种模式对供应链上的企业要求较高，对供应链运作的技术基础需求也较高。拉动式供应链适用于客户需求个性化，产品和市场变化快的情况，如图1-5所示。

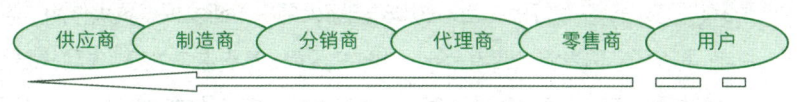

图1-5 拉动式供应链

3. 推拉混合式供应链

由于推动式供应链和拉动式供应链各有其优缺点及不同的适应范围，在实际应用中，供应链核心企业会根据需要将两种模式结合起来，形成新的推拉混合式供应链，以求将两种模式供应链的优点互补和缺点互避。在推拉混合式供应链中，供应链的某些层次以推动的形式经营，其余层次以拉动的形式经营，如图1-6所示。推动层与拉动层的接口处被称为推—拉边界。

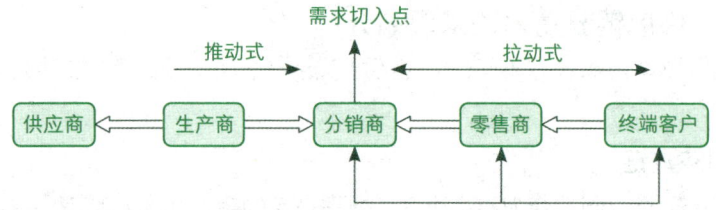

图 1-6　推拉混合式供应链

实践中可在产品分销计划实施前后分别采取推、拉两种不同的运作模式，并将推动阶段和拉动阶段的分界点作为顾客需求切入点。在顾客需求切入点之前，按推动式的大规模通用化方式和需求预测组织生产以形成规模经济；在顾客需求切入点之后，首先将产品的后续分级、加工、包装和配送等过程延迟，待切入顾客的需求信息并接到订单后，根据实际订单信息，尽快将产品按客户的个性化需求或定制要求分级、加工及包装为最终产品，实现对顾客需求的快速有效反应。可见，在顾客需求切入点之后实施的是拉动式差异化整合模式。

顾客需求切入点的位置是可以调整的。当顾客需求切入点向供应链上游方向移动时，顾客的需求信息会较早地被切入生产过程，产品同质化生产阶段会相应缩短，从而扩大按订单执行生产供给活动的范围；若将顾客需求切入点向供应链下游方向移动，则产品的个性化培育时间会被推迟，相应延长规模化时段。实践中，顾客需求切入点的位置一般根据产品生产特征和市场需求特点等情况来调整。

制度保障稳链为民

中国邮政发挥"四流合一"独特优势服务乡村振兴

作为国民经济发展的基础性、战略性、先导性产业，邮政业与国家经济发展"同呼吸、共命运"。中国邮政坚守"人民邮政为人民"的初心使命，从特殊时期的保供保通保畅，到积极驰援抗震救灾工作，中国邮政以"平时是信使，关键时刻是战士"的精神主动作为、迎难而上，展现了关键时刻听指挥、拉得出，危急关头冲得上、打得赢的"国家队"实力，在践行民生使命、服务国家大局中不断发挥着更大作用。

中国邮政具有商流、物流、资金流、信息流"四流合一"的独特优势，基于这个优势，主动从服务国家大局中找准坐标、选准方位、发挥作用。邮政普遍服务是保障公共服务均等化的法律性制度性安排，是实现共同富裕、助力乡村振兴的重要途径，与人民群众对美好生活的向往息息相关，是中国邮政的"根"；快递物流是畅通经济循环的重要支撑，是服务新发展格局的重要力量，是中国邮政的主责主业；金融是现代经济的血脉，服务"三农"、城乡居民和中小企业是国家对邮政储蓄银行的定位；农村电商则是服务乡村振兴的重要抓手。

中国邮政认真履行央企的经济责任、政治责任和社会责任，面对农业农村发展中的"融资难、销售难、物流难"问题，中国邮政充分发挥贴近农村、贴近产业、贴近经营主体的优势，加快构建农村电商发展新生态。在"农产品进城"方面，通过"邮乐网"电商平台赋能家庭农场和农民合作社；在"工业品下乡"方面，通过"邮掌柜"供应链服务平台赋能农村传统商业网点，落实"网点＋站点"管理模式，截至2023年

> 年末，中国邮政已为49万个行政村、225万家农民合作社、390万个家庭农场、9万家农业产业化龙头企业和农村商户等提供普惠金融、农村电商、寄递仓储等服务，建立了"村、社、户、企、店"的一整套服务体系，在全力服务乡村振兴中交上了优异的"邮政答卷"。

第二节　供应链管理

一、供应链管理模式的产生

鉴于"纵向一体化"（vertical integration）管理模式存在种种弊端，从20世纪80年代后期开始，"横向一体化"（horizontal integration）思想兴起，即利用企业外部资源快速响应市场需求，本企业只抓最核心的因素，即产品方向和市场。至于生产，本企业可以只抓关键零部件的制造，甚至全部委托其他企业加工。通过非核心业务的外包，使每一个节点企业都能轻装上阵，提供其业务范围内质量和价格方面最有竞争力的产品和服务。

"横向一体化"形成了一条从供应商到制造商再到分销商的贯穿所有企业的链。由于相邻节点企业表现出一种需求与供应的关系，把所有相邻企业依次连接起来，便形成了供应链（supply chain）。这条链上的节点企业只有达到同步、协调运行，才有可能使链上的所有企业都受益，于是便产生了供应链管理（supply chain management，SCM）这一新的经营与运作模式。

供应链管理利用现代信息技术，通过改造和集成业务流程以网状动态组织结构与供应商和客户建立协同的业务伙伴联盟，大大提高了企业的竞争力。可以用最低的成本、最快的速度、最好的质量赢得市场，受益的不止一家企业，而是整个企业群体。因此，实施供应链管理适应了经济全球化与新经济业态发展的要求。

在新技术背景下，生产、流通、消费的应用场景都在发生变化，以智能制造、跨境电商、新零售等为代表的共享经济、智能经济催生的新商业模式不断涌现，管理理念、管理模式不断发生深刻变化。在智能化、数字化时代，管理对象突破企业边界，资源可动态组织，企业管理边界变得越来越模糊，甚至消失，信息共享的网状组织结构快速发展并广泛存在。

二、供应链管理的内涵

《物流术语》（GB/T 18354-2021）对供应链管理（supply chain management）的定义是：从供应链整体目标出发，对供应链中采购、生产、销售各环节的商流、物流、信息流及资金流进行统一计划、组织、协调、控制的活动和过程。

供应链管理的实质是深入供应链的各个增值环节,将顾客所需的正确产品(right product)能够在正确的时间(right time),按照正确的数量(right quantity)、正确的质量(right quality)和正确的状态(right status)送到正确的地点(right place),即"6R",并使总成本最小。

伴随着供应链的螺旋式上升,不同的企业、不同的行业,甚至不同的国家和地区形成了不均衡的供应链发展状况。依据供应链的发展水平和成熟度,供应链管理水平分为五个层次,分别是原始供应链、初级供应链、整合供应链、协同供应链和智慧供应链,如图1-7所示。

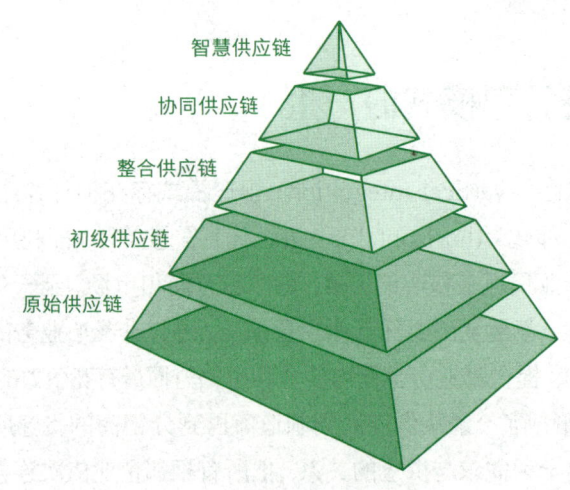

图1-7 供应链管理水平的层次

三、供应链管理的目标

即学即问

供应链管理的目标能否实现链上所有企业的库存最少、成本最低?为什么?

供应链管理的目标即通过调和总成本最低化、客户服务最优化、总库存成本最小化、总周期时间最短化,以及物流质量最优化等目标之间的冲突,实现供应链绩效最大化。

1. 总成本最低化

总成本最低化目标并不是指运输费用或库存成本,或其他任何供应链物流运作与管理活动的成本最小,而是整个供应链运作与管理的所有成本总和最低。

2. 客户服务最优化

供应链管理的实施目标之一,就是通过上下游企业协调一致的运作,达到客户满意的服务水平,吸引并留住客户,最终实现企业的价值最大化。

3. 总库存成本最小化

按照准时制生产方式(justin time,JIT)管理思想,库存是不确定性的产物,任何库存都是浪费。因此,在实现供应链管理目标的同时,要将整个供应链的库存控制在最低程度。

4. 总周期时间最短化

供应链之间的竞争实质上是时间竞争，即必须实现快速有效的客户反应，最大限度地缩短从客户发出订单到获取满意交货的整个供应链的总时间周期。

5. 物流质量最优化

达到与保持物流服务质量的水平，也是供应链管理的重要目标。这一目标的实现，必须从原材料、零部件供应的零缺陷开始，直至供应链管理全过程、全方位质量最优化。

四、供应链管理的特征

供应链管理具有以下鲜明特征：

（1）供应链管理是一种协同运作管理，其管理范围扩展到所有企业的职能，采用集成管理模式，将在竞争中起决定作用的主要价值活动的运作连接在一起，并使其保持高度协同。

（2）供应链管理是一种集成管理的思想和方法，其目的是将企业的采购、生产和销售等职能和供应链中合作伙伴使用的对等职能进行整合或紧密连接。

（3）供应链管理是一种战略管理，是供应链中的合作伙伴达成共识，构筑和发展互利的供应链联盟，管理复杂的客户和供应商之间的关系，从而在市场中处于领导地位，并开拓新业务，探索新机遇。

五、供应链管理的内容

供应链管理主要包括需求管理、供应管理、计划管理、生产管理、物流管理五个核心内容。

（一）需求管理

需求管理是供应链管理的起点，它涉及对市场需求的预测、分析和响应，包括销售预测和订单管理。销售预测是企业根据市场需求和历史销售数据，对未来一段时间内产品销售量的预测。订单管理则是企业根据客户需求，及时、准确地处理订单，包括订单接收、确认、发货、收款等环节。

（二）供应管理

供应管理是指企业为了确保生产所需原材料、零部件等物资的供应而进行的一系列活动，包括供应商的选择、评估、合同管理等环节。企业需要与供应商建立长期稳定的合作关系，确保物资供应的及时性和质量的稳定性。企业还需要对供应商的服务质量、交货准时率、产品质量等进行绩效评估，以便改进供应商的服务质量、寻找替代供应商等。

(三)计划管理

计划管理是供应链管理的关键环节,企业需要根据市场需求和产能状况,制订合理的生产计划、物料计划、供应计划、分销计划、物流计划等。完善的计划可以通过一系列方法监控供应链,使它能够有效、低成本地为客户提供高质量和高价值的产品和服务。供应链计划总体框架如图1-8所示。

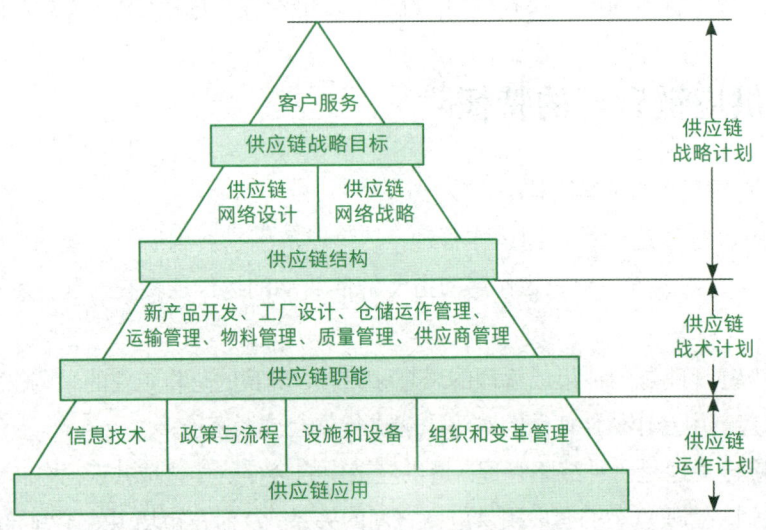

图1-8 供应链计划总体框架

(四)生产管理

生产管理是指企业为了确保生产过程的顺利进行而进行的一系列活动,包括生产过程的组织、调度、控制等环节。由于供应链环境下许多产品是协作生产或转包的业务,因此,企业除需要做好自身的生产计划和生产过程管理外,还要对供应链中其他外协企业的生产进度进行有效跟踪与控制,以确保产品按计划有序、准时地生产出来,如约交付客户。

(五)物流管理

物流管理是指围绕供应链中各环节企业的生产服务、采购供应、配送交付和逆向物流等活动进行综合性管理,包括协调供应领域的生产和进货计划、销售领域的客户服务和订货处理业务,以及财务领域的库存控制等活动。通过有效的物流管理,降低仓储成本、运输成本和库存成本,提高物流效率。

六、供应链管理的运行机制和内涵要求

供应链管理的运行机制和内涵要求如表1-2所示。

表1-2 供应链管理的运行机制和内涵要求

运行机制	内涵要求
合作机制	基于战略伙伴关系的动态联盟模式,企业集成协同运作
决策机制	基于互联网信息共享、物联网状态感知、大数据、云计算与人工智能技术的群体决策模式
激励机制	基于均衡一致的供应链业绩评价指标和方法,推动供应链管理沿着正确的轨道与方向发展
自律机制	向行业龙头企业或竞争对手看齐,不断对产品、服务、供应链业绩进行评价和改进,以保持竞争力和持续发展
风险机制	针对信息扭曲、市场不确定性、政治、经济、法律等因素导致的各种风险采取规避措施,如信息共享、合同优化、监督控制机制等
信任机制	信任是合作的基础和核心,加强供应链节点企业之间的合作是供应链管理的核心

七、供应链管理的协同性

(一) 供应链协同的含义

供应链协同(supply chain collaboration,SCC)是指供应链中各节点企业实现协同运作的活动。其主要内容包括树立共赢思想,为实现共同目标而努力,建立公平公正的利益共享与风险分担的机制,在信任、承诺和弹性协议的基础上深入合作,搭建电子信息技术共享平台及时沟通,进行面向客户和协同运作的业务流程再造。供应链管理的核心思想就是供应链协同思想。

供应链协同通过将供应链上分散在各地的、处于不同价值增值环节(如资源提供、研究开发、生产加工、物流服务和市场营销等)的、具有特定优势的独立企业联合起来,以协同机制为前提,以协同技术为支撑,以信息共享为基础,从系统的全局观出发,促进供应链企业内部和外部协调发展,在提高供应链整体竞争力的同时,实现供应链节点企业的效益最大化目标,开创多赢的局面。

供应链协同管理的目的就是通过协同化的管理策略,使供应链各节点企业减少冲突和内耗,更好地进行分工与合作。智慧供应链协同管理体系如图1-9所示。

(二) 供应链协同管理的层次

供应链协同管理从管理层次的角度来看,包括战略层协同、策略层协同和技术层协同。

1. 战略层协同

战略层协同处于供应链协同的最高层次,它主要是从战略高度,明确和强化供应链协同管理的思想,并进一步改进供应链协同管理的策略和方法,增强整条供应链的整体竞争能力,使供应链协同中的各类问题得到最优化解决。战略层协同主要包括文化价值融合、发展目标统一、风险分担、收益共享、协同决策与标准统一等内容。

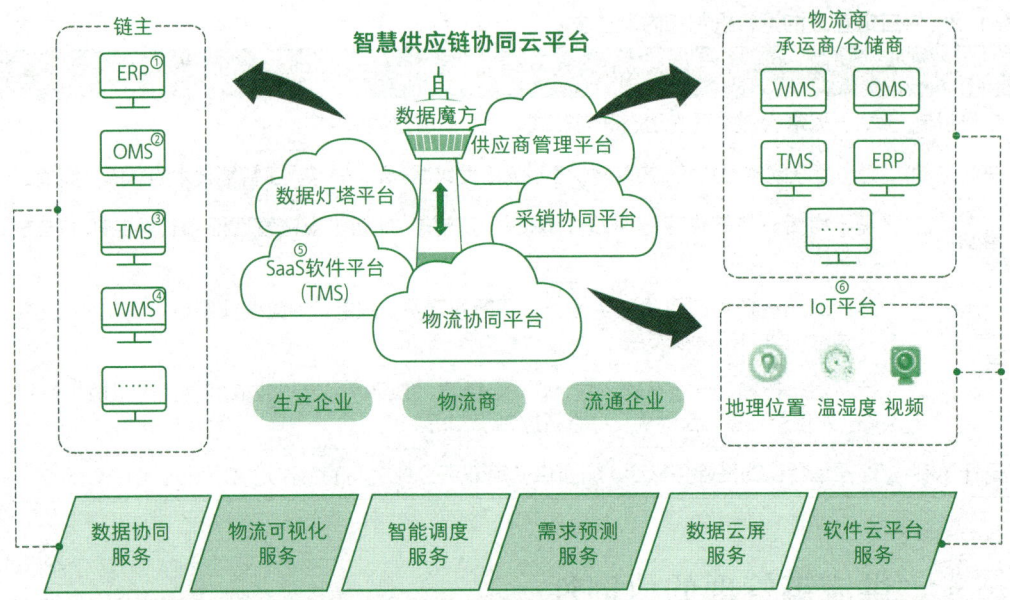

注：① ERP是指enterprise resource planning，企业资源计划。
② OMS是指order management system，订单管理系统。
③ TMS是指transportation management system，运输管理系统。
④ WMS是指warehouse management system，仓库管理系统。
⑤ SaaS是指software as a service，软件即服务。
⑥ IoT是指internet of things，物联网。

图1-9　智慧供应链协同管理体系

2. 策略层协同

策略层协同是供应链协同管理研究的中心问题，具体涉及以下内容：具有直接供需关系的上下游企业间的需求预测协同、生产计划协同、采购协同、制造协同、物流协同、库存协同、销售与服务协同等。

3. 技术层协同

技术层协同主要是指通过协同技术，它为供应链节点企业提供实时交互的共享与沟通平台，其主要目的是实现供应链节点企业的同步运作与信息协同，同时增加端到端的透明度，提高决策的速度和有效性。技术层协同是供应链实现协同的基础和关键，它为战略层协同和策略层协同提供有力支持。技术层协同的内容包括信息采集、存储与传输等的标准化，平台构建，智能处理和保密制度等。协同技术主要有多智能体技术、工作流管理技术，以及应用软件技术等。

（三）供应链协同管理的模式

协同计划、预测与补货（collaborative planning, forecasting and replenishment，CPFR）是一种面向供应链的协同管理模式，它通过共同管理业务过程和共享商业信息来改善供需双方的伙伴关系，提高预测的准确度，改进计划和补货的过程和质量，最终达到提高供应链效率、减少库存和提高消费者满意度的目的。

运用 CPFR 应遵循以下指导性原则：一是具有面向价值链的业务联盟伙伴协议框架结构和以客户为中心的运作过程；二是合作伙伴要共同建立一个单一的、共享的客户需求预测系统；三是合作伙伴均承诺共享预测并在消除供应过程约束上共担风险。

随着市场竞争的加剧，销售及订单履行周期不断缩短，交易伙伴之间的合作关系日益紧密，作为一种优化企业与供应商、客户之间协作伙伴关系、增加销售、降低成本的解决方案，CPFR 已经从企业的竞争优势逐步变为企业运营的必备要素。

八、供应链管理的发展趋势

（一）智慧供应链

智慧供应链是结合物联网技术和现代供应链管理的理论、方法和技术，在企业中和企业间构建的，用来实现供应链的智能化、网络化和自动化的技术与管理综合集成系统。《国务院办公厅关于积极推进供应链创新与应用的指导意见》指出：打造大数据支撑、网络化共享、智能化协作的智慧供应链体系，推进供给侧结构性改革，提升我国经济全球竞争力。智慧供应链的价值如图 1-10 所示。

（二）绿色供应链

党的二十大报告指出：加快发展方式绿色转型。绿色供应链是一种在整个供应链中综合考虑环境影响和资源效率的现代管理模式，是指将环境保护和资源节约的理念贯穿于产品全生命周期，从设计选型到原材料采购、运输、储存、使用和报废处理，使经济活动与环境保护相协调，达到供应链上下游企业共同承担环境保护责任、提升资源利用效率的目的，形成促进创新、协调、绿色、开放、共享发展的机制。其目的是在整个产品生命周期过程中，对环境产生的副作用最小，资源效率最高。绿色供应链体系如图 1-11 所示。

> **即学即问**
> 实施绿色供应链有哪些难点？如何克服？

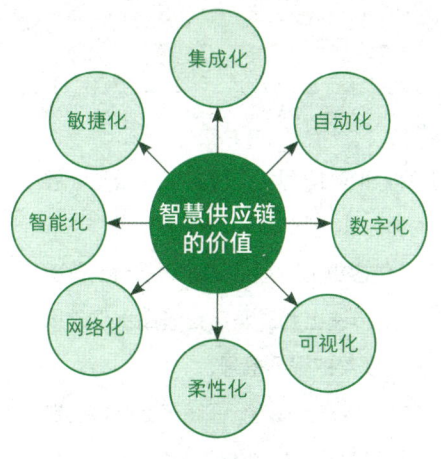

图 1-10　智慧供应链的价值

图 1-11　绿色供应链体系

(三) 数字化供应链

数字化供应链是互联网架构、云端架构,通过人工智能、区块链、云计算、大数据等技术,支持全业务数据流通,可以实现商品、库存、物流、支付全渠道打通。以会员、商品、订单为线索,追踪供应链各个环节,实现供应链可视化管理,在此过程中沉淀的数据能帮助企业做预测和决策,构建以客户为中心,以需求为驱动的动态、协同、智能、可预测、可感知、可调节的网状供应链体系。

(四) 全球供应链

全球供应链是指在全球范围内构建供应链,以全球化的视野,将供应链系统延伸至整个世界范围,根据企业的需要在世界各地选取最有竞争力的合作伙伴。全球供应链的成员遍布世界各地,生产资料的获得、产品生产的组织、货物的流动和销售、信息的获取都是在全球范围内进行的。全球供应链是经济全球化不断深化的产物。跨国公司按照各国区位比较优势,对资源进行优化重组,将生产拆分成各个模块,并按照"成本最低、创新最强"的原则形成一种国际生产网络。

(五) 生态供应链

生态供应链是指在产业链上进行供应链深度拓展及合作,结合产业链的发展特点,整合产业链上下游资源,提供物流服务、贸易服务、制造服务、金融服务,实现闭环的信息共享、资源共享、运作协同的价值链,形成供应链生态圈模式。在生态圈内,物流服务提供仓配运输、货运代理、逆向物流、保税物流、库存管理、物资监管等;贸易服务包括采购与分销、进出口服务、跨境电商、新零售、新流通等多种服务;制造服务方面通过《"数据要素×"三年行动计划(2024—2026年)》整合设计、生产、运行数据,提升预测性维护和增值服务等能力,实现价值链延伸;金融服务通过简单便捷的结算服务、融资服务,提高生态圈内企业的资金使用率,并降低财务成本。

和合自主铸链兴企

链博会:让供应链变"共赢链"

首届中国国际供应链促进博览会(简称链博会)于2023年11月28日至12月2日在北京中国国际展览中心顺义馆举行。首届链博会的主题是"链接世界,共创未来"。

产业链供应链是现代经济的重要形态。作为迄今为止全球第一个以供应链为主题的国家级展会,链博会的举办体现了中国致力于维护全球产业链供应链稳定畅通的大国担当,传递出我国坚定推进高水平改革开放,持续推动经济全球化朝着更加开放、包容、普惠、平衡、共赢的方向发展的强烈信号。

以链为名,凝聚开放共识。我国一直坚定不移地维护产业链供应链的公共产品属性,保障产业链供应链安全稳定,并以实际行动深化产业链供应链国际合作。首届链博会以"链接世界,共创未来"为主题,为全球产业链供应链稳定畅通搭建了一个全新的交流合作平台，也为构筑安全稳定、畅通高效、开放包容、互利共赢的全球产业链供应链体系提供了中国方案。

尽管近年来经济全球化遭遇逆流，但我国坚持主动向世界开放市场，已成为140多个国家和地区的主要贸易伙伴，连续14年稳居世界第二大进口国。

链博会是全球第一个以供应链为主题的国家级展会，集贸易促进、投资合作、创新集聚、学习交流功能于一体，旨在构建推进高水平对外开放的新窗口、搭建服务构建新发展格局的新平台、打造推动建设开放型世界经济的新载体、开创践行人类命运共同体理念的新实践。

首届链博会设置五大链条和一个展区，即智能汽车链、绿色农业链、清洁能源链、数字科技链、健康生活链和现代物流等供应链服务展区。

中国既是全球产业链供应链稳定畅通的建设者、贡献者，也是维护者和捍卫者。举办链博会，为世界各国共同构筑安全稳定、畅通高效、开放包容、互利共赢的全球产业链供应链体系提供中国方案。

第三节 数字化供应链

一、数字经济时代下供应链管理模式的变革

在传统经济模式下，企业只能一步一步按顺序操作。这种"串联"规则使得每个步骤都是下一个步骤的先决条件和瓶颈。企业运营中的很多信息无法在对的时点被对的员工获得，使得企业在运营中错失有效掌控风险的良机，造成不可挽回的损失。比如，上游原材料商的供应如出现问题，下游厂商的出货必定受到影响，进而导致整个市场缺货。然而，这一"链式"运行模式在数字经济时代已被颠覆。云计算、物联网、大数据等数字化技术的出现将企业供应链的运营从"串联"升级为"并联"，多个步骤可以同时进行，信息得以在对的时点，甚至更好的时点被对的员工或者更多员工获得。这种"并联"模式大大加强了企业内外部的互联互通，更进一步提升了企业与供应商、客户之间的协同关系，甚至构建了整个生态系统的协同关系，从而将链式的供应体系升级为网状的供应体系。

二、数字化供应链的内涵

数字化供应链（digital supply chain, DSC）是一种基于互联网、物联网、大数据、云计算、人工智能等新一代信息技术，构建以价值创造为导向、以客户为中心、以数据为驱动，对供应链全业务流程进行计划、执行、控制和优化，对实物流、信息流、资金流进行整体规划的数据融通、资源共享、业务协同的网状供应链体系。

数字化供应链不仅是传统供应链的延伸和升级，而且是企业数字化转型时期的重要组成部分，是企业提升供应链运营能力和竞争力的重要手段之一。数字化供应链的核心理念是将数字技术和数据整合到整个供应链过程中，以提高其可见性、效率和决策制定准确性。数字化供应链的目标是优化供应链运作，满足客户需求，从采购原材料到生产、分销和交付产品，在整个过程中降低成本和风险。

数字化供应链由两部分构成，一是基础供应链管理，按照 APICS①的 SCOR②，供应链活动分为研究与计划、寻源采购、生产制造、物流交付（仓储与运输）、售后与支持，其中被广大企业提及的狭义的供应链为物流交付这个阶段；二是指数字化管理，基于供应链各个运作环节，所有作业数据被量化和数字化，充分验证、收集和优化，结合大数据技术与 AI 人工智能技术，对供应链数据进行切片可视化、分析、优化、KPI③化、预测，甚至基于供应链数字化管理平台进行模型格式化，利用 RPA④技术进行智能调度，代替人工作业。

微课：
数字化供应链的特征

三、数字化供应链的特征

1. 简易

简易指通过数字化技术（如电商式平台与移动端技术）来简化客户与企业的交易模式，确保提供更具弹性的端到端用户体验，提高客户的满意度和企业内部运营效率。在数字化环境下，企业运用 B2C 电商模式通过云计算、大数据分析、物联网等新兴技术打造 B2B 协同平台，在与客户间的无缝互动和协同过程中，建立起以客户为中心的运营模型，并实现从线下到线上的转型。

2. 精准

精准指通过数字化技术（如大数据与认知运算）为产品和服务的未来需求提供深入的理解和感知，实现从"描述需求（descriptive）"到"预测需求（predictive）"的转型，确保所有合作伙伴都在一个共同的计划体系下运营。认知技术与人工智能的应用让企业可以提前感知市场需求，进而主动且智能地根据感知的需求调整计划；结合移动端与网络社交等互联网技术，建立企业内部跨部门、共享互动的集成供应链计划机制与平台，有效提升供应链整体运作效能。

3. 精益

精益指运用数字化技术（如云储存与物联网），结合精益生产的理念，不断优化产品质量和运营效率，实现制造和物流体系从自动化（automated）到智能化（intelligent）的转型，将成本效能最大化，加速产品不断创新，打造可靠、高效、低成本、高满意度的生产

注：① APICS 是指 american production and inventory control society，美国运营管理协会。
② SCOR 是指 supply chain operations reference，供应链运作参考模型。
③ KPI 是指 key performance indicator，关键绩效指标。
④ RPA 是指 robotic process automation，机器人流程自动化。

运营体系。通过机器学习、大数据分析等技术，构建以客户为中心的、动态弹性的生产和物流流程，深度挖掘出现质量问题的根本原因，用预测性分析主动开展设备维护，提高整个生产和物流的可靠性。

4. 敏捷

敏捷指运用数字化技术（如物联网与大数据），建立起即插即用（plug and play）的供应链网络，完成整个供应链从固定（fixed）到弹性（flexible）的转型，以应对全球化背景下日益复杂的环境并支持多个市场分类，促使企业对其端到端运营建立起准确的模型，优化成本、服务、风险和持续性等，在成本和客户满意度之间找到最优平衡点，打造敏捷、快速响应、持续改进的供应链。

5. 透明

数字化技术（如大数据与云储存）可以帮助企业清晰地勾勒出清晰透明的供应链体系全景图，展现出与各个关键部件供应商的层级关系，从而识别出关键的供应路径。在企业与多级供应商信息交互的过程中，对供应商的库存、产能、质量等信息进行监控，实现主动风险管理。同时，利用云计算、物联网、大数据等技术对全球事件进行扫描，结合认知技术识别相关风险事件，及时对风险作出响应，保证供应的连续性。

6. 智能

智能指通过数字化技术（如人工智能与物联网），构建具有实时可视、智能分析、决策执行三层架构能力的智能塔台，从共享服务中心的视角协调整个供应链，促进供应链完成从分散到集中的转型，实现整个供应链协同、敏捷、一致的智能运营。

四、数字化供应链技术

数字化供应链的核心技术包括物联网、云计算、大数据、人工智能、区块链、数字孪生、供应链控制塔等，这些技术能够实现供应链各环节的数字化、可视化、智能化，从而实现高效、低成本、高质量、高透明度和高可靠性的供应链管理和服务。

微课：
数字化供应链技术

1. 物联网

物联网（internet of things，IoT）通过传感器、RFID① 技术以及数据分析，实时获取货物的位置、温度、湿度等关键数据，并通过多种信息传感设备将任意物品按约定协议连接到互联网上进行信息交换和通信。当数据超出预定参数的范围时，传感设备即可触发预警，可以提醒相关人员调整操作，防止货物损坏。物联网使供应链中各物流环节实现货物实时智能识别、定位、跟踪、监控以及管理，降低成本，提高效率。

2. 云计算

云计算（cloud computing）具有高灵活性、可扩展性、高性价比、计算能力强、可存

注：① RFID 是指 Radio Frequency Indentification，射频识别。

储、集合相关资源并按需配置等特点，可向用户提供个性化服务。供应链通过网络"云"，可以按需、易扩展的方式获得所需的基础设施、平台、软件、应用等。云计算技术让供应链管理实现了更高效的协同共享，各个环节的数据可以实时共享和协同处理，从而打破信息孤岛，提高响应速度和决策效率，实现全链条的高效运作。

3. 大数据

大数据（big data）应用使得供应链中的采购供应、生产制造、产品设计、销售订单、物流配送等各环节多端协同。企业利用大数据技术对各环节的数据进行收集和分析，可以实现对供应链的可视化管理和实时监控，及时发现和解决问题，提高决策的准确性和效率；通过大数据分析客户需求变化规律，并把这些信息实时共享给上下游合作伙伴，实现精准供销配套；通过大数据分析，还可以实现问题预测、质量风险控制和设备故障预警等。

4. 人工智能

人工智能（artificial intelligence）的应用让供应链管理更加智能和灵活。利用机器学习和数据挖掘技术，通过对历史订单进行学习分析，可以让供应链根据历史数据和市场趋势准确预测需求变化，并协助供应商及时调整生产计划和库存管理策略，通过优化调度和库存管理实现精准供需匹配，解决库存积压和缺货的问题。利用大数据预测将传统意义的"预测"拓展到"现测"，甚至可以在供应链的任何操作中预先提出具体的流程优化方案。依靠人工智能的未来洞察力，供应链可以"未雨绸缪"，在变化发生之前进行调整，避免严重的影响和损失。

5. 区块链

区块链（blockchain technology）是分布式数据存储、点对点传输、共识机制、加密算法等计算机技术的新型应用模式。区块链具有去中心化、开放性、独立性、安全性、匿名性的特征。其核心技术是分布式账本、非对称加密、共识机制、智能合约。由于区块链记录具有不可变性并易于访问，因此它是整个供应链中建立信任和可跟踪性的理想工具。区块链有助于大大降低信息不对称，降低企业之间沟通成本，吸引潜在合作伙伴，满足监管要求或减少伪造等问题。

6. 数字孪生

数字孪生（digital twin）是充分利用物理模型、传感器更新、运行历史等数据，集成多学科、多物理量、多尺度、多概率的仿真过程，在虚拟空间中完成映射，从而反映相对应的实体装备的全生命周期过程。数字供应链孪生是物理供应链的数字表示，它是数据对象之间各种关联的动态、实时和分时的表示，这些关联最终构成了物理供应链的运营方式。它是供应链的本地和端到端决策的基础，并确保该决策在整个供应链的水平和垂直两个维度上保持一致。数字供应链孪生来源于整个供应链及其运营环境的所有相关数据。数字供应链孪生的三层次结构如图1-12所示。

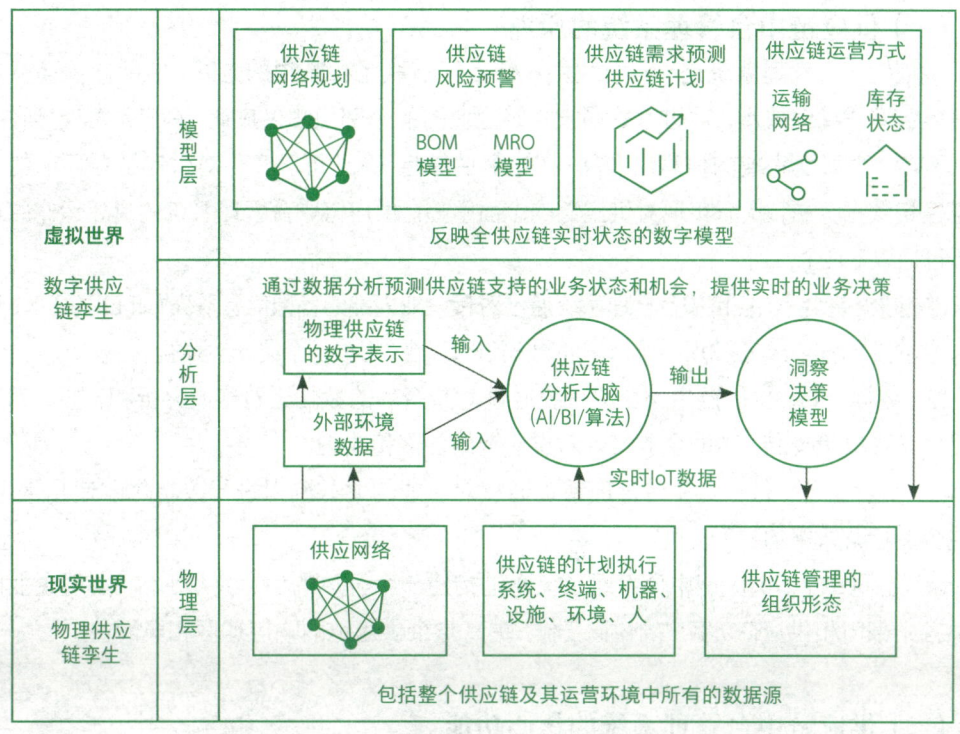

图 1-12 数字供应链孪生的三层次结构

7. 供应链控制塔

供应链控制塔（supply chain control tower）是一种云解决方案，它利用人工智能、机器学习和物联网等先进技术主动管理供应链。供应链控制塔应用中表现为一种个性化的互联仪表板，用于显示整个供应链中的数据、关键业务指标和事件，旨在帮助企业更全面地了解关键问题，确定其优先级并加以解决。将"控制塔台"的强大功能与互接、整合的企业数据、合作伙伴数据、外部数据和设备数据相结合，企业就能够全方位地实时了解自己的产品在全球各地的情况。"控制塔台"的端到端视图既有助于发现供应链的短期短板，也能够衡量其对上游和下游产生的影响，为长期决策提供支持。

五、供应链中台管理系统

供应链数字化转型需要企业建立全面、集成的平台，以支持采用现代技术、提高运营效率、改善客户体验，促进数据驱动决策。供应链中台是一个统一管理的综合性平台，致力于整合与优化供应链要素，旨在为整个供应链生态系统提供数字化解决方案。通过这个平台，企业得以实时掌握供应链情况，实现资源共享与协同作业，避免信息孤岛及成本过高，有助于提升供应链响应速度与灵活性。

(一) 供应链中台管理系统的原理

供应链中台管理系统是一种优化供应链各环节联系和流程的方式,它能够提高供应链整体效率并降低成本,通过互联网技术将企业的各个部门和供应商、客户紧密连接在一起,形成一个高度集成的信息化平台。在这个平台上,企业可以实现对供应链各环节的实时监控和数据分析,从而实现对供应链的全面掌控。供应链中台管理系统的具体运作原理主要包括以下几个方面:

(1) 数据整合。供应链中台管理系统通过对接企业内部的各种信息系统(如 ERP、CRM[①]等),将企业的各个部门和供应商、客户的数据进行整合,形成一个统一的数据中心。

(2) 数据分析。供应链中台管理系统通过对整合后的数据进行实时分析和挖掘,为企业提供各种决策支持,帮助企业实现对供应链的优化和改进。

(3) 流程优化。供应链中台管理系统通过对企业的业务流程进行数字化改造和优化,实现企业运营效率的提升。

(4) 协同共享。供应链中台管理系统通过构建一个开放的信息共享平台,实现企业内外部各个部门和供应商、客户的协同工作,提高整个供应链的响应速度和灵活性。

(二) 供应链中台管理系统的核心功能

供应链中台管理系统的核心功能包括:

(1) 供应商管理。通过对供应商信息的整合和分析,实现对供应商的全面评估和管理,提高供应商的整体质量和服务水平。

(2) 采购管理。通过对采购需求的预测和分析,实现对采购过程的精细化管理,降低采购成本,提高采购效率。

(3) 库存管理。通过对库存的实时监控和智能调度,实现库存的最优化配置,降低库存成本,提高库存周转率。

(4) 物流管理。通过对物流信息的实时追踪和分析,实现对物流过程的可视化管理,提高物流效率,降低物流成本。

(5) 销售管理。通过对销售数据的实时分析和预测,实现对销售过程的精细化管理,提高销售业绩,提升客户满意度。

(6) 财务管理。通过对财务数据的实时监控和分析,实现对财务过程的透明化管理,提高企业整体财务管理水平,降低财务风险。

注: ① CRM 是指 customer relationship management,**客户关系管理**。

> 调查研究与善作善成

智能冰箱低碳供应链转型

一、调研背景

中国智能家电市场呈现出蓬勃发展的态势,其中,智能冰箱作为智能家电的代表性产品,以其智能化、高效节能的特点受到了广大消费者的青睐。智能冰箱不仅能够通过物联网技术实现远程操控和智能化管理,还可以通过先进的制冷技术和节能设计,降低能耗,减少碳排放,符合当前社会节能、环保、低碳的发展要求。

党的二十大报告明确指出"推动形成绿色低碳的生产方式和生活方式""加快发展方式绿色转型""深入推进环境污染防治""提升生态系统多样性、稳定性、持续性""积极稳妥推进碳达峰碳中和",为中国智能家电行业的发展指明了方向,也对智能冰箱等产品的节能环保性能提出了更高的要求。

二、调研要求

1. 调研智能冰箱的节能环保现状

(1)分析智能冰箱在节能环保方面的技术现状和发展趋势,了解行业内先进的节能环保技术和应用案例。

(2)调查智能冰箱在生产、使用、回收等全生命周期中的能耗和碳排放情况,评估其对环境的影响程度。

2. 分析智能冰箱节能环保方面存在的主要问题

(1)深入调查原材料供应商的生产工艺和环保标准,评估其是否符合节能环保要求。

(2)考察生产制造过程中的能源利用效率和废弃物处理情况,发现存在的问题和不足。

(3)分析物流配送环节的运输方式、包装材料等因素对节能环保性能的影响。

3. 从供应链角度提出智能冰箱节能环保方面的改进方案

(1)针对原材料采购环节,提出优化供应商选择、推动供应商绿色生产等策略。

(2)针对生产制造环节,提出改进生产工艺、提高能源利用效率、加强废弃物处理等建议。

(3)针对物流配送环节,提出优化运输方式、使用环保包装材料等措施。

(4)综合各环节的改进方案,形成一套完整的智能冰箱节能环保供应链数字化转型方案。

自测习题

一、单项选择题

1. 供应链不仅是一条连接从供应商到用户的物料链、信息链、资金链，而且是一条（   ）。
   A. 加工链　　　　　　　　B. 运输链
   C. 分销链　　　　　　　　D. 增值链

2. 运用数字化技术（如物联网与大数据），建立起即插即用的供应链网络，完成整个供应链从固定到弹性的转型，这体现了供应链的（   ）特征。
   A. 精准　　　　　　　　　B. 简易
   C. 敏捷　　　　　　　　　D. 智能

3. 在推拉混合式供应链中，将推动阶段和拉动阶段的分界点作为（   ）切入点。
   A. 生产计划　　　　　　　B. 安全库存
   C. 顾客需求　　　　　　　D. 战略合作

4. 向行业龙头企业或竞争对手看齐，不断对产品、服务、供应链业绩进行评价和改进，以保持竞争力和持续发展。以上表述属于供应链管理的（   ）。
   A. 合作机制　　　　　　　B. 自律机制
   C. 激励机制　　　　　　　D. 信任机制

5. 供应链管理的最终目标是（   ）。
   A. 总成本最低化　　　　　B. 总库存最小化
   C. 总周期时间最短化　　　D. 供应链绩效最大化

二、多项选择题

1. 供应链的特征有（   ）。
   A. 复杂性　　　　　　　　B. 动态性
   C. 面向需求性　　　　　　D. 交叉性

2. 供应链战略层协同主要包括（   ）。
   A. 文化价值融合　　　　　B. 风险分担
   C. 标准统一　　　　　　　D. 信息协同

3. 区块链是（   ）等计算机技术的新型应用模式。
   A. 分布式数据存储　　　　B. 点对点传输
   C. 共识机制　　　　　　　D. 加密算法

4. 拉动式供应链的特征有（   ）。
   A. 供应链集成度高　　　　B. 供应链系统库存量低
   C. 响应市场速度快　　　　D. 单个产品成本低

5. (　　　)产品属于V形供应链。
   A. 冰箱　　　　　　　B. 石油
   C. 化工　　　　　　　D. 纺织

三、判断题

1. 供应链中的节点企业可以是这个供应链的成员，同时又是另一个供应链的成员。(　　)
2. 推拉混合式供应链中的顾客需求切入点如果向供应链上游方向移动，则产品同质化生产阶段会相应增加。(　　)
3. 绿色供应链将环境保护和资源节约的理念贯穿于产品全生命周期。(　　)
4. 供应链总成本最低化的目标是指运输费用或库存成本，或其他任何供应链运作与管理活动的成本最小。(　　)
5. 数字化技术的出现将企业供应链的运营从"串联"升级为"并联"，多个步骤可以同时进行。(　　)

02 第二章
供应链战略管理

学习目标

素养目标
- 树立通过新质生产力打造企业核心竞争力的意识和理念
- 充分认识我国建设自主可控、安全稳定供应链的战略意义

知识目标
- 了解供应链战略的含义、基本准则与内容
- 掌握供应链战略管理的含义与步骤
- 熟悉核心竞争力和业务外包的内涵
- 掌握供应链战略与竞争战略、职能战略的关系
- 掌握数字化供应链战略转型的必要性和主要内容

技能目标
- 能够识别企业核心竞争力
- 能够根据企业自身特点选择业务外包形式
- 能够根据产品特点进行供应链战略匹配

思维导图

- 供应链战略管理
  - 供应链战略与供应链战略管理
    - 供应链战略认知
    - 供应链战略管理认知
  - 核心竞争力与业务外包
    - 核心竞争力
    - 业务外包决策
  - 供应链战略匹配
    - 竞争战略与战略匹配
    - 供应链战略匹配的步骤
    - 供应链战略与竞争战略的匹配
    - 供应链战略与职能战略的匹配
  - 数字化供应链战略转型
    - 供应链数字化转型的必要性
    - 供应链数字化转型阶段
    - 数字化供应链战略的核心内容
    - 数字化供应链战略转型的步骤

学习计划

素养提升计划

知识学习计划

技能训练计划

> 📝 **引导案例**

以数字供应链创新助力发展制造业新质生产力

大力发展新质生产力是我国在新发展阶段构筑国家竞争优势的战略选择，已成为推动产业升级和经济增长的关键，在数字经济与产业链供应链融合发展的背景下，供应链数字化转型成为重要的战略层面的任务之一，只有拥有先进高效的数字供应链，才能更好地胜任数字经济时代下的生产性服务业重任，才能发挥数字技术创新驱动优势，助力制造业快速形成新质生产力，并通过新质生产力打造企业核心竞争力，实现高质量发展。

新质生产力是2023年9月习近平总书记在黑龙江考察期间首次提出的。新质生产力是创新起主导作用，摆脱传统经济增长方式、生产力发展路径，具有高科技、高效能、高质量特征，符合新发展理念的先进生产力质态。它由技术革命性突破、生产要素创新性配置、产业深度转型升级而催生，以劳动者、劳动资料、劳动对象及其优化组合的跃升为基本内涵，以全要素生产率大幅提升为核心标志，特点是创新，关键在质优，本质是先进生产力。

在数字经济时代，数字技术链接、渗透、赋能万物，赋予了劳动资料数字化的属性。智能传感设备、工业机器人、光刻机、云服务、工业互联网等数字化劳动资料，在算力、算法上所展现出的高链接性、强渗透性、泛时空性，都是以往任何技术革命无法比拟的，直接作用于数据这一新型劳动对象，实现了与再生产各环节的深度融合，打破了时空限制，推动资源要素快速流动和高效匹配，推动着生产力的跃迁。正如马克思提出的：各种经济时代的区别，不在于生产什么，而在于怎样生产，用什么劳动资料生产。数字技术正是这个时代新质生产力形成的核心动力，强化数字技术创新就是为新质生产力布局抢占先机、赢得优势。

数字化供应链是互联网、物联网，以及人工智能深度融合的智慧供应链，可以服务制造业在纵向集成、横向集成、端到端集成的基础上，推进企业内部、企业与相关合作企业之间、企业与顾客之间，以及价值网络中不同企业之间，基于数据要素和数字技术的合作、协同与共享，充分发挥数字技术跨时空、强链接和瞬时性的特征，提升制造业智慧化、数字化、网络化水平，消除生产成本、产品多样性、生产周期等多目标之间的冲突，助力制造业摆脱传统规模生产的弊端，实现柔性生产、定制化生产，培育基于数字化供应链的敏捷制造新质生产力，赋能制造企业在各自产业行业领域形成具有独特优势的核心竞争力。

> 💡 **引思明理**

新质生产力具有技术创新驱动主导的典型特征，是"质量变革、效率变革、动力变革"的高质量发展的生产力，体现了数字技术革命引领生产力跃迁的时代内涵。供应链管理是服务生产制造的集成供应商，在紧密融合发展中，供应链数字化转型与技术创新、模式创新，可以有力高效地赋能制造企业形成基于新一代信息技术、智能技术的新质生产力。因此，实施和加快供应链数字化转型战略、推进供应链数字创新具有重大战略意义。

第二章　供应链战略管理

第一节　供应链战略与供应链战略管理

一、供应链战略认知

(一) 供应链战略的含义

供应链战略是从企业战略的高度来对供应链进行全局性规划，确定原材料的获取和运输、产品的制造或服务的提供，以及产品配送和售后服务的方式与特点。供应链战略突破了一般战略规划仅仅关注企业本身的局限，关注的重点不再是企业向顾客提供的产品或服务本身给企业增加的竞争优势，而是产品或服务在企业内部和整个供应链中的运行流程所创造的市场价值给企业增加的竞争优势。

供应链战略是企业战略的有机组成部分，与产品开发战略和市场营销战略同属于企业的业务战略，需要服务并支撑企业的竞争战略。供应链战略整合了传统的采购、销售、生产、运输、仓储等业务，需要技术、信息、组织、财务与人员战略的支持，更加强调供应链中各职能战略的联系。

(二) 供应链战略的基本准则

供应链战略需要能够为企业创造竞争优势，推动企业实现战略目标，因此，在制定供应链战略时，必须遵循以下 4 项基本准则：

1. 供应链战略要与企业的竞争战略一致

企业的供应链战略应能直接支持和配合企业的竞争战略。有效的企业竞争战略始于核心战略愿景，供应链战略层次如图 2-1 所示。

2. 供应链战略要与企业的客户需求一致

供应链战略要与企业的客户需求一致，就是要确认不同细分市场的特殊需求。如果企业富有运作柔性，在满意的服务水平和合理的成本水平下，能够满足客户需求，那么就可以采用单一供应链模式；如果不同产品、不同细分市场的成本、提前期、交货期等差异很大，难以协调，就需要考虑部分不同或完全不同的多种供应链模式。

3. 供应链战略要与企业的实力地位一致

有效的供应链战略建立在企业了解自身的实力、了解自身对客户和供应商的影响力的基础之上。这是因为企业的实力地位决定了供应链重组之后企业如何实现总体战略目标。

4. 供应链战略要与企业的市场环境相适应

市场环境变化了，企业的竞争战略也需要随之改变。虽然变化是常态，发生重大变化的频率却会因行业不同而异。企业的内部因素和外部因素都会引发供应链体系的变革。这些内外部因素包括：改变行业动态的新技术、企业业务范围的改变、企业竞争基础的改变、消化新收购的需要等。

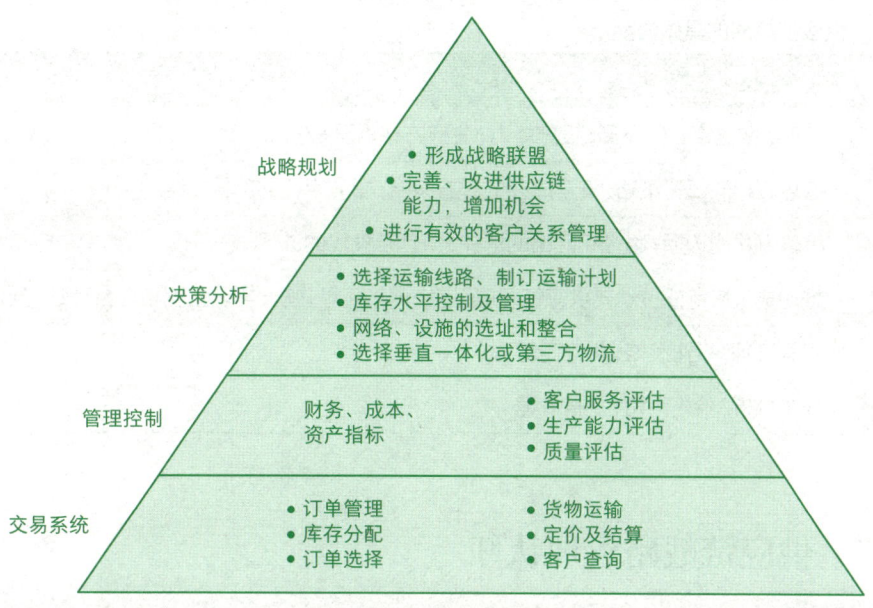

图 2-1　供应链战略层次

（三）供应链战略的内容

1. 优先指标

根据竞争战略和客户需求分析确定供应链战略考虑的优先指标，包括交货期、价格、质量、服务水平等。

2. 决策领域

供应链战略的决策领域内容主要包括设施、库存、运输、信息、采购、定价等方面的长期决策。供应链战略内容如图 2-2 和表 2-1 所示。

> **即学即问**
>
> 举例说明供应链的优先指标对制定具体决策有何影响。

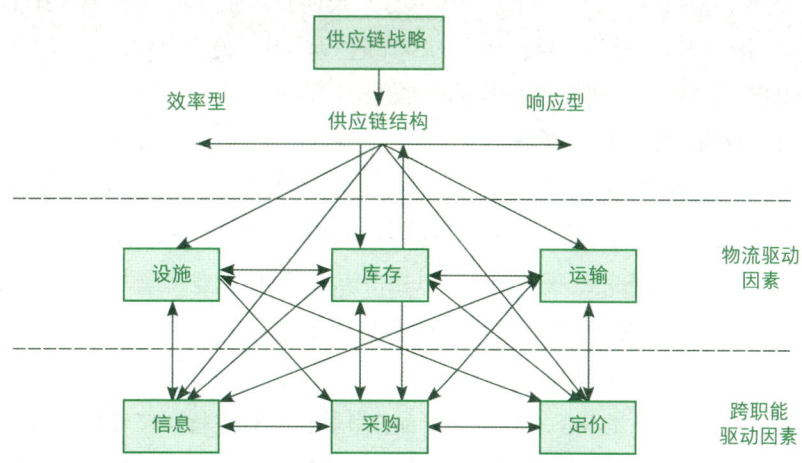

图 2-2　供应链战略内容

表 2-1 供应链战略的具体内容

内容	具体内容
设施	工厂、配送中心的布局；设施能力；生产方式；仓储方式
库存	循环库存的部署策略；安全库存的部署策略；季节库存的部署策略
运输	运输方式的选择；路径和网络的选择；自营与外包的选择
信息	推动式供应链或拉动式供应链；供应链协调与信息共享；需求预测与整合计划；技术工具
采购	采购流程；采购策略；供应商管理
定价	成本分析；价格策略；价格管理

二、供应链战略管理认知

（一）供应链战略管理的含义

供应链战略管理是指要从企业整体发展战略的高度，考虑供应链管理事关全局的核心问题，包括运营方式的选择，每个环节必经的流程设计，信息支持系统的建立，绩效的测量与评价等。只有制定了供应链战略，才能够有效实施供应链管理，供应链战略在企业运营中发挥着极其重要的作用。

（二）供应链战略管理规划

供应链战略管理规划的内容包括：

1. 定义企业目的

企业目的包括实现经营目标、创造客户价值、长期稳定生存和承担社会责任。定义企业目的是一个相互作用的过程，管理者通过这个过程提出有关企业健康运转的基本问题，并调整企业的运营策略，以迎接可能出现的挑战。

2. 明确企业的战略性竞争任务

战略性竞争任务的关注点面向未来，而不是现有的能力和市场。企业的战略性竞争任务主要是寻找企业所面临的问题。比如，谁是将来的行业领导者？将有什么样的技术对市场产生重大影响？什么样的产品或服务组合可以赢得市场？哪些企业将成为企业的关键合作伙伴或联盟？怎样重塑企业的技能和变革性精神才能形成未来的新市场？

3. 形成企业的核心运作策略

企业的核心运作策略是基于对现有的产品、市场和业务进行定位与衡量来考虑的。核心运作策略的关键活动包括：对企业在某一时间内可能出现的增长，对资产、投资回收和净收入目标等内容的预测；决定支持预测业务中财务和市场目标所必需的资产和竞争力；将预测和资产计划分配到企业的业务单位等。

（三）供应链战略管理的步骤

供应链战略管理包括如下步骤：

1. 战略分析

明确"企业目前状况"并评估今后发展的关键因素，这个步骤主要包括三个方面：确定供应链战略的使命和目标；外部环境（包括宏观环境和微观环境）分析；内部条件（包括自身地位、资源及战略能力等）分析。

2. 战略选择

明确"企业走向何处"，这个步骤主要包括四个方面：制定战略选择方案；评估战略备选方案；选择战略；制订战略决策和计划。

3. 战略实施

明确"企业如何走"，就是将战略转化为行动，主要关注的问题有：资源获取与分配；组织结构调整；具体业务运作；企业文化管理等。

4. 战略评价

明确"企业走得怎样"。通过业绩评价审视战略的科学性和有效性，参照实际运营状况和新机遇、新理念、新技术、新方法，及时调整所制定的战略，以保证战略对企业经营管理指导的有效性。

和合自主铸链兴企

振华重工绿色供应链战略助力绿色低碳智能港口

振华重工成立于1992年，其母公司为世界五百强企业中交集团。目前，振华港机产品已经进入全球106个国家和地区，在世界市场的占比超过70%，连续26年保持行业第一。

振华重工抢抓绿色转型新机遇，持续推进产业链供应链的绿色化发展，制定了绿色供应链战略规划。该企业注重绿色开发、绿色生产、绿色采购、绿色物流等在供应端的应用，降低碳排放，提高污染防治能力；加强与供应商在绿色低碳方面的合作力度，引进符合国家绿色标准要求的外部供应源，推动供应商完善体系认证，将提供绿色环保配套产品的供应商确定为优质供应商，坚决淘汰产生重大污染的配套件供应商。

振华重工通过创新研发3E级岸桥、配备太阳能光伏电站的节能型岸桥、不同节能机型的轮胎吊、环保型散货机械，针对码头用户推出场桥"油改电"改造业务，打造绿色港机产品"一揽子"方案，帮助用户提高环保绩效，为生态环境的可持续发展提供装备支撑。

该企业以绿色科技和产品助力青岛港、上海洋山港四期、意大利瓦多港、阿布扎比哈里发港、印度阿达尼等海内外自动化码头的建设。以上海洋山港四期项目为例，岸桥、轨道吊、AGV均采用电力驱动，完全解决了尾气排放问题，降低环境噪声。通过配备全锂电池自动化换电站实现充电过程零排放，节能40%以上。自主研发的自主驾驶无人跨运车在100%采用柴油作为能源的情况下，运用能量回收系统可以节省50%的油耗，更加绿色环保。

第二节　核心竞争力与业务外包

供应链管理强调把主要精力放在关键业务上,即将非核心业务外包,在此基础上获得更多竞争优势,使核心竞争力加强。因此,企业在战略层面上首先要找出本企业独有或者明显处于领先地位的能力,或者想要在后续重点培养和打造的优势能力,以便制定和实施围绕和发挥本企业核心竞争力优势的供应链战略。

一、核心竞争力

(一) 核心竞争力的概念

党的二十大报告指出:深化国资国企改革,加快国有经济布局优化和结构调整,推动国有资本和国有企业做强做优做大,提升企业核心竞争力。核心竞争力是指企业(或企业集团)在竞争中获取、配置关键资源,使企业形成并保持长期稳定的可持续竞争优势及稳定超额利润的能力。核心竞争力表现为某一组织内部一系列互补的技能和知识的结合,它能够使企业一项或多项业务达到竞争领域一流水平。

(二) 核心竞争力的特征

核心竞争力包括如下特征:

1. 独特性

核心竞争力与企业的组织结构高度融合,是建立在企业内部长期学习、经验积累基础上的专长,其稳定性较强,是本企业独一无二的优势。

2. 持久性

核心竞争力是企业在长期生产经营实践活动过程中,以特定的方式,沿着特定的技术轨迹由小到大,通过学习、消化、吸收、合成逐步积累整合而成,能维护企业竞争优势的持续性,且能不断开发和维护。

3. 延展性

在企业能力体系中,核心竞争力是母体、是核心,有溢出效应,可围绕核心竞争力进行相关市场的拓展,通过创新获取持续竞争优势。

4. 价值性

企业的核心竞争力在提高企业效率、降低成本和创造价值方面比竞争对手做得更好,同时给企业的目标客户创造独特的价值和利益。

5. 难以模仿性

核心竞争力难以与企业分离,是企业技术特性与组织特性的复合体,难以被当前或潜在的竞争对手了解、仿制或获取。

（三）核心竞争力的识别
1. 核心竞争力的内部识别

（1）价值链分析。价值链分析方法能有效地分析并识别对企业产品的价值增值起核心作用的活动，这个关键的价值增值活动就是企业真正的核心能力，对企业赢得竞争优势起关键作用。

（2）技能分析。战略活动一般包括一组关键业务技能，这组关键业务技能使企业具有开发某些自己特有的、不能被竞争对手模仿的出众的能力或知识。如果企业战略是关于质量的，该企业可能在制造技能方面或全面质量管理上具有优势；如果该战略是关于服务的，那么该企业在服务技能、系统设计或服务便利上拥有优势。通过界定关键业务技能分析，可以识别和培育企业核心能力，从而获得竞争优势。

（3）资产分析。资产包括有形资产和无形资产，但有形资产产生的优势容易被模仿，因而难以持久，稳定而持续的竞争优势主要来自无形资产。因此，卓越公司的优势并不是体现在现代化的厂房和先进的机器设备上，而是蕴藏在诸多无形资产中，如人力资产、技术资产、品牌资产等。识别企业的核心能力可以从品牌、渠道、文化、结构和程序等无形资产入手，这是因为这些因素是企业自身长期投资、学习和积累的结果，从而具有难以模仿和复制的特征。

2. 核心竞争力的外部识别

（1）核心竞争力的顾客贡献分析。顾客贡献分析是从企业的外部出发，分析在带给顾客的价值中，哪些是顾客所看重的价值，那么企业带给顾客核心价值的能力便是其核心竞争力，而不是从企业内部创造价值的全过程分析。要识别核心竞争力，就必须弄清客户愿意购买的究竟是什么；客户为什么愿意为某些产品或服务支付更多的资金；哪些价值因素对顾客最为重要，也因此对实际售价最有贡献。经过分析可以初步识别能真正打动顾客的核心竞争力。

（2）核心竞争力的竞争差异分析。企业要取得竞争优势，一方面要有能够进入具有吸引力的产业的资源和能力，即战略产业要素；另一方面要拥有不同于竞争对手且能形成竞争优势的特殊资产，即战略性资产。从与竞争对手的差异性角度分析核心竞争力有两个步骤：① 分析企业与竞争对手各自拥有哪些战略产业要素，各自拥有的战略产业要素有何异同，造成差异的原因何在；② 分析企业与竞争对手的市场和资产表现差异，特别是企业不同于竞争对手的外在表现，如技术开发和创新速度、产品形象、品牌、声誉、售后服务、顾客忠诚度等，识别哪些是企业具有的战略性资产，根植于战略性资产之中的便是核心竞争力。

（四）核心竞争力的构建
1. 通过技术创新构建企业的核心竞争力

技术创新对提高企业的核心竞争力有三大效应：一是自我催化效应；二是低成本扩张与收益效应；三是增强企业整体实力效应。

> **即学即问**
> 以空调产品为例，谈谈如何识别空调企业的核心竞争力。

2. 通过管理创新构建企业的核心竞争力

管理创新可以从以下几个方面进行：一是管理理念创新；二是组织创新；三是控制工作创新；四是战略创新；五是人力资源管理创新。

3. 通过创新文化构建企业的核心竞争力

创新文化是企业所独有的，表现为企业长期发展过程中形成的企业价值观和经营哲学。企业创新文化所形成的经营理念和价值观一经内化，必然产生一种强大的规范作用，从而成为本企业员工的行动准则，产生一种持久的推动力，促使本企业员工积极实现既定目标。

二、业务外包决策

（一）业务外包的内涵

所谓业务外包，是指企业基于契约，将一些非核心的、辅助性的功能或业务外包给外部的专业化服务机构，利用它们的专长和优势来提高企业的整体效率和竞争力，而自身仅专注于企业具有核心竞争力的功能和业务。从本质上讲，业务外包是企业的一种经营战略，是企业经营管理的一种新理念。

业务外包推崇的理念是，如果企业在供应链的某一环节上不是最好的，而且这又不是企业的核心竞争优势，即使不亲自做这种活动，也不至于与客户分开，那么就可以把它外包给最专业的公司去做。

与传统的管理模式相比，实行业务外包的企业将资源集中于经过认真挑选的少数具有竞争力的核心业务，也就是集中在那些使它们真正区别于竞争对手的技能和知识上，而把其他虽然重要但不是核心业务的职能外包给该领域内的"专家"企业，并与这些企业保持紧密的合作关系。因此，供应链环境下的资源配置决策是一个增值的决策过程，如果企业能以更低的成本获得比自营更高价值的资源，那么应该选择业务外包。

> **即学即问**
> 调研你用过的哪些产品是采用业务外包的方式生产的，说说它们的成功之处。

（二）业务外包的优点

1. 业务外包使企业可以获得并行运作模式

由于企业把非特长的经营活动交给其他企业完成，使得传统企业的运营方式在时间和流程上处于先后关系的有关职能和环节得到了改变。企业的各项活动在空间上是分开的，但在时间上是可以并行的。这种并行的运作模式提高了企业的反应速度，有利于企业形成先发优势。

2. 业务外包使企业具有更强的应变性和灵活性

对实行外包的企业来说，由于大量的非特长业务都由合作伙伴来完成，企业可以精简机构，变得更加精干。纵向一体化的组织结构形式让位于横向型组织结构模式，扁平化的组织结构对信息的反应更加敏捷。

3. 业务外包使企业专注于核心竞争力的发展

业务外包的目的在于巩固和扩张自己的核心竞争力，以建立自己的竞争优势。业务外包明显区别于兼并，后者聚焦于市场的外部扩张行为，而外包有时甚至是规模的缩减过程。这种内部化过程不需要核心竞争力要素的长期积累，而是直接把原有的资源应用于巩固、发展核心竞争力上。从这个意义上说，业务外包是打造竞争力最有效的途径。

4. 业务外包使企业规避经营风险

企业在经营过程中不可避免地要承担生产、营销、投资、技术，以及财务等方面的风险，而经营风险具有复杂性、潜在性、破坏性等特征。通过资源外向配置和业务外包，企业与外部合作伙伴共同承担风险，使企业变得更加柔性，更加能适应外部环境的变化。

5. 业务外包使企业降低经营成本

业务承包企业一般都拥有比本企业更优越的专业化知识和经验，通过规模经营实现高效率和高效益。在资源配置日趋全球化的背景下，业务外包使整个社会资源得到优化配置，提高了社会的专业化协作程度，从而提高了整个社会资源的利用率，既节约了大量社会资源，又直接降低了企业的制造成本或流通成本。

> **即学即问**
> 业务外包是否存在缺点？存在哪些风险？应该如何防范？

（三）业务外包的主要形式

采用什么样的外包形式很大程度上是由企业生产活动的特征和性质所决定的，不同的业务外包形式所产生的收益、带来的风险、发生的成本都是不一样的。具体形式有：

1. 研发外包

研发外包是利用外部资源弥补自己开发能力的不足。企业可以根据需要将重大技术项目外包。依靠专业研究机构，可以短时间内完成产品的开发工作，赢得宝贵的市场机遇。

2. 生产外包

生产外包一般是企业将生产环节安排到劳动力成本较低或生产设施配套完善的地区，以提高生产环节的效率。现在很多生产名牌产品的企业不再拥有厂房和设备，而是将自己的资源集中于新产品的开发、设计和销售上，将生产及生产过程的相关研究外包给其他的合作生产企业。

3. 物流外包

许多企业将自己的货物或产品的储存和配送外包给专业性的物流配送公司来完成。物流外包不仅降低了企业的整体运作成本，更重要的是商流与物流分离的模式使企业获得了更好的服务。

4. 营销外包

企业将自己的营销业务外包给承包公司去经营，只确定自己的目标市场，销售问题由专业的销售公司去做。由于专业销售人员既懂得企业销售中存在的问题，也能向它们提供大量客户资源，因此，营销外包业务不但能够顺利开展，而且能使企业取得良好的经济效益。

5. 脑力资源外包

脑力资源外包是指雇用外界的人力资源，主要是脑力资源，解决本企业解决不了或解决不好的问题。脑力资源外包的内容主要有：互联网咨询、信息管理、ERP系统实施应用、管理咨询、决策方案、业务重组、技术改造等。

> **创新驱动强链强国**
>
> **"专精特新"企业成为强链补链生力军**
>
> 党的二十大报告提出要"支持专精特新企业发展""着力提升产业链供应链韧性和安全水平"。作为产业链供应链的重要节点，"专精特新"中小企业不仅是我国融入全球产业链供应链体系的主要参与者，更是确保我国在外部压力下维系产业链关键环节、关键材料、关键零部件、重大装备安全可控的重要力量。
>
> 近年来，在中央和地方大力培育"专精特新"中小企业的过程中，"专精特新"中小企业快速发展，对产业链供应链安全的支撑能力显著提升，成为保障经济安全、提升供应链竞争力的重要依托。截至2023年年底，我国已累计培育创新型中小企业21.5万家，"专精特新"中小企业10.3万家，"专精特新""小巨人"企业1.2万家。九成"小巨人"企业至少为一家知名大企业直接配套。在制造强国战略重点领域分布中，"小巨人"企业的数量在高端新材料、5G新一代信息技术、新能源汽车和智能（网联）汽车四个领域中的排名均步入前三位，占比分别约为23.1%、9.7%、9.2%。这些企业不仅成为产业链中龙头企业的重要供应商，更在产业链供应链发展中发挥着重要的"补短板"作用，成为新格局下维系国家产业链供应链安全的重要节点。

第三节　供应链战略匹配

一、竞争战略与战略匹配

（一）竞争战略

竞争战略是企业战略的一部分，是在企业总体战略的制约下，指导和管理具体战略经营单位的计划和行动。企业竞争战略要解决的核心问题是如何通过确定顾客需求、竞争者产品和本企业产品三者的关系，来奠定并维持本企业产品在市场上的特定地位。竞争战略包括成本领先战略、差异化战略和集中化战略三种基本竞争战略，三种基本竞争战略的比较如表2-2所示。

表2-2　三种基本竞争战略的比较

项目	成本领先战略	差异化战略	集中化战略
特点	是行业内低成本生产者，强调生产规模，提供标准化产品	通过增加产品差异化将自己与竞争对手区分开来	选择行业中的一个细分市场来挤走其他竞争者

续表

项目	成本领先战略	差异化战略	集中化战略
适用	• 用户对价格敏感 • 实现产品差别的途径少 • 购买者不在意品牌间的差异 • 存在大量讨价还价的购买者	• 用户对价格不敏感 • 实现产品差别的途径多 • 购买者在意品牌间的差异 • 不存在大量讨价还价的购买者	• 细分市场有足够规模 • 细分市场有足够增长潜力 • 用户有独特的偏好和需求
风险	• 竞争者效仿 • 压低行业的盈利水平 • 行业中的技术突破 • 消费者的兴趣转移到价格之外	• 竞争者效仿 • 消费者不认同	• 竞争者效仿 • 消费者偏好转向

(二) 战略匹配

战略匹配是指供应链战略旨在构建的供应链能力目标与竞争战略用来满足的顾客群体需求目标之间的一致性。

企业的所有职能都会对企业经营成效产生影响。这些职能必须相互配合，从新产品开发、营销、生产、分销到服务，以及财务、信息、人事等辅助职能都要发挥作用，每个职能部门都必须制定各自相应的战略。

要想实现战略匹配，必须实现以下三点：① 竞争战略要和所有的职能战略相互匹配，以形成统一、协调的总体战略。任何一个职能战略必须支持其他职能战略，以帮助企业实现竞争战略目标。② 企业的不同职能部门必须合适地配置本部门的流程及资源以能够成功执行这些战略。③ 整体供应链战略的设计和各环节的作用必须协调一致，以支持供应链战略。

二、供应链战略匹配的步骤

(一) 理解顾客

企业必须了解每个既定顾客群体的客户需求，这些需求有助于企业制定期望成本和服务水平要求。顾客需求变化对隐含需求不确定性的影响如表 2-3 所示。

表 2-3 顾客需求变化对隐含需求不确定性的影响

顾客需求	导致隐含需求不确定性
需求数量范围增大	增加，因为更大的需求数量范围意味着更大的需求变化
提前期缩短	增加，因为响应订单的时间更短

续表

顾客需求	导致隐含需求不确定性
需求产品种类增加	增加,因为对每种产品的需求变得更加分散
产品需求渠道的数量增加	增加,因为总的顾客需求通过更多的渠道被分散
革新率提高	增加,因为新产品趋于有更多的不确定性需求
需求的服务水平提高	增加,因为企业需要处理的不寻常的需求高涨

(二)理解供应链

供应链主要有两类功能:

1. 物理功能

能以最低成本将原材料加工成零部件、半成品、成品,并将它们从供应链的一个节点运到另一个节点。

2. 市场中介功能

能对市场需求作出快速反应,确保以合适的产品在合适的地点和时间来满足顾客的需求。

一般意义上的供应链是在反应能力与盈利水平这两个功能之间进行权衡。

高效响应型供应链一般具有以下 5 种能力:响应需求数量的大范围变化;只需要很短的提前期;提供多样性(大量品种)产品;具有高度产品创新能力;能够提供很高的服务水平。这些能力越强,供应链就越灵敏。但是,提高响应能力往往就意味着增加成本、降低效率。

图 2-3 中的曲线为成本—响应有效边界。它显示了在现有的技术条件下给定响应时间内所能达到的最低成本,它代表最好的供应链绩效。并不是所有的企业都能运作在这一有效边界之上。

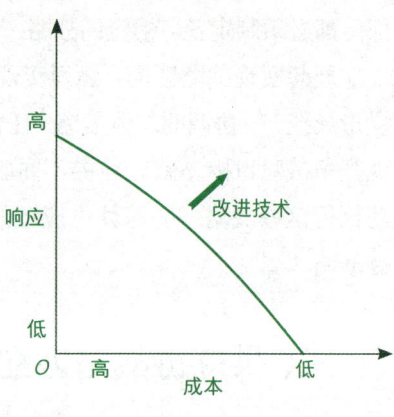

图 2-3 成本—响应有效边界

即学即问
以运动服为例,分析如何提高供应链的响应能力。

(三)实现战略匹配

供应链战略与竞争战略的匹配如图 2-4 所示。图 2-4 以隐性需求不确定性作为横轴,以供应链响应作为纵轴,以图中的一点代表供应链响应和隐性需求不确定性的一种结合。隐性需求不确定性越大,供应链响应难度越高。企业的竞争战略(因隐性需求不确定性而定)和供应链战略(因供应链响应高低而定)应尽量向战略吻合区调整,以实现战略匹配。

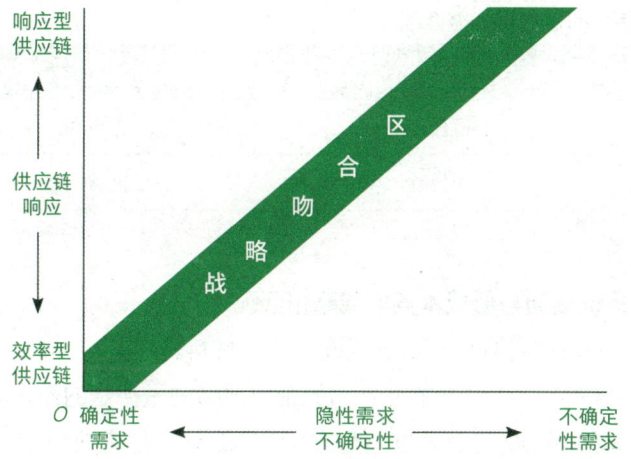

图 2-4　供应链战略与竞争战略的匹配

> **即学即问**
> 分析大米、电视、家具、手机分别处在图 2-4 的什么位置。

三、供应链战略与竞争战略的匹配

企业竞争战略是由其所提供的产品或服务能够满足的目标顾客群的需求类型决定的，企业要根据产品类型来定位、开发与之相协调的供应链战略类型。

根据需求特点可将产品分为两类：功能性产品和创新性产品的比较如表 2-4 所示。功能性产品是指边际收益较低、满足基本需求、生命周期长且可以准确预测需求的产品。创新性产品的特征包括边际收益较高、满足个性化需求、生命周期短且难以预测需求。企业需根据自身产品的特性来选择自己的供应链战略，如表 2-5 所示。

表 2-4　功能性产品与创新性产品的比较

项目	功能性产品	创新性产品
需求特征	可预测	不可预测
产品生命周期	大多较长	大多较短
边际收益	较小	较大
产品多样性	低（10~20种）	高（上百种）
预测误差	低	大
平均缺货率	低	高
平均季末降价比率	几乎为0	10%~25%
MTO产品的提前期	6个月至1年	1天至2周

注：MTO（make-to-order），即按订单生产或面向订单生产。

表 2-5 基于产品特性的供应链战略匹配

项目	功能性产品	创新性产品
效率型供应链	匹配	不匹配
响应型供应链	不匹配	匹配

1. 效率型供应链战略与低成本竞争战略相匹配

效率型供应链战略的目标在于以最低成本将原材料转化成零部件、半成品、成品，所对应的产品是功能性产品。生产功能性产品的企业面临的是稳定的需求和激烈的竞争，必须强调成本与效率才能获取竞争优势。低成本领先战略就是企业制定各种政策而在行业中赢得总成本领先的优势，其追求低成本的目标与效率型供应链战略的目标一致。因此，生产功能性产品的企业的低成本竞争战略与效率型供应链战略是相互匹配的。

2. 响应型供应链战略与差异化/集中化竞争战略相匹配

响应型供应链战略的目标在于快速对需求作出反应，这里的需求可以是整个市场上顾客的特殊需求或者是特定细分市场中顾客的需求，所对应的产品是创新性产品。生产创新性产品的企业所面临的需求是非常不确定的，企业需要使其产品具有一定的新颖性或者产品能够很好地满足某些特定细分市场的需求，这决定了企业的差异化战略和集中化战略。差异化战略是使企业提供的产品或服务标新立异，形成一些在全产业范围内具有独特性的优势。企业通过成功实施差异化战略实现产品的新颖性并满足客户的特殊价值和需求。而集中化战略是围绕着更好为某一个特定目标群体服务这一中心建立的。企业通过成功实施集中化战略可以在某些特定细分市场中更好地满足消费者需求。因此，响应型供应链战略与差异化战略或者集中化战略相互匹配。

四、供应链战略与职能战略的匹配

> **即学即练**
> 请选择一种产品，设计该产品生命周期各阶段的供应链战略。

产品从进入市场到退出市场会经历不同的阶段。一般而言，产品的生命周期可以分为四个阶段，即引入阶段、成长阶段、成熟阶段、衰退阶段，如图 2-5 所示。在产品生命周期的不同阶段，战略匹配的内容各自具有不同的特点，需要持续调整不同战略，以保证在整个产品生命周期中不同供应链战略与职能战略能够相互匹配。

（一）产品引入阶段的战略匹配

在产品引入阶段，产品的需求非常不稳定，企业需要建立响应型供应链战略，也就是需要对不稳定的需求作出快速反应。响应型供应链战略与职能战略的匹配如表 2-6 所示。

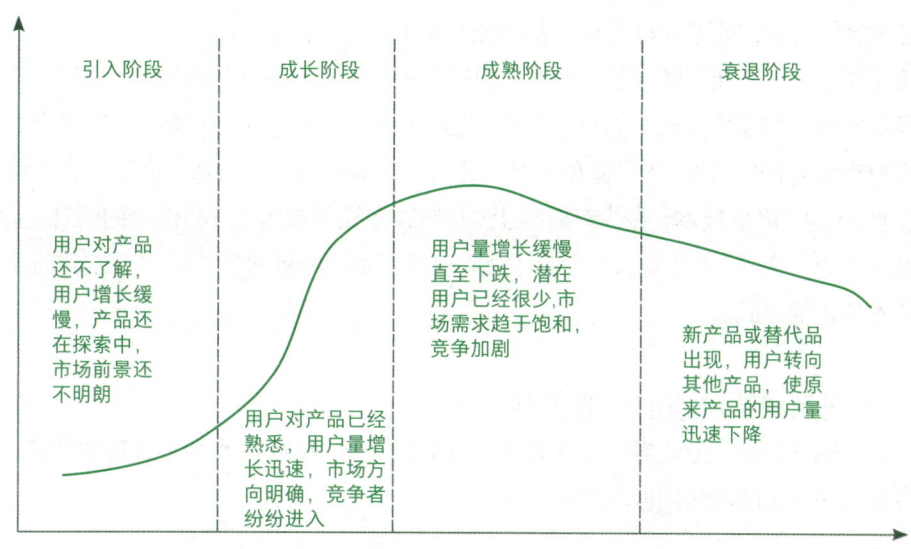

图 2-5 产品生命周期

表 2-6 响应型供应链战略与职能战略的匹配

职能战略	活动内容	效果
新产品开发战略	顾客参与新产品的开发与设计	产品容易被顾客接受，提高顾客满意度，提高企业对顾客需求的反应能力
	供应商积极参与产品设计过程	加快产品创新的节奏，缩短产品从研发到投放市场的时间，提高供应链的反应能力
市场营销战略	建立足够的零售网络	高度保证产品的可获得性
	与客户进行良好沟通	企业更了解客户需求，提高市场反应能力；顾客尽快接受企业的产品
	有效的广告和促销	吸引和刺激顾客购买
供应链战略	生产：减少零件的变化	提高生产系统的柔性，快速满足市场
	库存：维持弹性库存	满足非预期需求并应对意外积压
	物流：快捷运输方式，小批量、频繁送货	快速满足市场需求，降低库存持有成本

（二）产品成长阶段的战略匹配

在产品成长阶段，企业的供应链战略需要从响应型供应链逐步转向效率型供应链。企业的营销战略与此转变相配合，需要最大限度地占领市场，降低单位产品的成本，保证企业获得一定的利润。企业需要提供优质的服务，吸引更多的顾客购买产品，建立密集的分销渠道，保证顾客能够方便地购买到企业的产品，进而扩大产品的市场份额。企业还要进行适当的促销，降低促销成本，通过扩大市场份额、降低单位产品的成本，以较低的成本来满足顾客的需求，实现从响应型供应链向效率性供应链的转变。

由于需求趋于稳定，供应链战略的重点需要转向巩固产品的市场地位，采购应该由小批量采购原材料和零部件转变为批量采购；生产策略采取批量生产策略，以实现企业最大限度占有市场份额的目标；为了避免断货，最大限度地占有市场份额，企业应当维持适当的库存水平；为了降低成本，在库存管理上，在向顾客提供高水平产品供给的同时，保持一个较低水平的安全库存；在物流管理上，企业应该开始从依赖快捷的运输方式转向较多使用低成本的运输方式。

（三）产品成熟阶段的战略匹配

在产品成熟阶段，企业需要实施效率型供应链战略，以低成本满足顾客的需求。效率型供应链战略与职能战略的匹配如表 2-7 所示。

表 2-7　效率型供应链战略与职能战略的匹配

职能战略	活动内容	效果
市场营销战略	建立更密集的分销渠道 拓展新渠道（全渠道）	提升销量，降低单位产品成本，获取最大利润
供应链战略	采购：准时化采购策略	降低供应链总成本
	生产：大批量生产	降低单位产品生产成本
	库存：持续改进和优化	维持低库存成本
	物流：利用第三方物流	节省成本，提高服务质量，为顾客增加价值

（四）产品衰退阶段的战略匹配

产品衰退阶段市场需求急剧下降，企业在防御基础上严格控制成本，按需采购，避免库存增加，并尽早制订和实施清理库存计划，以求能维持现金流；同时，对是否提供配送支持及支持力度进行评价，对供应链进行调整，以适应市场的变化，如供应商、分销商、零售商等数量及关系的调整等。

第四节　数字化供应链战略转型

一、供应链数字化转型的必要性

传统的供应链协同运作和管理面临着巨大挑战，供应链各环节均暴露出急需解决的问题：在采购环节，如何应对需求的快速变化，实现高效、低成本的采购；在生产环节，如何实现及时、高质量的产出，避免盈余存货导致的资源浪费；在计划环节，如何解决需求预测准确性低、生产计划灵活性不足的问题；在物流环节，如何解决运输成本高、运输时效差、配送网络不健全、物流信息不透明等。更为严峻的挑战在于：如何实现供应链全链条的协同作业，降低供应链运营成本并提升整体效率；如何打破由供应链"牛鞭效应"带来的供需脱节的情况。

传统的线性供应链无法从根本上解决"牛鞭效应"，由于业务信息延时，导致需求被层层放大，效率低、成本高、易断裂。因此，供应链上的各个相关企业必须依托大数据、物联网、云计算等新兴技术，对传统供应链实现数字化赋能，逐步实现供应链的可视化、信息化和数字化，从追求效率和成本转向追求韧性，从线性供应链转向数字化供应网络。数字网状供应链可以打破传统供应链的功能边界，通过服务连接各种能力，实现灵活的能力组合，从而实现整体业务运作的最优解。传统供应链与数字供应链结构对比如图2-6。

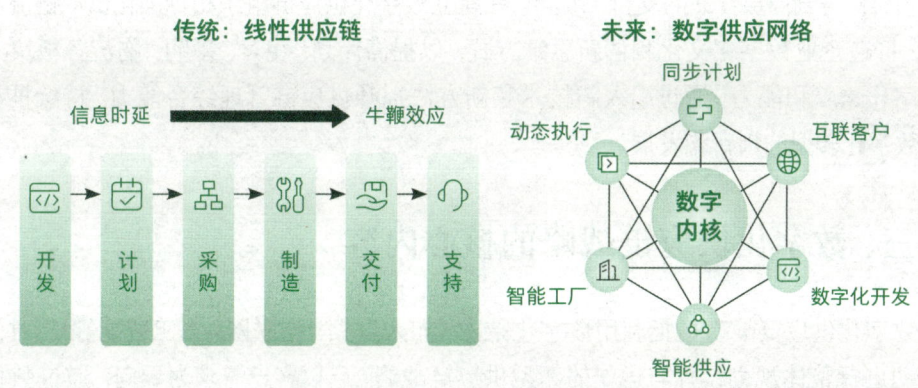

图 2-6　传统供应链与数字供应链结构对比

供应链数字化转型的三个关键方向是建立协同自适应的生态网络、以客户为中心的主动型供应链和敏捷智能运营的新模式。从这三个方向发力进行能力建设，最终的目标是让供应链能力成为企业的核心竞争力，通过客户订单履行促进营业收入增加，通过可视化、智能化的高效运营促进降本增效。

二、供应链数字化转型阶段

供应链数字化转型可以分为以下三种阶段：

（一）数字化起步阶段

在数字化起步阶段，企业应选择具有代表性和重要性的数字化项目来转型。根据实际痛点及需求，在计划、生产、采购、物流等各环节开展项目实施。该项目需与企业的供应链战略和愿景相符，并考虑与供应链合作伙伴的协同。通过充分调研及规划，制定相应的数字化项目实施计划和预算。此外，企业应配置足够的资源和技术支持，包括技术、人员和培训等，以确保成功实施。

(二) 数字化发展阶段

在数字化发展阶段，企业应评估已实施的相关供应链数字化项目，确定其优劣势并制定供应链数字化项目组合的整体战略，包括优先级、时间表和资源分配等。此外，企业需确保各业务环节之间的协同，例如计划与生产数据共享、端到端流程整合等。企业应通过监控数字化项目组合的进展和结果，及时调整策略，以确保成功实施。

(三) 数字化成熟阶段

在数字化成熟阶段，企业应将供应链数字化转型作为企业的核心战略之一，并确保其愿景和目标得到高层管理的支持和认可。在建立数字化供应链组织和标准化供应链流程的同时，打造企业数字化文化和创新思维方式，以提高计划、生产、采购、物流各板块人员的数字化素养和能力。通过引入新技术和新方法提升供应链管理综合能力，持续推动供应链数字化转型的创新和发展。

三、数字化供应链战略的核心内容

数字化供应链战略是指利用数字化技术（如大数据、物联网、人工智能等），对供应链活动进行整体规划设计与运作的新型供应链战略。它以客户需求为导向，通过数据驱动的方式，整合供应链资源，实现产品设计、采购、生产、销售、服务等全过程的高效协同。数字化供应链战略旨在提高供应链的透明度、效率和灵活性，以满足不断变化的市场需求。

(一) 以客户为中心

数字化供应链战略强调以满足客户需求为核心，通过收集和分析客户数据，了解客户的偏好和需求，以便更好地满足他们的需求。企业需要与客户建立紧密的联系，实现实时互动和反馈，从而快速响应市场变化。

(二) 数据驱动决策

数字化供应链战略注重数据的收集、分析和利用。通过整合供应链各环节的数据，企业可以洞察供应链的运作情况，发现潜在问题，并提出有针对性的解决方案。数据驱动决策有助于提高供应链的透明度和准确性，降低决策风险。

(三) 智能化管理

数字化供应链战略借助人工智能、大数据等技术，实现供应链的智能化管理。通过智能算法和预测模型，企业可以优化供应链资源配置，提高供应链的预测能力和决策能力。智能化管理有助于实现供应链的自动化和标准化，提高供应链运作效率。

(四) 协同合作

数字化供应链战略强调供应链各环节各企业的协同合作，包括供应商、生产商、物流商等。通过建立紧密的合作关系，实现信息共享和协同作业，企业可以优化供应链的整体效率，降低成本。协同合作还有助于提高供应链的灵活性和适应性，快速应对市场变化。

(五) 可持续发展

数字化供应链战略注重可持续发展，通过优化供应链资源利用、降低对环境的影响等方式，实现供应链的长期可持续发展。企业需要关注环保、社会责任和经济效益等方面的平衡，推动供应链的绿色转型。

四、数字化供应链战略转型的步骤

第一步，明确数字化供应链战略愿景

通过内部核心驱动力（如企业业务战略愿景、业务能力愿景）及外部生态环境（如数字化供应链实践、供应链可持续、国家战略与政策）分析，定义数字化供应链战略愿景，包括明确实现目标及如何将数字化应用于供应链管理。数字化供应链战略愿景应该基于企业的实际业务需求和现有的技术资源，同时需要与企业的整体战略保持一致。

第二步，评估企业数字化供应链成熟度

引入数字化供应链成熟度评估模型，帮助企业了解其数字化水平，并为企业供应链数字化转型提供起点参考，找到供应链数字化转型的优先级和方向。评估过程应该涵盖企业的各个方面，包括技术、流程、组织和文化等。

第三步，定位供应链数字化转型的价值与机会

确定供应链数字化转型的价值和机会需要对企业供应链管理中的瓶颈和挑战进行深入分析，找到数字化技术可以提供的解决方案。企业应该优先考虑可以实现效益最大化的机会，并在实施供应链数字化转型时将其作为重点先行推进。

第四步，设计供应链数字化转型路线

企业需要制定供应链数字化转型路线图，该路线图应该考虑到数字化供应链战略愿景、供应链成熟度评估及供应链数字化转型价值与机会点定位的结果，确定供应链数字化转型的步骤、时间表和资源需求。供应链数字化转型路线图需保持灵活性，可根据实际技术发展情况及业务诉求对其进行及时调整与更新。

> **调查研究与善作善成**

智能穿戴产品的供应链管理策略

一、调研背景

随着科技的飞速发展和消费者生活品质的提升，智能穿戴产品作为新型智能设备，逐渐进入大众视野并受到广泛关注。智能穿戴产品通过集成先进的传感器、处理器和通信技术，为用户提供健康监测、信息交互、娱乐休闲等多种功能，极大地丰富了人们的日常生活。

智能穿戴产品市场呈现出快速发展的态势，市场已经涌现出多家知名品牌，产品种类日益丰富，涵盖了智能手表、智能手环、智能眼镜等多个细分领域。同时，随着物联网、大数据、人工智能等技术的深度融合，智能穿戴产品的功能不断升级，用户体验持续优化。随着技术的不断进步和消费者需求的多样化，智能穿戴产品将更加个性化、智能化和人性化，市场竞争也日趋激烈，企业需要不断创新和优化产品，提升品牌影响力，以在市场中脱颖而出。

二、调研要求

1. 调研智能穿戴产品的需求特征和市场特点

（1）分析智能穿戴产品的目标消费者群体，包括年龄、性别、职业、收入等方面的特征。

（2）调查消费者对智能穿戴产品的功能需求、使用习惯、购买偏好等方面的信息。

（3）分析智能穿戴产品市场的竞争格局，包括主要竞争者、市场份额、产品差异化等方面的特点。

2. 研究智能穿戴产品的市场竞争态势

（1）收集主要竞争者的产品信息、市场策略、销售渠道等方面的资料。

（2）分析竞争者的产品特点、优劣势以及市场定位。

（3）评估竞争者的供应链管理能力，包括供应商选择、库存管理、物流配送等方面的表现。

3. 根据产品生命周期特点，提出各阶段供应链策略

（1）分析智能穿戴产品的生命周期阶段，包括引入阶段、成长阶段、成熟阶段和衰退阶段。

（2）针对产品生命周期各阶段的特点，提出相应的供应链策略。

自测习题

一、单项选择题

1. 从本质上讲,业务外包是企业的一种(　　),是企业经营管理的一种新理念。
   A. 经营战略　　　　　　　B. 业务活动
   C. 应急活动　　　　　　　D. 合作方式

2. 供应链环境下的资源配置决策是一个(　　)的决策过程,如果企业能以更低的成本获得比自营更高价值的资源,那么应该选择业务外包。
   A. 平衡　　　　　　　　　B. 简单
   C. 复杂　　　　　　　　　D. 增值

3. 核心竞争力是母体、是核心,有溢出效应,可围绕核心竞争力进行相关市场的拓展,通过创新获取持续竞争优势,这体现了核心竞争力的(　　)。
   A. 独特性　　　　　　　　B. 延展性
   C. 持久性　　　　　　　　D. 价值性

4. (　　)是指企业(或企业集团)在竞争中获取、配置关键资源,使企业形成并保持长期稳定的可持续竞争优势及稳定超额利润的能力。
   A. 战略决策能力　　　　　B. 核心竞争力
   C. 资源整合能力　　　　　D. 市场开发能力

5. (　　)供应链战略的目标在于以最低成本将原材料转化成零部件、半成品、产品,所对应的产品是功能性产品。
   A. 推动式　　　　　　　　B. 拉动式
   C. 效率性　　　　　　　　D. 响应性

二、多项选择题

1. 根据竞争战略和顾客需求分析确定供应链战略考虑的优先指标,包括(　　)。
   A. 交货期　　　　　　　　B. 价格
   C. 质量　　　　　　　　　D. 服务水平

2. 功能性产品是指(　　)的产品。
   A. 边际收益较低　　　　　B. 满足基本需求
   C. 生命周期长　　　　　　D. 可以准确预测需求

3. 创新性产品的特征包括(　　)。
   A. 边际收益较高　　　　　B. 满足个性化需求
   C. 生命周期短　　　　　　D. 难以预测需求

4. 在产品成长阶段，由于需求趋于稳定，供应链战略的重点需要转向巩固产品的市场地位，具体做法有（　　　）。

    A. 采购应该由小批量采购原材料和零部件转变为批量采购

    B. 生产策略采取批量生产策略

    C. 为了降低成本，企业可以采用零库存策略

    D. 为了降低成本，企业应该开始从依赖快捷的运输方式转向较多使用低成本的运输方式

5. 在制定供应链战略时，必须遵循以下基本准则：（　　　）。

    A. 供应链战略要与企业的竞争战略一致

    B. 供应链战略要与企业的客户需求一致

    C. 供应链战略要与企业的实力地位一致

    D. 供应链战略要与企业的市场环境相适应

三、判断题

1. 如果企业能以更低的成本获得比自营更高价值的资源，那么应该选择业务外包。（　　　）
2. 数字化供应链战略注重可持续发展，通过优化供应链资源利用、降低环境影响等方式，实现供应链的长期可持续发展。（　　　）
3. 效率性供应链战略所对应的产品是创新性产品。（　　　）
4. 在产品的引入阶段，企业需要建立反应型供应链战略。（　　　）
5. 数字化供应链战略旨在提高供应链的透明度、效率和灵活性，以满足不断变化的市场需求。（　　　）

03 第三章 供应链体系构建

Chapter

学习目标

素养目标
- 树立新发展理念，以服务高质量发展为目标设计和构建供应链体系
- 培养整体意识、大局意识和系统思维

知识目标
- 了解供应链结构模型
- 掌握供应链设计的影响因素与原则
- 了解供应链设计的主要内容与步骤
- 了解供应链物流网络结构的构成要素
- 掌握供应链业务流程重组的特点与原则
- 了解数字供应链系统构建的步骤

技能目标
- 能够依据产业特点分析和确定供应链结构
- 能够根据产品类型进行供应链设计
- 能够进行供应链物流网络规划与选址
- 能够提出供应链环境下组织重构和流程重组的方案

思维导图

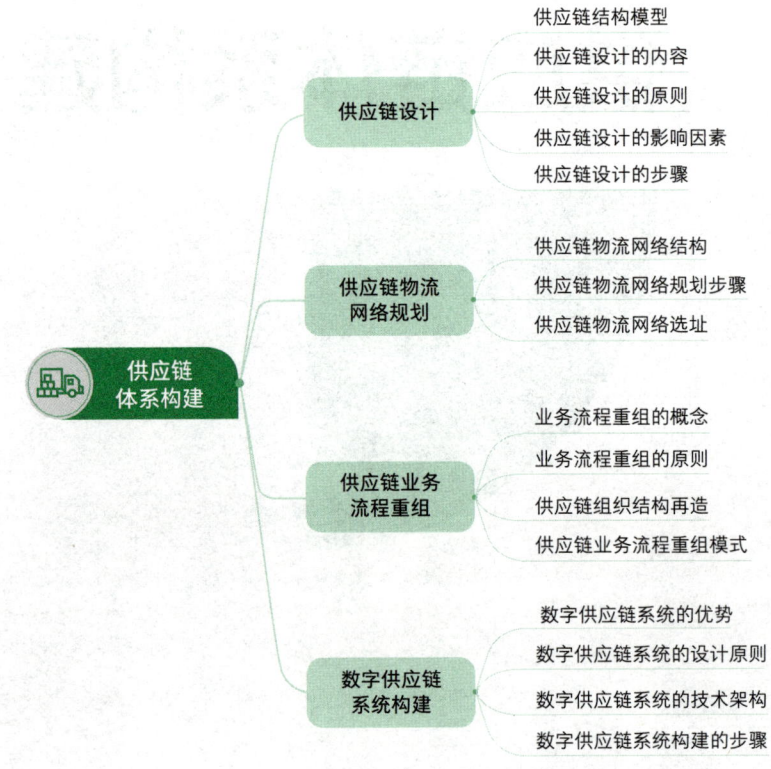

学习计划

◢ **素养提升计划**

◢ **知识学习计划**

◢ **技能训练计划**

引导案例

国有企业构建世界一流供应链管理体系

2023年国务院、国资委印发《关于中央企业在建设世界一流企业中加强供应链管理的指导意见》中明确了供应链管理的重要性，一是加强企业管理体系和管理能力建设，二是推动企业高质量发展的必要手段，三是建设世界一流企业的重要基础和保障。作为国有企业，需要基于建设世界一流企业的要求，打造供应链核心能力，建设成与世界一流企业相适应的供应链管理体系。

供应链已经成为世界不同国家之间竞争的新赛道。随着国际分工的不断深化及跨国公司在全球范围内进行资源配置，供应链体系的价值逐步得到体现。一个国家的供应链能否在全球竞争中处于优势地位，成为全球供应链体系中的重要一环，已经成为衡量该国家全球竞争力的重要指标。因此，建设与重构具有供应链韧性、产业链供应链融合的供应链体系，将成为全球各经济体国家政府、行业和企业的关注重点。

国有企业作为国民经济排头兵，应当从稳定产业发展、平衡产业供需、保障供应安全、引领技术创新、统筹供应资源五个方面来承担其在产业链供应链中稳定器、调节器、压舱石、策源地、顶梁柱的角色。传统的供应链管理已经无法适应市场的需求，标准化、集约化、专业化、数字化是供应链转型的大方向。因此，完善供应链价值创造体系，提升供应链价值创造能力，是国有企业当前亟须攻关的课题。

1. 开展世界一流企业供应链管理体系对标

世界一流企业对标能够帮助国有企业更准确勾勒未来供应链发展蓝图并制定切实可行的提升行动。国有企业在对标全过程中将关注点聚焦在效益效率、创新驱动、战略落实、治理效能、共建共享、可持续发展、体系能力建设七项主要行动上，最终实现供应链价值创造体系不断完善、价值创造能力达到世界一流水平的目的。

2. 构建世界一流供应链管理体系

国有企业基于全球供应链的发展趋势，以及中国产业链供应链的发展重点，结合自身发展特点，根据世界一流供应链成熟度评估，明确自身供应链提升方向，充分发挥资源、资金、人才、组织、技术等优势，组织开展供应链改善行动，分阶段、有计划地补齐供应链短板，推动供应链管理高质量发展。

引思明理

习近平总书记在《求是》杂志发表的重要文章《国家中长期经济社会发展战略若干重大问题》中指出："要优化和稳定产业链、供应链。产业链、供应链在关键时刻不能掉链子，这是大国经济必须具备的重要特征。"《中华人民共和国国民经济和社会发展第十四个五年规划和2035年远景目标纲要》也提出了"分行业做好供应链战略设计和精准施策，形成具有更强创新力、更高附加值、更安全可靠的产业链供应链"。国有企业作为国民经济的重要支柱，构建世界一流的供应链管理体系，是提升和增强经济"稳定器""压舱石"作用的重要支撑。

第一节　供应链设计

一、供应链结构模型

从供应链节点企业与节点企业之间关系的角度来划分，供应链网络结构模型主要包括链状结构模型、网状结构模型两种。

(一) 链状结构模型

1. 链状模型 I

供应链的各成员企业构成链条结构的各个节点，信息流、资金流、物流构成供应链的连线，如图3-1所示。供应链管理通过前馈的信息流（从需求方向供给方流动，如加工单、订货合同、采购单等）和反馈的物流及信息流（供给方向需求方的物料流及伴随的供给信息流，如提货单、入库单等），将供应商、制造商、分销商、零售商及最终用户连成一个整体，对整个供应链系统进行计划、操作、协调、控制和优化的各种活动。

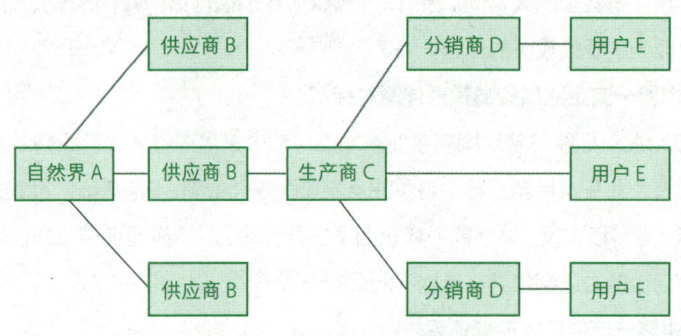

图3-1　链状供应链结构模型

2. 链状模型 II

静态的链状供应链结构模型可以进一步简化成如图3-2所示的串行链状供应链结构模型。串行链状供应链结构模型是对链状供应链结构模型的进一步抽象，它是把供应链上的各个企业都抽象成一个个点，称之为节点，并用字母或数字表示，这些节点以一定的顺序和方式连接，构成一条供应链。

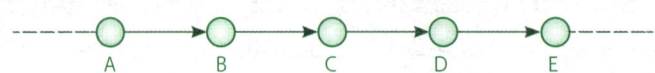

图3-2　串行链状供应链结构模型

在串行链状结构的供应链模型中，如定义C为供应链的核心企业——生产制造商，从上游看，可以认为 B 为一级供应商，A 为二级供应商，依次可递推定三级供应商、四级供应商，依此类推。从下游看，可以认为 D 为一级分销商，E 为二级分销商，依次定义三级分销商、四级分销商，依此类推。一个企业如果想要从整体上了解其所在行业供应链的运行状态，应尽可能深入地考虑多级分销商或供应商。

（二）网状结构模型

图 3-2 所示的供应链结构模型是一种特殊、抽象的供应链，但并不具有代表性。因为在现实社会生活中的供应链上，核心企业 C 的供应商可能不只有一家，而是有 B_1，B_2，…，B_n 等 n 家，分销商也可能有 D_1，D_2，…，D_m 等 m 家。在网状供应链模型中，通常存在一个核心企业，在供应链的组建及运行过程中起着主导作用。核心企业往往是那些控制了产品的核心技术，或拥有知名品牌，或有极强研发能力和渠道控制能力的企业。这种核心企业网状供应链的结构如图 3-3 所示。

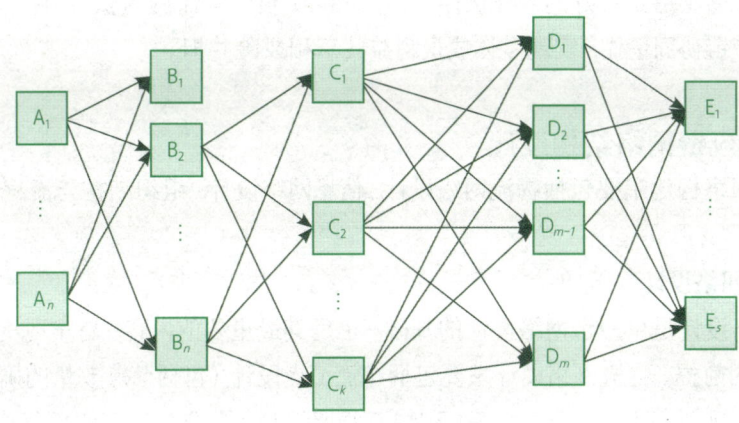

图 3-3　核心企业网状供应链结构

> **即学即练**
>
> 这种核心企业在生产、流通、贸易领域中都存在，请分别列举两个实例。

供应链网的结构具有层次性、多级性、动态性和跨地域性等特点，供应链网的目标、运作过程和成员类型存在较大差异。因此，需要对供应链网划分类型，以便于管理。表 3-1 对比了三种供应链网的特点。

表 3-1　三种供应链网的特点

特性指标	集中型供应链网	分散型供应链网	适应型供应链网
制造模式	集中装配	分散装配	分散区分
主要目标	小批量生产	订货生产	适应外部环境
产品区分	较早	较晚	较晚
产品种类	较少	多	多

续表

特性指标	集中型供应链网	分散型供应链网	适应型供应链网
装配过程	集中在制造阶段	分散到分销阶段	集中在制造阶段
产品生命周期	数年	数月至数年	数周至数月
主要库存类型	产成品	半成品	原材料

二、供应链设计的内容

(一) 供应链合作伙伴选择

微课：
供应链设计
的内容

一条供应链是由多个供应链成员组成的。供应链成员包括了为满足客户需求，从原产地到消费地，供应商或客户直接或间接相互作用的所有企业和组织。供应链核心企业只有与上下游优秀企业建立友好的合作伙伴关系，才能使整体物流服务供应链的构成最优化，确保整条供应链协同运作，实现全体成员利益共享和风险共担。

(二) 供应链网络结构设计

供应链网络构建主要包括物流网络设计、信息网络设计、组织结构与流程设计三个基本方面。

1. 物流网络设计

物流网络设计是供应链网络设计的基础，也是其最重要的内容，是实现货物快速、高效时空转移的前提。物流网络设计主要包括物流节点设计（包括节点数量的确定、位置的选择、容量的规划、服务市场分配等）和物流线路设计（主要包括运输网络类型的确定、运输方式的选择、运输线路的优化等）。

2. 信息网络设计

信息网络设计是供应链网络设计的关键，也是供应链网络有效运行的重要保障。供应链信息网络设计主要包括信息管理平台的架构、网络技术的选择、网络信息安全保障、不同成员企业之间沟通协议的确定等内容。

3. 组织结构与流程设计

在当今市场需求、经营模式、业态场景和技术应用快速变化的情况下，传统的组织结构形式和运行管理已经远远不适应现代供应链管理的要求。因此，有必要对现行供应链中的成员企业，尤其是核心企业的组织结构形式和流程进行改进和重构，从过去的注重功能集合转向注重流程效率。

(三) 供应链运行基本规则

供应链上各节点企业之间的合作是以信任为基础的。信任关系的建立和维系，除各个节点企业的信任和行为之外，必须有一个共同平台，即供应链运行的基本规则，其主要内容包括：协调机制、信息开放与交互方式、计划与控制体系、库存的总体布局、资金结算方式、争议解决机制等。

三、供应链设计的原则

1. 协调性原则

供应链业绩的好坏取决于供应链合作伙伴关系是否和谐，和谐是指系统形成了充分发挥子系统和系统成员的能动性、创造性及环境与系统的总体协调性，只有协调而和谐的系统才能发挥最佳效能。

2. 简洁性原则

为了能够使供应链具有快速灵活响应市场的能力，供应链的各个节点都应形成具有灵活的、简洁的，能实现业务流程快速组合的能力。

3. 集优原则

供应链各个节点的选择遵循强强联合原则，通过业务外包，各企业将精力集中于核心业务，就像一个独立的经营单元，自我优化、自我组织、面向目标、动态运行，能够实现供应链业务的快速重组。

4. 自上向下和自下向上相结合的设计原则

自上向下是系统分解的过程，自下向上则是一种集成的过程。在设计一个供应链系统时，往往是先由主管高层作出战略决策与规划，再由下层部门实施决策，因此供应链设计是自下向上和自上向下的结合。

5. 动态性原则

为了预见各种不确定因素对供应链运作的影响，减少信息传递过程中的信息失真和延迟，需要增加供应链的透明性，减少不必要的中间环节，提高预测的时效性和精度。供应链的构建应该根据实际情况动态调整。

6. 创新性原则

没有创新性思维，就不可能有创新的管理模式，要产生一个创新的系统，就要敢于打破各种陈旧的思维束缚，用新的视野和角度审视原有的体系和管理模式，进行大胆地创新设计。

7. 战略性原则

在进行供应链设计时，需要通过战略性思考来减少不确定性的影响。同时，还应体现供应链发展的预见性和前瞻性，供应链企业的战略规划应和系统结构发展保持一致，并在企业战略指导下进行。

即学即问

供应链中不同企业之间要做到协调一致存在哪些困难要克服？

即学即问

供应链构建设计原则中哪些应该优先考虑？为什么？

四、供应链设计的影响因素

即学即问
如果以"一带一路"国家为目标市场生产并销售小家电,在供应和销售两端应考虑哪些因素?

1. 战略因素
企业的设施决策会影响存货、运输及设施成本,成本导向的企业将趋向于寻求成本最低的制造设施位置;以响应能力为重心的企业将会以接近市场处作为设施位置。

2. 技术因素
技术因素产生的影响较大,且需要资本投入,其选择少数高效能设施最有效率;固定设施成本低,为降低运输成本,多会在各地市场设生产设施以供应当地市场。

3. 宏观经济因素
宏观经济因素包括税收、关税、汇率、运费等,如低税赋地区对设立生产设施具有极大的吸引力;外销地区货币贬值时,会减少产品外销的机会,因此会影响设施选址。

4. 政治因素
考虑国家的政治稳定性在企业选址决策中起到了关键的作用。

5. 基础设施因素
优良基础设施的可获得性是在一个特定区域进行设施选址的重要先决条件,如地点和劳动力的可获得性,是否临近运输站点、临近机场和港口等。

6. 竞争因素
在设计供应链网络时,企业必须考虑竞争对手的战略、规模和布局。企业要决策是将其设施设在靠近还是远离竞争对手的地方。

7. 顾客响应时间和设施选址
定位于看重响应顾客的时间的企业,选址必须靠近顾客。

8. 物流和设施成本
供应链中的物流和设施成本会随着设施的数量、布局以及产能分配的变化而变化。

五、供应链设计的步骤

供应链设计策略主要有基于产品的供应链设计策略、基于成本的供应链设计策略和基于投资的供应链设计策略三种。本书以基于产品的供应链设计策略分析供应链设计的步骤。

产品有不同的特点,供应链有不同的功能,只有两者相匹配,才能起到事半功倍的效果。企业应当根据不同产品的特点设计不同的供应链,即与产品特性一致的供应链,这就是基于产品的供应链设计策略(Product—Based Supply Chain Design, PBSCD)。基于产品的供应链设计策略步骤如图 3-4 所示。

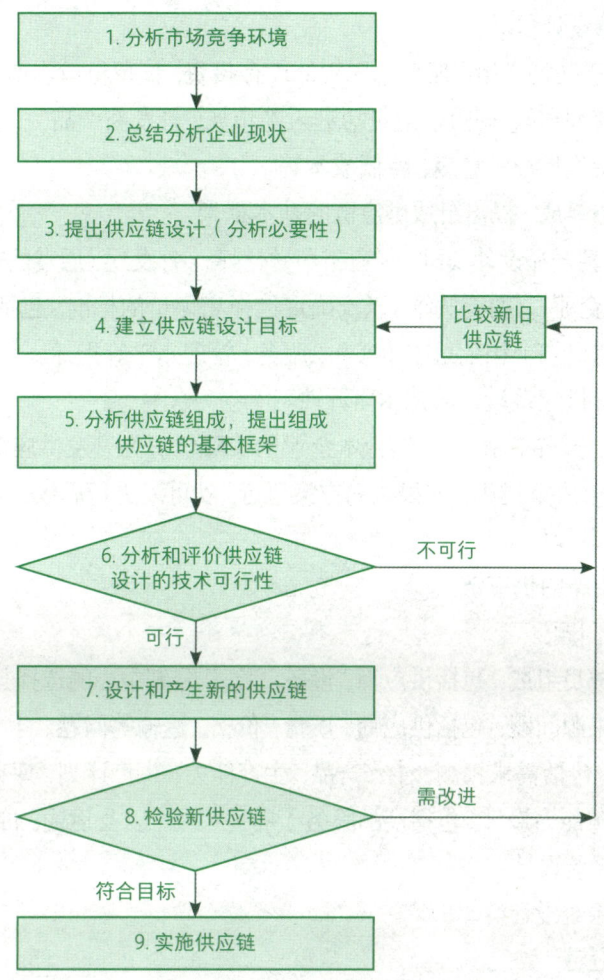

图 3-4　供应链设计的步骤

1. 分析市场竞争环境

分析市场竞争环境的目的在于找到针对哪些产品进行市场开发供应链才更有效。通过对供应商、用户、竞争者的调查,确认用户的需求和竞争压力。这一步的输出是每个产品按重要性排列的市场特征,同时对于市场的不确定性要作出分析和评价。

2. 总结分析企业现状

主要分析企业供需管理的现状(如果企业已经有供应链管理,则分析供应链的现状),实施这一个步骤的目的不在于评价供应链设计策略的重要性和合适性,而是着重于研究供应链设计的方向,分析、找到、总结企业存在的问题及影响供应链设计的阻力等因素。

3. 提出供应链设计(分析必要性)

围绕供应链的可靠性和经济性两大核心要求,在综合考量服务水平和库存投资平衡性的前提下,对供应链设计项目进行必要性分析。

4. 建立供应链设计目标

其主要目标在于获得高用户服务水平和低库存投资、低单位成本两个目标之间的平衡（这两个目标往往有冲突），同时还应包括进入新市场、开发新产品、开发新分销渠道、改善售后服务水平、提高用户满意度、降低成本等。

5. 分析供应链组成，提出组成供应链的基本框架

供应链组成包括产品设计公司、制造工厂、材料商、外发厂（通常是指将生产工序外包给其他工厂的制造企业）、物流伙伴，以及确定选择和评价的标准，包括质量、价格、准时交货、柔性、提前期（L/T）和批量（MOQ）、服务、管理水平等指标。

6. 分析和评价供应链设计的技术可行性

在进行可行性分析的基础上，结合本企业的实际情况为开发供应链提出技术选择建议和支持。这是一个决策过程，如果认为方案可行，就可以进行后续的设计；如果不可行，就要重新进行设计。

7. 设计和产生新的供应链

主要解决以下问题：

(1) 供应链的成员组成，包括供应商、设备、工厂、分销中心的选择与定位。
(2) 原材料的来源问题，包括供应商、质量、价格、运输等问题。
(3) 生产设计，包括需求预测、生产产品、生产能力、生产计划、库存管理等问题。
(4) 分销任务与能力设计，包括产品服务于哪些市场，以及运输、价格等问题。
(5) 信息管理系统设计。
(6) 物流管理系统设计等。

8. 检验新供应链

供应链设计完成以后，应通过一定的方法和技术进行测试检验或试运行，如不符合预期目标，返回第四步重新设计；如果没有问题，就可以实施供应链管理。

9. 实施供应链

供应链实施过程中需要核心企业的协调、控制和信息系统的支持，使整个供应链成为一个整体，实现从工业设计到批量生产、物流等全方位的供应链控制和协调。

第二节　供应链物流网络规划

一、供应链物流网络结构

（一）供应链物流网络总体结构

供应链物流网络主要由供应物流网络、生产物流网络和销售物流网络构成，如图3-5所示。

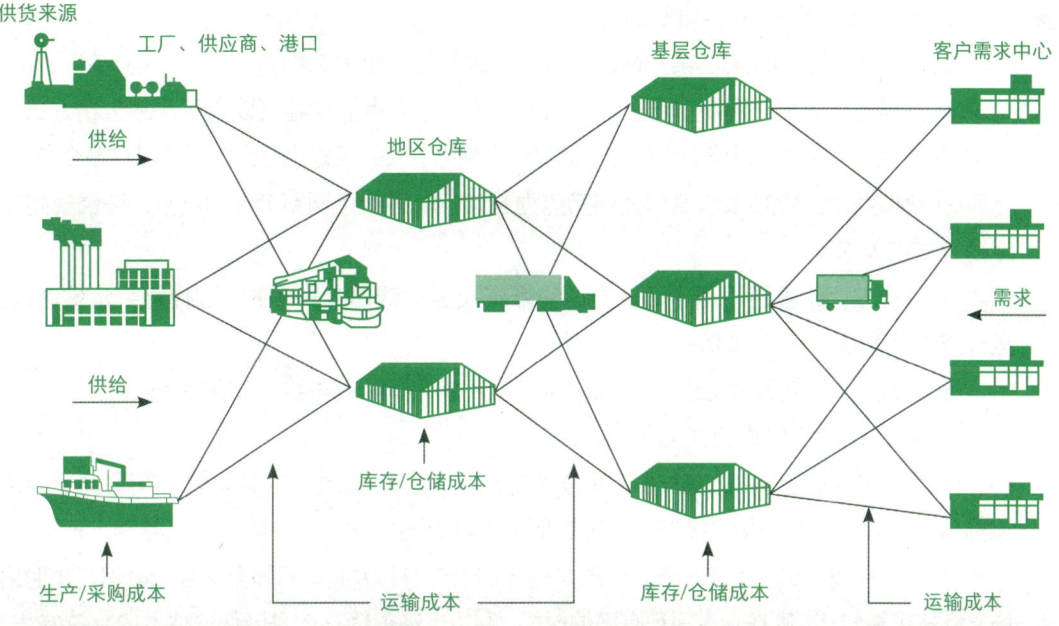

图 3-5 供应链物流网络结构图

(1) 供应物流网络是为保证原材料、零部件、燃料、辅助材料等的供应,为保证物流活动的有效运作,需要选择合适的供应商和供应方式。

(2) 生产物流网络主要是为保证生产过程中物料流动及存储等,为保证物流活动有效运作,需要选择合适的物料流动路径和流量配置及存储地点。

(3) 销售物流网络是为保证企业的产品能够送达目标顾客而需要选择合适的经销商和分销商网络模式,以实现经济送货方式并选择合理的运输线路。

(二) 供应链物流网络的构成要素

供应链物流网络是由供应链物流网络节点和供应链物流网络边线构成的。

1. 供应链物流网络节点

供应链物流网络节点是由供应商、制造商、仓库/配送中心、批发/零售商、顾客,以及运输过程中所经过的车站、港口、机场等组成的。一个供应链网络通常具有多个网络源点(由供应商组成)和多个网络终点(由顾客群组成)。

(1) 节点类型。根据节点在供应链中的作用不同,可将其分为生产型节点、转运型节点、储存型节点和流通型节点。

(2) 节点功能。多数网络节点都是集管理、指挥、调度、信息、衔接及货物处理功能于一体的综合物流设施。

2. 供应链物流网络边线

供应链物流网络边线是由运输线路和运输车辆所形成的运输过程组成的。

> **即学即问**
> 东南亚的水果从产地运到我们手中会有几种方式?中间会经过哪些物流节点?

即学即练

调研京东的供应链物流网络设施在全国的布局情况，分析其有哪些物流节点，各有什么功能和特点。

(1) 供应链物流网络边线的特点。

① 方向性。运输必须从某一网络节点出发终到另一个网络节点。

② 多样性。从某一网络节点出发终到另一个网络节点的运输可以有不同的运输方式。

③ 连通性。从某一网络节点出发终到另一个网络节点的运输线路通常需要经过多个节点。

④ 有限性。运输必须以某一网络节点为起点，以另一个网络节点为终点，符合规定的运输方式的要求。

⑤ 选择性。能够连接两个节点的运输方式及运输线路有许多种，选择符合运输时间、运输成本和利润平衡的线路。

⑥ 层次性。运输线路按照其连接的节点和功能不同，有干线和支线之分。

(2) 供应链物流网络边线功能。

① 产品转移。运输的主要功能就是通过产品来回移动产生的时间效应和空间效应创造价值。无论产品处于什么状态，运输都是必不可少的。

② 产品存放。对产品进行临时存放是运输的一个特殊功能。若需要储存产品但在短时间内又将被重新转移，则在仓库面积有限的时候，利用运输车辆存放是降低总成本的有效方法。

二、供应链物流网络规划步骤

设施选择与网络布局是供应链物流网络规划的重中之重，它决定了供应链在成本与服务方面的竞争能力。供应链物流网络规划的步骤如图 3-6 所示。

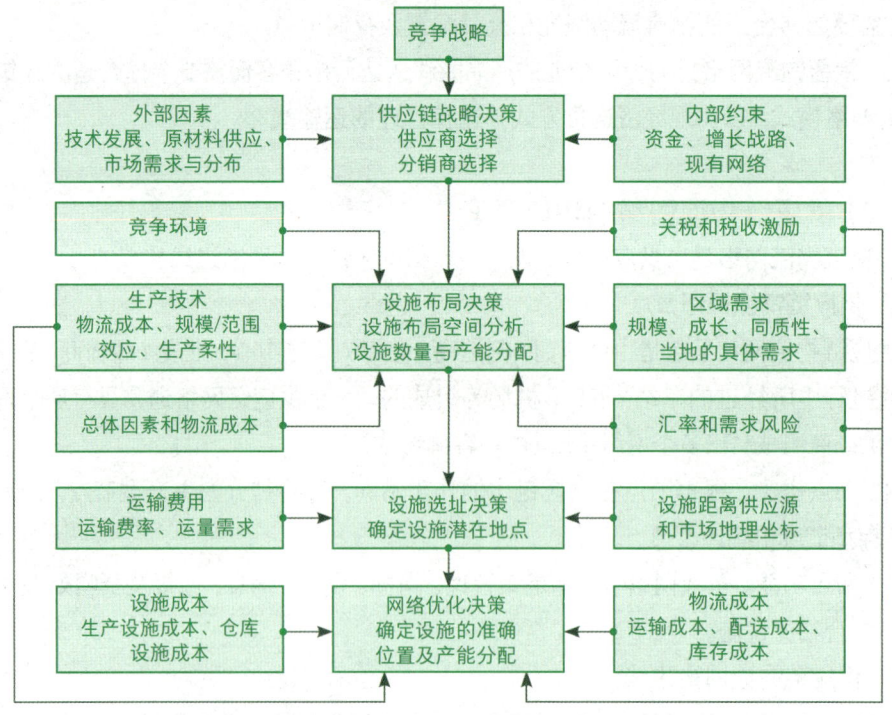

图 3-6　供应链物流网络规划的步骤

1. 供应链战略决策

明确说明供应链应该具备哪些功能，以支持企业竞争战略的实现。必须在企业竞争战略、竞争分析，以及所有限制条件的基础上决定供应链战略，要尽可能预测并准确把握竞争变化趋势，弄清楚企业的一些内部限制，如资本、现有设施等。

2. 设施布局决策

设施布局决策的目标是确定设施将要选址的区域、潜在作用及大概产能。

（1）从每个国家（地区）的需求预测开始。

（2）弄清楚在既定生产技术下，规模经济或范围经济能否起到很大作用，如果规模经济效益明显，用较少的设施满足较多的市场可能更好一些。

（3）明确与不同地区市场相关的需求风险、汇率风险、政治风险，还必须认识到各市场的关税和税收减免情况，以及每个市场的进出口限制。

（4）弄清楚每个区域内的竞争者，并给出设施应当接近或远离竞争者布局的理由。

3. 设施选址决策

设施选址决策的目标是在设施将坐落的每个地区为其选择一组理想的潜在地点。

地点选择应当依据基础设施的状况进行，以便确保预定的生产方式能正常进行。硬件设施要求包括供应商的可获得性、运输服务、通信、公用设施，以及仓储基础设施；软件设施要求包括熟练劳动力的可获得性、劳动力的更替，以及当地社会对工商业的接受程度。不同用途和需要新建的供应链生产设施的选址要求分别如表3-2和表3-3所示。

表3-2 不同用途的供应链生产设施的选址要求

设施类型	设施用途	设施选址要求
海外设施	用于出口商品生产的低劳动力成本的生产设施	选址时应考虑低劳动力成本
源头设施	用于满足全球市场需求的低生产成本的生产设施	选址时应考虑生产成本低、基础设施好、可获得熟练劳动力
服务设施	利用当地政府激励的地区性生产设施，用于满足当地市场需求	选址时应考虑税收激励、本地化需求、关税壁垒等
贡献设施	承担产品顾客化定制、流程改进、产品开发责任的全球性生产设施	目标是成为企业全球生产网络中主要产品设计与开发者
前哨设施	目标是获得当地技能的地区性生产设施	目标是将其作为整个网络中的一个知识和技能来源
领导设施	在开发和流程方面起领导作用的生产设施	为整个网络创造新产品和新技术，考虑熟练劳动力和科技资源

表3-3 需要新建的供应链生产设施选址要求

新建设施类型	新建设施要求	设施选址要求
授权或特权	向新市场所在地的合作企业授权生产或组装产品	不需要新生产设施
扩展现有设施	需要扩张现有生产设施,并将产品卖给新市场所在地的经销商	利用现有生产设施
当地销售和配送	需要扩建现有生产设施,在新市场所在地发展自己的配送和销售系统	利用现有生产设施
当地组装完成	对现有设施作出一定调整,在新市场所在地设立生产和分销设施	需要建立新设施组装产品
完全当地化生产	在新市场所在地开设一套新的完整的生产和分销设施	需要建立全新的生产设施

即学即练

调研我国在"一带一路"国家海外仓建设情况,分析在决策建设具体仓库设施时,应该考虑哪些因素?

4. 网络优化决策

网络优化决策的目标是为每个设施选择一个准确的位置,并为每个设施分配产能。从第三步选出的一系列理想的地址中进行筛选,找出合适的布局区位。

三、供应链物流网络选址

设施选址是指如何运用科学的方法决定设施的地理位置,使之与企业的整体经营运作系统有机结合,以便有效、经济地达到企业的经营目的。设施选址对设施建成后的设施布置、投产后的生产经营费用、产品服务质量,以及成本都有极大而长久的影响。实际工作中常用定性选址、定量选址、综合选址的供应链选址方法分析,如图3-7所示。

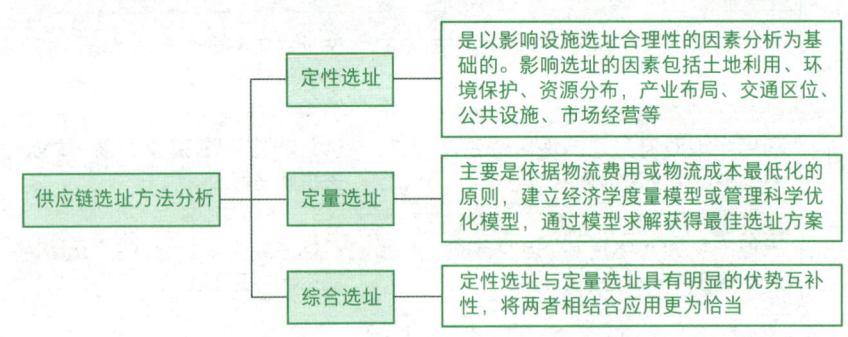

图3-7 供应链选址方法的分析

常用的定量选址方法有以下几种:

1. 重心法

重心法是一种静态的选址方法,是一种设置单个厂房或仓库的方法。这种方法主要考虑的因素是现有设施之间的距离和要运输的货物量，它将运输成本作为唯一的选址决策因素。重心法经常应用于中间仓库或分销仓库的选择。

2. P中心选址法

P中心选址法的定位分配问题可以表述为在 z 个候选点中选择 P 个供应点为 n 个需求点服务，使得为这几个需求点服务的总距离（或时间、费用）最少。该方法常用于物流配送中心选址。

3. 运筹法

运筹法是通过数学模型进行物流网点布局的方法。采用这种方法首先根据问题的特征、已知条件，以及内在联系建立数学模型或者图论模型，然后对模型求解，得出最佳布局方案。采用这种方法的优点是能够获得比较精确的最优解，缺点是对一些复杂问题建立适当的模型比较困难，因而在实际应用中受到很大限制。

4. 仿真法

仿真法是将实际问题用数学方法和逻辑关系表示出来，然后通过模拟计算及逻辑推理确定最佳布局方案。该方法的优点是模型简单，需要进行方案组合的个数较少，因而容易寻求最佳答案；缺点是这种方法得出的答案很难保证是最优化的，一般情况下只能得到满意的近似解，用启发式进行选址。

和合自主铸链兴企

以安全可控为目标的首都农产品现代供应链体系建设

作为北京市属唯一大型国有农业食品企业，北京首农食品集团有限公司（简称"首农"集团）承担着保障首都食品安全供给的重大责任。建设自主可控的农产品现代供应链体系，提升菜篮子、米袋子、奶瓶子、肉案子的综合保障能力，确保北京市农产品供给安全，满足首都人民对美好生活的需求，是首农集团义不容辞的政治责任和社会责任，任务艰巨，意义重大。

首农集团打造自主可控的首都农产品现代供应链体系的主要做法如下：

1. 确立"控两端、带一链、三共享"的总体架构

"控两端"，即掌控采买端和消费端，健全完善"自有生产+全球集采"双源头体系，构建一站式全品类销售体系，实现供应链采销两端的有效掌控。"带一链"，即利用交易市场、区域配送中心、社区毛细零售、大客户等关键资产和核心物流资源，打造"物流地网"，以广泛覆盖、高效便捷的物流体系贯通供应链，带动对采买、销售两端的高效链接。"三共享"，即共享客户资源、渠道资源和物流资源，建设"信息天网"，整合分析商流、货流、客流，指导线下仓储物流资产进行全面通盘规划，实现客户、渠道、物流资源的信息共通和联通共享。

2. 筑牢自有生产和全球集采双平台，提升采买端的自主控制能力

一方面，完善自有生产平台。在国内资源禀赋富集地区、大型销区，布局一批种植、养殖基地和农副产品、食品加工产业园区，形成从田间到餐桌且遍布东北、华北、华南、西北等全国近30个省、自治区、直辖市的全产业链布局。另一方面，打造全球集采平台，不断加强与国内、国外上游生产基地、大型农产品生产

商、供应商、物流商的长期稳定合作关系，优化产地、全国乃至全球供应链布局，采取现货和期货、线上和线下相结合的方式，积极拓展合作伙伴，扩展流通产品范围，与全球50余个国家和地区的客户开展业务往来。

3. 打造一链贯通的"物流地网"，提升物流环节的自主可控能力

发挥自有关键节点仓储与核心物流资产的作用，形成"1+3+N"（一核三区N节点）的物流服务体系，打造一链贯通的"物流地网"，实现对农产品流通环节的自主可控。"一核"是指依托北京鲜活农产品流通中心打造供应链物流体系的核心仓储物流中心，建设成为农产品"数字交易中心、标准制订中心、价格指数中心"；"三区"是指在北京市东部、北部、南部建设三大区域物流配送中心；"N节点"是指以自有食品加工和商业服务网点为支撑，联手京东、物美、罗森等专业零售运营企业，形成近200个广泛覆盖城市配送末端的三级物流节点，实现在线交易、线下配送的精准化服务。

4. 打造协同共享的"信息天网"，提升全链信息自主可控能力

引入人工智能、物联网、大数据、云计算等技术，构建数据信息平台、交易信息平台和物流信息平台，打造"信息天网"，融合商流、物流、信息流和资金流，强化客户、渠道、物流资源协同共享，实现全链信息的自主可控。

首农通过农产品现代化供应链建设和运营，生产供应的肉、蛋、菜、奶占北京市场50%以上的供应份额，在北京市场的覆盖率达90%以上，成为首都人民名副其实的菜篮子、米袋子、奶瓶子、肉案子。在为市民服务方面，承担着重要商品储备、重大活动保障的职责，储备种类覆盖粮油、肉类、奶粉、食糖、鸡蛋、蔬菜等，储备数量近400万吨，圆满完成了"中非合作论坛""全国两会"、世界园艺博览会、庆祝中华人民共和国成立70周年等会议、活动的食品供应服务保障任务，展示了首都国有企业的责任担当。

第三节 供应链业务流程重组

一、业务流程重组的概念

业务流程重组（business process reengineering，BPR）是指针对竞争环境和顾客需求的变化，对业务流程进行根本性的重新思考和彻底性的重新设计，以求在诸如成本、服务、质量、速度等方面业绩考核的关键性指标上取得巨大的成就。

BPR强调以顾客的需求、满意度为目标，利用先进的信息技术、制造技术和现代化管理手段，对现有的业务流程进行重组，最大限度地实现管理上的职能集成与技术上的功能集成，以打破传统的组织结构，建立全新的流程型组织结构。业务流程重组七步法如图3-8所示。

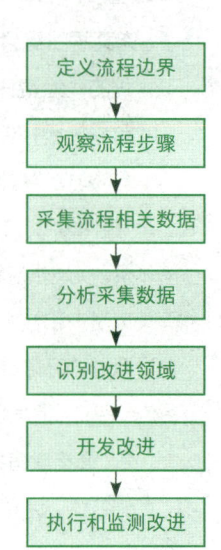

图3-8 业务流程重组七步法

二、业务流程重组的原则

BPR 是充分利用先进的信息技术对企业的经营过程进行的根本性重新思考和彻底改造,使企业在成本、质量、服务和对市场的反应等方面获得改善,以提高企业的生产效率和在市场中的竞争能力。业务流程重组的原则如图 3-9 所示。

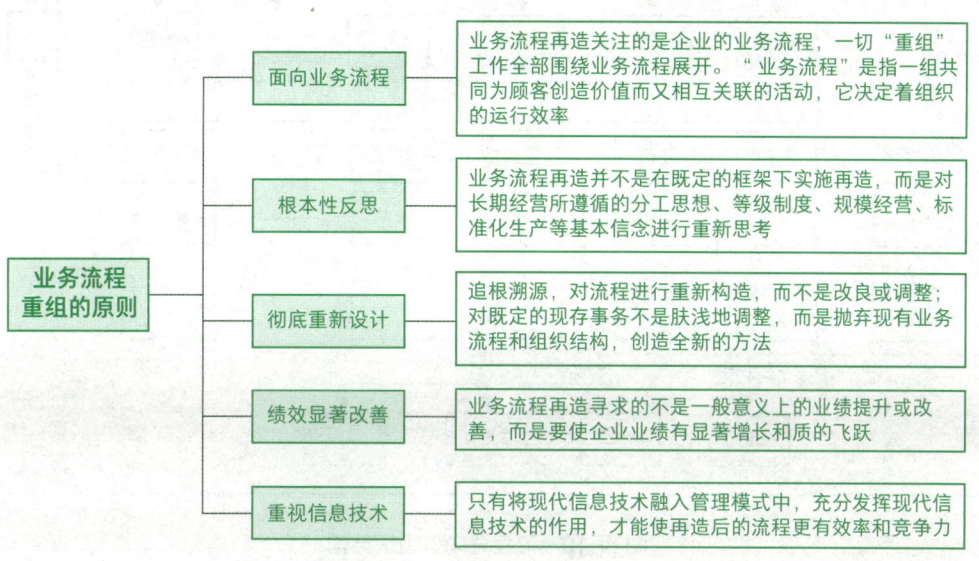

图 3-9　业务流程重组的原则

> **即学即问**
> 供应链业务流程重组涉及企业和企业之间共同实施,在优化重组过程中会遇到哪些困难?如何克服?

三、供应链组织结构再造

供应链组织结构再造就是要改变企业在工业时代构建的组织模式,充分利用信息技术手段和现代管理理念,建立符合信息时代要求的组织模式。适合供应链管理的组织结构模式主要有以下五种:

(一)流程导向型组织结构

流程导向型组织结构从流程角度理解企业组织,将企业看成一个复杂的流程系统,强调横向整合,这与传统的职能管理强调纵向控制不同。它以业务流程为管理对象,实施诊断、改善、规范和控制等活动。它把分割的活动连接成协调一致的业务流程,其目标不再局限于企业内部流程,而是要研究和改善整个供应链,流程导向型组织结构如图 3-10 所示。

> **即学即练**
> 某供应链企业要建立一家跨境仓,服务众多本地跨境电商企业。作为该项目负责人,选择何种组织结构比较适合?说明理由。

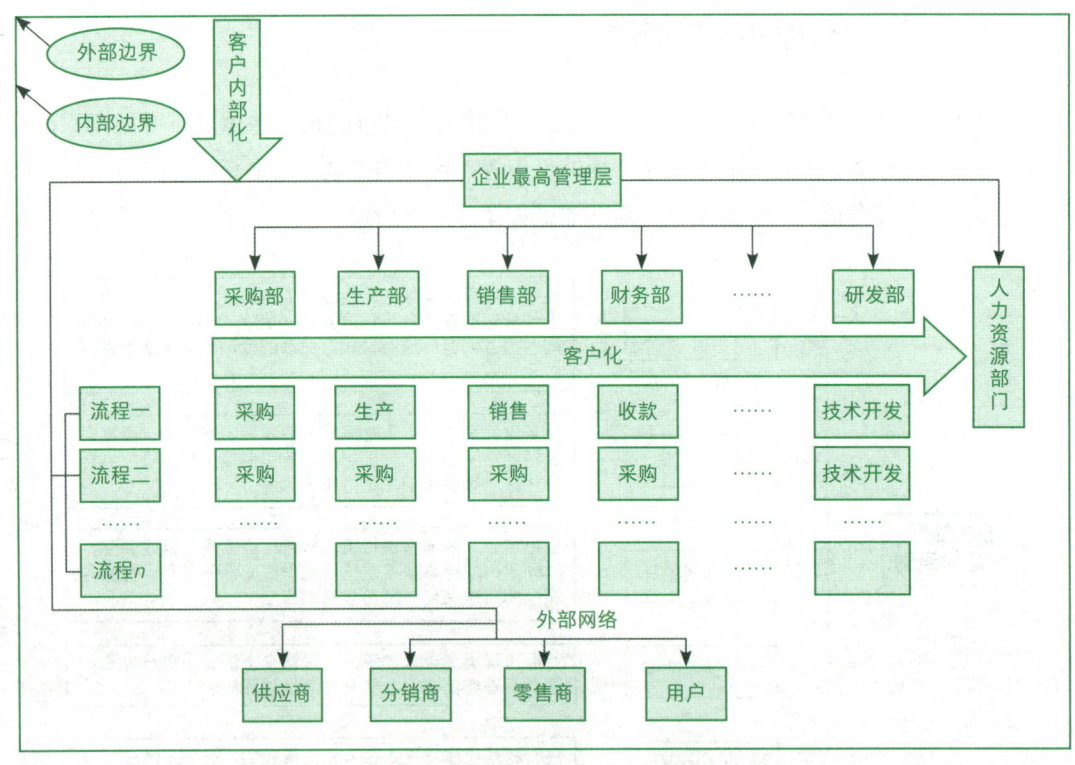

图 3-10　流程导向型组织结构

（二）扁平化组织结构

扁平化组织结构形式改变了原来层级组织结构中企业上下级组织和领导者之间的纵向联系方式、平级各单位之间的横向联系方式，以及组织体与外部各方面的联系方式等。扁平化组织结构的优点是：有利于缩短上下级距离，密切上下级关系，信息纵向流通快，管理费用低。由于管理幅度较大，被管理者有较大的自主性、积极性和满足感。信息技术的迅速发展是扁平化组织产生的直接原因。扁平化组织结构如图 3-11 所示。

（三）网络化组织结构

供应链是一个网链结构，每个企业都是网链上的一个节点，从企业外部来说，企业边界扩展以后，构建成网络化的组织模式。从企业内部来说，同一业务流程节点之间与不同业务流程节点之间纵横交错，信息上的沟通与交流将这些节点连接在一起，从而形成了组织内部网络结构。网络化组织结构如图 3-12 所示。

（四）多维立体型组织结构

多维立体型组织结构是矩阵型和事业部制结构形式的综合发展，又称多维组织。其最大的特点是有利于形成群策群力、信息共享、共同决策的协作关系。它适用于跨国公司或规模较大的跨区域公司。

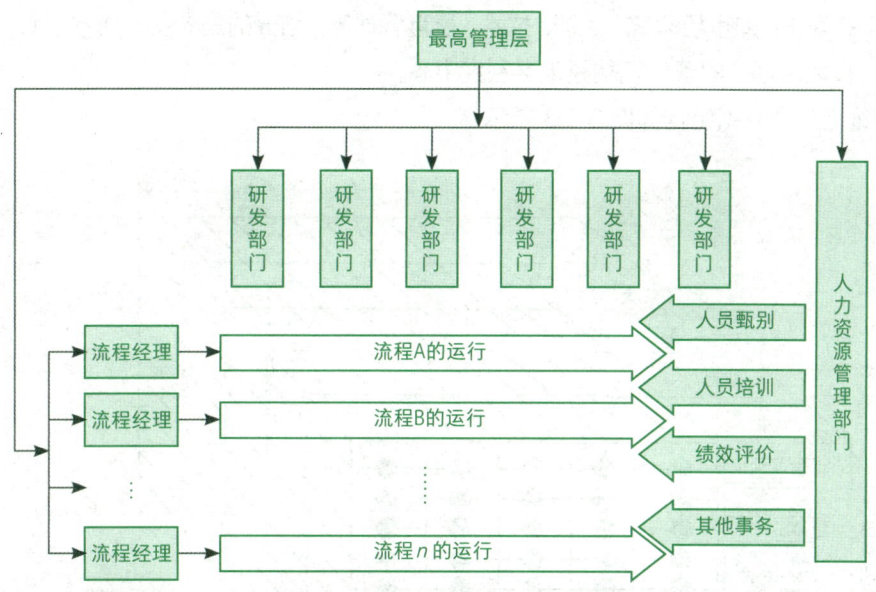

图 3-11　扁平化组织结构

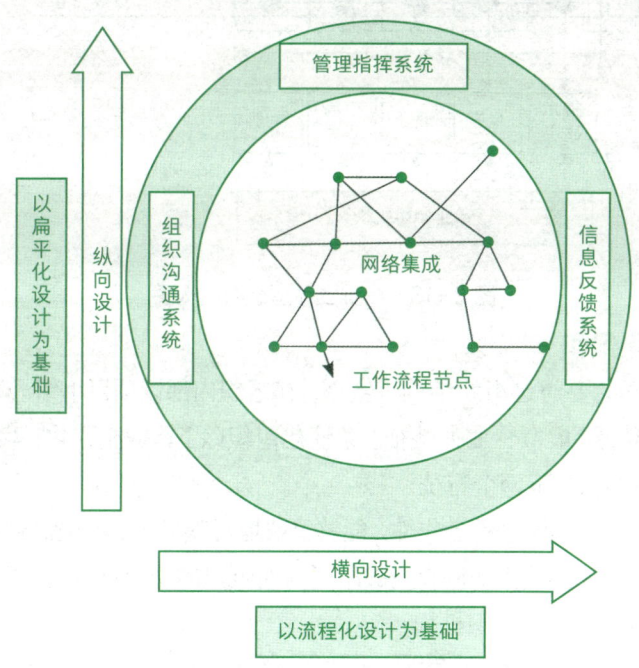

图 3-12　网络化组织结构图

多维就是指在组织内部存在三类及三类以上的管理机制。这种结构形式由三方面的管理系统组成：

(1) 按产品（项目或服务）划分的部门（事业部）是产品事业利润中心。

(2) 按职能（如市场研究、生产、技术、质量管理等）划分的是专业—成本中心。

(3) 按地区划分的管理机构是地区利润中心。

多维立体型组织结构如图 3-13 所示。

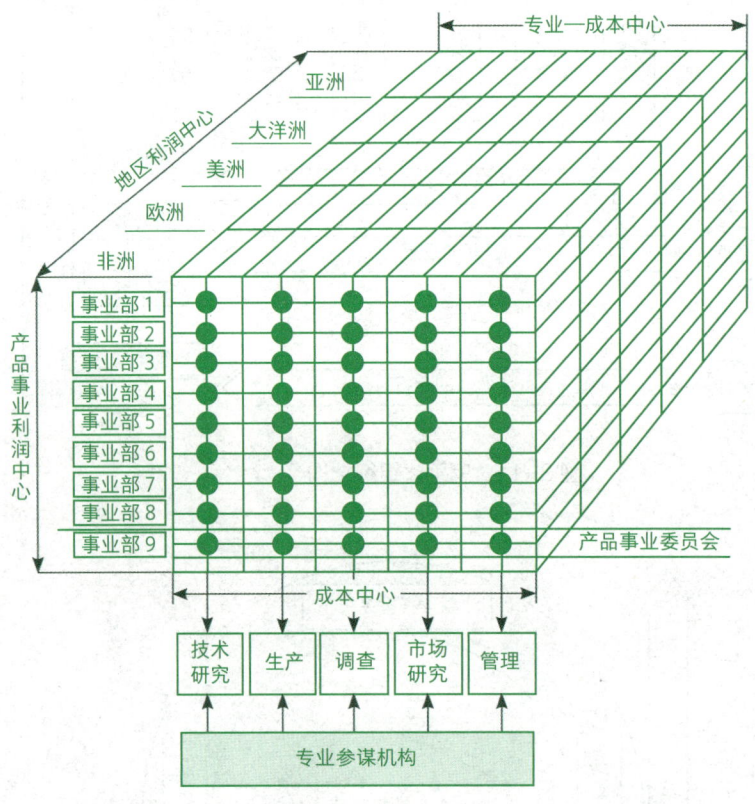

图 3-13　多维立体型组织结构图

（五）柔性化组织

柔性化管理理念要通过组织结构来实现，在组织内部以项目小组、动态组合为特征，在组织间以战略联盟、虚拟企业为特征。柔性化组织除了具备流程化、扁平化、网络化组织结构的特征，还具备以下两个特征：

(1) 柔性化组织的开放性和合作性。能够灵敏地反映环境的变化，保持组织系统的动态与稳定。一是为保证完成企业固有的战略任务而组建的稳定结构；二是为完成组织所面临的突发事件而临时形成的组织机构。

(2) 柔性化组织以科学技术为支持。供应链管理强调以订单生产为主，在 JIT、物资需求计划（material requirement planning，MRP）Ⅱ、集成制造系统（computer integrated making system，CIMS）等基础上，又出现了新的概念和生产模式。比如，并行工程（concourent engineering，CE）、精益生产（lean production，LP）、敏捷制造（agile manufacturing，AM）、智能制造（intelligent manufacturing，IM）、大规模定制生产（mass customization manufacturing，MCM）等。

四、供应链业务流程重组模式

面向供应链管理的业务流程重组具有时间、成本和绩效三个目标,三个目标的导向构成了业务流程重组的三种模式。

(一)基于时间的业务流程重组

时间是衡量企业运营效率的重要指标。企业在实施供应链业务流程重组过程中,首先需要审查供应链各种流程分配时间的方式,分析各个环节价值增值的时间因素,从而设定企业重组的目标。

基于时间的业务流程分析就是将企业增值能力低、耗时长的活动,从整个业务流程中凸显出来,在增值能力和时间消耗方面寻求平衡,进一步消除或简化这些流程。基于时间的业务流程分析可以被描述成活动的增值率分析,根据增值率确定各项活动时间分配的优先级,集中时间消耗在具有较高增值率的活动上。

在供应链采购提前期的构成要素中,存在四个具有压缩潜力的因素:

1. 信息传递的时间压缩

信息流不仅包括订货数量信息,而且包括反映客户需求的定性信息。因此,要将市场销售数据实时提供给供应链成员,使每个成员可以根据其下游企业订货信息和最终消费者需求信息准确、快捷地进行生产决策和存货决策,有利于企业实行 JIT 生产和零库存,进而减少库存、降低成本。

2. 设计阶段的时间压缩

物流时间压缩战略的起点是产品的设计阶段,即产品在最初设计时就应该考虑多种产品在物流管理、生产、分销、实际使用中的优化问题。如较大比例的产品标准化设计,可以大量减少生产过程中的改动。

3. 生产循环的时间压缩

生产循环的时间压缩的基本策略和方法主要有:消除物流中没有价值增值的工序;压缩工序中冗余的时间;在连续的流程中重组工序的连接过程;并行工程方法的运用;实施 JIT 管理策略等。

4. 供应链合作伙伴间的时间压缩

这类时间压缩可以采用以下五个原则:只生产能够快速运送给客户并快速收回货款的产品;在本阶段只生产下阶段组装所需的组件;最小化原料生产时间;使用最短的计划周期;外包策略。

(二)基于成本的业务流程重组

降低成本既是供应链管理的重要目标,也是提高供应链竞争优势的重要途径,基于成本的业务流程重组也是供应链管理业务重组的重要方式之一。

> **即学即练**
> 调研一家家具生产企业,分析该企业与上游供应商和下游客户业务方面存在的问题,为其提供一份业务流程优化方案。

1. 成本管理与竞争优势

有效降低成本是企业生产经营的目标，也是企业构筑供应链和优化供应链业务流程的目标。但是，在重组供应链业务流程过程中，不能一味追求成本降低，要避免在降低成本时损失企业的经济效益增长点和盈利基础。因此，要有计划地协调成本和核心竞争力之间的关系，平衡成本管理和市场联盟之间的关系。

2. 策略性成本管理和战略性成本管理

策略性成本管理通过价格浮动和降价来实现。战略性成本管理可以借助成本降低和成本消除达到目的。

降价是企业真正进入成本管理阶段的标志，已经成为有效分析供应商优势和劣势的直接方法。成本降低和成本清除明显不同，它意味着企业要采用更多的战略性成本管理方法，如应用越来越复杂的利润分析方法、供应链业务流程重组和利润计划流程等方法。成本管理的目标是制定完全透明、共同控制的供应商联合发展计划，从而降低整个供应链成本。

战略性成本管理依赖战略性伙伴供应商关系和供应链管理来实现，与企业的发展战略融为一体。它能够有效降低整个供应链体系的成本，在实施过程中，主要采取目标成本管理方法。目标成本管理作为业务流程重组的过程，已经超越了企业内部流程的范围，它面向最终客户的需求，有效集成供应商的业务流程，最大限度地满足变化的市场需求。

在成本驱动下，企业会采取压缩资源的方式，但是资源的压缩会带来时间的延长。因此，需要在时间和成本之间平衡。

（三）基于绩效的业务流程重组

以绩效为目标的业务流程重组就是依据分析、比较获得重组前后的绩效变化来决定下一步的行为方式。

1. 绩效评估

在绩效评估过程中，会产生估算过低或估算过高的现象，使估算绩效偏离实际绩效。如果估算过低，会使重组成本转移到绩效评估更高的流程上，从而产生无效的计划和错误，引发更高的成本；如果估算过高，绩效增加时，耗费随之增加，会抬高业务流程重组的成本。可见，无论绩效评估的结果是过低还是过高，都会导致业务流程重组成本的增加。因此，应采取有效的策略寻找实际绩效和估算绩效的汇总点，提高绩效评估的准确性。

2. 绩效分析

在绩效评估的基础上，可以应用横向分析和纵向分析策略，综合评判业务流程重组绩效的高低，从而制定相应的重组策略。

① 横向分析。分析比较本企业与竞争企业和优良企业在进货时间和配送质量两个流程上的绩效，突出优良企业的标杆作用。

② 纵向分析。分析比较企业目前与历史记录和优良记录在采购周期和服务质量两个流程上的绩效，突出将企业内部优良的历史记录作为标杆的作用。

以时间、成本和绩效为基础的供应链管理业务流程重组，更多地表现为三项标准的综合，从而创造供应链管理业务流程重组的综合效益，进而提高整个供应链体系的绩效。

> **制度保障稳链为民**
>
> **中粮集团保障农粮供应链稳定畅通**
>
> 数据显示，2023年，中国农产品出口额突破3 330亿美元，我国已深度参与国际农产品市场。农产品进口额居世界第一位，成为世界农产品大市场；同时农产品出口额也位居世界前列，成为世界第五大出口国。
>
> 粮食安全的稳定性离不开遍及全球农粮主产区和主销区的贸易物流网络，以及对从采购到仓储运输等农产品供应链各环节的全方位把控。中粮集团作为我国最大的粮食进出口公司，正依托布局全球的全产业链运营优势，不断强化我国的粮食安全。中粮集团通过全球供应链布局，全球农粮经营量已达1.8亿吨，整体年中转能力近7 500万吨，加工能力近9 000万吨，全球仓储能力3 300万吨，已建立起连接140多个国家和地区的贸易通道。在粮食供应链的链条上，上游有国际港口码头、贸易团队，下游与国内的港口码头、加工物流企业、品牌渠道相结合，打通了将全球粮食输送至中国消费者手中的通道，也为国家粮食安全提供了更好的保障。

第四节　数字供应链系统构建

一、数字供应链系统的优势

1. 供应链网络优化

数字化供应链系统可以帮助企业分析供应链网络的运作效率，并识别潜在的瓶颈和风险点。企业可以利用系统提供的数据和分析工具来重新设计供应链网络，优化运输路线、减少运输成本，并提高物流运作的灵活性和韧性。

2. 库存优化

数字化供应链系统可以提供准确的库存数据和实时库存跟踪，帮助企业优化库存管理。通过分析库存数据，企业可以准确预测需求，避免库存积压或缺货现象。此外，系统还可以与供应商和客户进行实时连接，实现快速的库存补充和订单处理。

3. 供应商管理优化

数字化供应链系统可以改善企业与供应商之间的合作关系，并提高供应商管理的效率和透明度。通过系统的协同功能，企业可以实时共享数据、计划和需求信息，与供应商进行更紧密的沟通和协作，并实现供应商绩效的跟踪和评估。

4. 风险管理优化

通过数字化供应链系统，企业可以更好地应对供应链风险。系统可以实时监测供应链中的各个环节，并提供预警和应急措施。此外，通过数据分析和预测，企业可以对供应链风险进行建模和评估，并制定相应的风险应对策略。

5. 客户关系优化

数字化供应链系统可以改善企业与客户之间的关系，并提供更好的客户服务。通过系统的订单跟踪和实时反馈功能，企业可以及时回应客户的需求和问题，提高客户满意度和忠诚度。

二、数字供应链系统的设计原则

1. 模块化

各功能如"积木"，可以随意组合并"即插即用"，方便快速迭代升级。功能模块可扩展，以适应不断变化的运行和管理需求。

2. 互控化

通过物联网、传感器、条码和射频标签及其他手段，系统可以实现人、机和网络的通信，满足系统之间操作指令的传输，以及数据汇聚和共享。

3. 可视化

各个功能都具有数据采集汇聚的功能，同时通过传感器及其他装置对物理过程进行监控，获得的数据可以通过音频和视频方式直观展示。

4. 智能化

各功能具备自主决策能力和机器学习能力，能够识别异常情况并予以警示。

5. 服务化

在模块化构建系统的基础上，借助云计算等数字技术，系统各项功能充分有效匹配服务，支持"即插即用"的可扩展性。

三、数字供应链系统的技术架构

数字供应链系统的技术架构是基于信息技术的供应链管理理念和方法，通过应用物联网、大数据、云计算等技术手段，对供应链全过程进行数字化管理，实现供应链的可视化、追溯和优化。

1. 数据采集与传输

数字供应链系统的技术架构通过物联网技术实现对供应链全过程的数据采集和传输。通过物联网传感器、RFID等技术设备，将供应链各环节中的物流、运输、库存等相关数据实时采集，并通过云计算等技术实现对数据的传输和存储，确保数据的准确性和及时性。

2. 数据整合与分析

数字供应链系统的技术架构通过大数据分析技术实现对供应链数据的整合和分析。通过集成和整合供应链中各环节的数据，形成一张完整的供应链网络图，帮助企业了解供应链中各环节之间的关系和作用，从而根据数据分析结果作出决策，从而实现对供应链的优化。

3. 信息共享与协同

数字供应链系统的技术架构通过云计算和大数据技术实现供应链中各主体之间的信息共享和协同。通过搭建供应链云平台，各主体可以实时共享供应链信息，了解供应链中各主体之间的关系和作用，以及供应链中的供需情况，从而实现供应链的协同和优化。

四、数字供应链系统构建的步骤

数字供应链系统的规划设计和研发建设过程，应遵循"源于线下实践，高于线下实践"的实施路径，具体分为以下五个步骤：

1. 顶层设计

这一步的主要任务是确立指导思想和设计原则，包括建立领导小组以及相关团队、确定功能模块边界和开发任务排期。系统服务于工作流程，服务的实现依赖相应的功能模块。由于流程是由关联度极高的节点构成的，而节点大多是因工作分工而设定的，工作分工又是依照效率原则而设计的，因此，节点往往对应着具体的工作岗位。每一个工作岗位的职责范围与系统功能模块的边界，既要相对一致，又要灵活应对岗位职责范围内可能发生的调整。这里既需要管理团队确定岗位职责，又需要技术团队在架构上予以支持，共同商定功能模块的边界。

2. 梳理流程

这是确保达成"源于线下实践，高于线下实践"的首要任务。具体做法是对现行的工作流程进行梳理，分析其成因以及在实际工作中的作用，然后对其进行优化并重新定义。这种定义包括流程简化、调整、合并，甚至取消，所依据的原则是效率和效益。梳理并重新定义，其结果最能体现管理理念是否融入其中，也关系到数字供应链系统能否"升华需求"。

3. 梳理节点

流程由诸多节点组成，节点是因需要而设立。梳理节点是简化和优化流程的重要环节。所谓梳理，首先是重新审视节点在工作流程上的必要性；其次要考量节点与节点之间的关系是否合理，这种关系既有呈串行前后排序的场景，也有呈并行同步进行的场景。要检视每个节点在完成任务中所需的时间和费时的原因。对于费时过长的节点要筹划解决方案。所谓合理，就是要在依规和效率之间找到平衡，既要依照规则管控，又要快速高效执行。通过上述梳理分析制定解决方案，防止流程冗杂。

4. 规范制定

从管理的角度看，梳理流程和节点并重新定义，本质上决定了团队之间、岗位之间的协同关系（即确定"活必须由谁干"），但协同的效率还依赖作业是否规范和标准（即确定"活必须怎么干"），因为团队只有依规协同，才是有效、有价值的协同。因此，以上第二步至第四步紧密关联，在具体操作过程中必须综合考虑。

5. 系统开发

基于数字化供应链建设的规划和设计，开发和实施相应的系统和软件，如供应链管理系统、数据采集和处理系统、数据可视化展示系统、智能预警和优化系统等。这一步关系到数字供应链系统的呈现和落地，因此，要组建专业的开发团队，或者选择合格的服务商将建设任务外包。同时，在开发和实施过程中，需要严格控制项目进度和质量，确保系统能够按时上线并稳定运行。

调查研究与善作善成

AGV 物流机器人供应链网络设计

一、调研背景

物流机器人（automated guided vehicle，AGV）作为物流自动化和智能化的重要设备，近年来在物流行业中得到了广泛应用。该产品具备自主导航、精确定位、高效搬运等功能特点，能够显著提升物流效率和作业质量。

目前，物流市场对AGV产品的需求持续增长，应用场景不断扩展。随着电商、快递、制造业等行业的快速发展，AGV物流机器人在仓储、配送、生产线等环节发挥着越来越重要的作用。未来，随着技术的不断进步和应用场景的不断创新，AGV市场将迎来更加广阔的发展前景。

C企业准备进军物流AGV领域，该企业将长三角和珠三角地区作为生产厂厂址选择的目标区域，现需要调研两地产业链供应链的配套情况，以最终确定AGV供应链网络方案。

二、调研要求

1. 调研两区域内 AGV 产业集群的整体情况

（1）收集两区域内AGV产业的相关信息，包括产业规模、主要企业、产品系列、市场需求等。

（2）对比分析两区域内AGV产业的优劣势，包括产业基础、技术创新能力、人才储备、物流成本等方面。

（3）对比分析两区域内AGV零部件的供应链情况，包括供应商分布、供应商能力、采购渠道、成本控制等。

2. 形成实施方案

根据调研与分析结果，分别基于两个区域的具体现状提出AGV生产厂厂址选择和物流供应网络构建的实施方案，两个方案要分别列出优势与劣势，为C企业管理者制定决策做参考。

自测习题

一、单项选择题

1. （　　）对设施建成后的设施布置、投产后的生产经营费用、产品服务质量，以及成本都有极大而长久的影响。
   A. 设施设计　　　　　　B. 设备采购
   C. 设施选址　　　　　　D. 设施布局

2. （　　）组织结构的优点是，有利于缩短上下级距离，密切上下级关系，信息纵向流通快，管理费用低。
   A. 流程化　　　　　　　B. 扁平化
   C. 网络化　　　　　　　D. 多维立体化

3. （　　）是一种静态的选址方法，是一种设置单个厂房或仓库的方法。它将运输成本作为唯一的选址决策因素。
   A. 重心法　　　　　　　B. 中心法
   C. 运筹法　　　　　　　D. 仿真法

4. 各功能具备自主决策能力和机器学习能力，能够识别例外场景并予以警示。这体现了数字供应链系统设计的（　　）原则。
   A. 模块化　　　　　　　B. 可视化
   C. 智能化　　　　　　　D. 服务化

5. 从管理的角度看，梳理流程和节点重新定义，本质上决定了团队之间、岗位之间的（　　）关系。
   A. 合作　　　　　　　　B. 流程
   C. 协同　　　　　　　　D. 无关系

二、多项选择题

1. 供应链设计的宏观经济因素包括（　　）等。
   A. 税收　　　　　　　　B. 汇率
   C. 关税　　　　　　　　D. 技术

2. 设施布局决策的目标是确定设施（　　）。
   A. 将要选址的区域　　　B. 潜在作用
   C. 大概产能　　　　　　D. 预算费用

3. 面向供应链管理的业务流程重组具有（　　）三个目标，三个目标的导向构成了业务流程重组的三种模式。
   A. 时间　　　　　　　　B. 成本
   C. 绩效　　　　　　　　D. 质量

4. 通过搭建供应链云平台,各主体可以( )。
   A. 实时共享供应链信息　　B. 了解供应链中各主体之间的关系和作用
   C. 实现自动订单处理　　　D. 了解供应链中的供需情况

5. 在供应链采购提前期的构成要素中,具有压缩潜力的因素有( )。
   A. 信息传递的时间压缩　　B. 设计阶段的时间压缩
   C. 生产循环的时间压缩　　D. 供应链合作伙伴间的时间压缩

三、判断题

1. 供应链的设计是自上向下而不是自下向上。( )
2. 总结分析企业现状的目的在于评价供应链设计策略的重要性和合适性。( )
3. 流程是由关联度极高的节点构成的,节点往往对应着具体的工作岗位。( )
4. 数字供应链顶层设计的主要任务是确立指导思想和设计原则。( )
5. 基于成本的供应链业务流程重组,在实施中只需要考虑成本最低即可。( )

04 第四章
供应链伙伴关系管理

Chapter

学习目标

素养目标
- 培养集体主义精神、团结协作意识和沟通协调能力
- 理解和合大同思想,遵循诚实守信原则,增强合作互信意识

知识目标
- 了解供应链伙伴关系的含义和基本特征
- 掌握供应链伙伴关系建立的方法和步骤
- 熟悉供应链伙伴关系的评价指标体系
- 熟悉供应商关系管理的内涵和供应商关系的类型
- 了解供应商数字化管理系统的组成和功能

技能目标
- 能够依据标准选择合适的供应链伙伴
- 能够对供应链伙伴关系进行评价和管理
- 能够设计供应商评估指标和激励措施
- 能够运用供应商管理系统进行供应商分类与评价

思维导图

- 供应链伙伴关系管理
  - 供应链伙伴关系概述
    - 供应链伙伴关系的含义
    - 供应链伙伴关系的基本特征
    - 供应链伙伴关系的合作意义
    - 供应链伙伴关系的合作类型
    - 供应链伙伴关系的合作层次
  - 供应链伙伴关系的建立与评价
    - 供应链伙伴关系建立的影响因素
    - 供应链伙伴选择的方法
    - 供应链伙伴关系建立的步骤
    - 供应链伙伴关系的评价指标体系
  - 供应商关系管理与客户关系管理
    - 供应商关系管理的内涵
    - 供应商关系的类型
    - 客户关系管理的内涵
    - 客户关系管理的实施
  - 供应商数字化管理
    - 供应商数字化管理的内涵
    - 供应商数字化管理的技术路径
    - 供应商数字化管理系统

学习计划

素养提升计划

知识学习计划

技能训练计划

> **引导案例**

科学供应商管理为航天强国保驾护航

航空航天制造业是一个高度复杂和高度竞争的行业，它需要高度协调和高效的供应链管理，以确保生产效率和产品质量。在这个行业中，供应商管理是一项关键任务，这是因为航空航天制造业的供应商必须满足高质量、高性能和高可靠性的要求。北京控制工程研究所（以下简称五〇二所）隶属于中国空间技术研究院，是我国最早从事卫星研制的单位之一。在几代航天科技工作者的不懈努力下，五〇二所已发展成为集研究、开发、设计、生产、实验于一体的综合性工程技术研究所，主要从事空间飞行器姿态与轨道控制系统、推进系统及其部件的设计和研制，以及工业控制系统的研究应用工作。五〇二所构建和实施了以供应商全生命周期管理为核心，以品类管理和产品保证管理为抓手的"1+N+1"供应商管理体系。

1. 完善供应商全生命周期管理流程，实现全过程管控

以供应商参与企业供应链的生命周期为时间轴，将供应商生命周期按邀请供应商、潜在供应商、合格供应商、优选/淘汰供应商进行分类，明确供应商战略寻源、准入认证、绩效考评优选和退出的全生命周期动态管理流程及要求。通过建立供应商寻源战略，规范供应商准入，强化供应商试制，细化量化供应商绩效评价模型，建立供应商退出机制，实现供应商全生命周期动态管理，逐步形成动态进退的良性循环机制，提高合作质量，实现共赢。

2. 主业务与支撑业务集成，构建"1+N+1"供应商管理体系

建立层次化的供应商管理体系：第一层为"1"份《供应商管理程序文件》，从顶层明确外协管理思路，明确职责和接口。第二层为"N"项管理流程，包括《采购需求与计划管理流程》《供应商工艺管理流程》《星船外协采购管理办法》《供应商全生命周期管理流程》《供应商风险管理流程》等；第三层为针对每项管理流程细分的若干项管理控制措施，可操作、可检查的工作项目是重点。

3. 基于品类开展供应商准入认证，制定产品保证管理措施

按照品类选择准入流程类型，并对供应商进行资质审查和现场审查，审查通过后才能成为邀请供应商；制订试制计划并进行工艺交底，传递执行规范及质保要求，试制总结评审通过后，成为合格供应商；建立供应商和供应品类关联矩阵，形成合格供应商名录，实现供应商动态管理。加强外协产品质量管理，针对零件加工、电装固封、组件生产、单机生产等品类制定新品试制、生产基线控制、现场监造、强制检验等50余项控制措施。

4. 基于品类开展供应商绩效评价，促进供应商能力改善

引入供应链管理模型，结合品类战略，明确评估流程及实施方法，建立面向供应商全生命周期管理的新型绩效模型，促进供应商能力改善。具体做法是：细化量化供应商绩效评估因素，设定4大类17项具体评价指标，实现评估后数据量化，并在供应商管理系统中固化，利用系统收集过程数据，通过绩效模型获得KPI考评数据，确保绩效评价结果准确客观。

> **引思明理**
>
> 党的二十大报告中提出,要"坚持把发展经济的着力点放在实体经济上,推进新型工业化,加快建设制造强国、质量强国、航天强国、交通强国、网络强国、数字中国"。航天科技成就是国家科技水平和科技能力的重要标志,广大航天人坚持服务国家发展大局,推动空间科学、空间技术、空间应用全面发展,不断为提高我国的国防实力、科技实力和民族凝聚力作出贡献。在现代航空工业中,空间飞行器的制造是一个极其严谨和复杂的过程,为了确保空间飞行器的安全性、可靠性和性能,质量控制起着至关重要的作用。五〇二所加强供应商管理,提升产品质量保证能力,助力航天事业高质量、高效率、高效益发展。

第一节 供应链伙伴关系概述

一、供应链伙伴关系的含义

供应链伙伴关系(supply chain partnership, SCP),是指在集成化供应链管理环境下,两个或两个以上独立的企业之间,在一定时期内形成的一种共享信息、共担风险、共同获利、共同决策的协调关系,以保证实现某个特定的目标或利益,如降低供应链的总成本(采购成本、库存成本、生产成本、销售成本等),增强信息共享,改善相互之间的交流,保证供应链伙伴之间操作的一贯性,产生更大的竞争优势,以实现供应链节点企业财务状况、质量、产量、交货期、用户满意度和业绩等的改善和提高。

二、供应链伙伴关系的基本特征

供应链伙伴关系是一种战略合作型伙伴关系,它的核心是合作。供应链上下游企业之间相互协调,密切合作,并从系统的角度集成和优化供应链的全部资源,从而形成整体优势,使供应链中各节点企业获得更加丰厚的利润。供应链伙伴关系的基本特征如图4-1所示。传统企业关系与供应链合作关系的比较如表4-1所示。

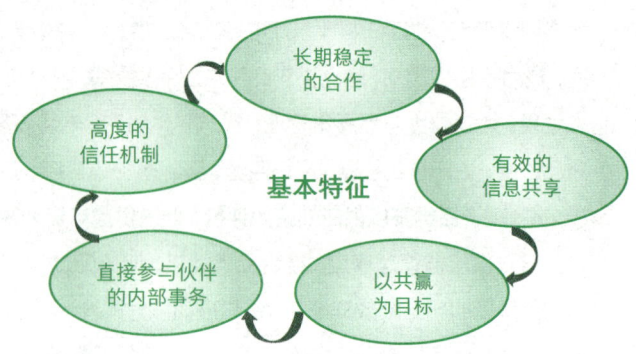

图4-1 供应链伙伴关系的基本特征

表 4-1　传统企业关系与供应链合作关系的比较

项目	传统企业关系	供应链合作关系
企业关系基础	以交易为基础	以联盟为基础
相互交换的主体	物料	物料、服务
供应商选择标准	单一强调价格	经过全面、系统的考虑
稳定性	变化频繁	长期、稳定、紧密合作
合同性质	单一	签订长期合同且具有开放性
供应批量	小	大
供应商数量	多	少而精
供应商规模	小	大
信息交流	信息专有	信息共享
质量控制	输入检查控制	质量保证
选择范围	当地投标评估	在国内外广泛评估
职能领域	相互作用小	采购商和供应商相互作用大
企业间关系	竞争	合作

三、供应链伙伴关系的合作意义

供应链伙伴关系的合作意义体现在合作、互信、共赢等基础上建立起多样化、个性化相结合的良好和谐的供应链伙伴关系，使得供应链总体利益和企业权益最大化。良好的供应链伙伴关系对供应链整体利益的影响和给各方带来的利益见表 4-2 和表 4-3。

表 4-2　良好的供应链伙伴关系对供应链整体利益的影响

项目	内容
减小不确定因素，降低库存	■ 消除供需关系中的不确定因素 ■ 共享需求与供给信息，能使许多不确定因素明确
加强企业的核心竞争力	■ 发挥企业的核心竞争优势，获得竞争地位 ■ 降低交易成本，提高整体效益
快速响应市场	■ 能充分发挥各方的优势，迅速开展新产品的设计和制造 ■ 压缩供应链总周期时间，使新产品响应市场的时间明显缩短
用户满意度增加	■ 制造商帮助供应商更新生产和设备，加大对技术改造的投入，提高产品和服务质量，增加用户满意度

表 4-3　良好的供应链伙伴关系给各方带来的利益

项目	内容
对供应商	• 保证较稳定的市场需求 • 对用户需求更了解 • 提高运作质量 • 提高零部件的生产质量 • 降低生产成本和物流成本 • 提高交货期的反应速度和柔性 • 获得更高的利润
对制造商	• 降低成本 • 实现数量折扣，获得稳定而有竞争力的价格 • 降低库存水平 • 即时定制生产 • 缩短交货提前期 • 提高货物可得性 • 提高面向工艺的企业规划 • 更好的产品设计和对产品更快的反应速度 • 强化数据信息的获得
对分销商	• 减少风险，提高分销网络的效率 • 减少营销活动成本 • 为消除浪费和重复活动创造了条件
对物流商	• 减少仓储成本 • 减少物流运输成本 • 减少物流配送成本 • 提高库存管理效率
对金融机构	• 减少资金运营成本 • 降低资金运营风险 • 提高资金运营效率 • 减少市场营销成本

四、供应链伙伴关系的合作类型

（一）供应商与制造商之间的合作

供应商所提供的产品质量和价格高低，可以直接影响制造商的生产好坏、成本高低和产品质量优劣。因此，在供应商与制造商的伙伴关系中，供应商应该了解制造商的生产程序和生产能力，这样供应商能够清楚地知道制造商所需要产品或原材料的交货期限、质量和数量；制造商应该向供应商提供自己的经营计划和经营策略的必要措施，使供应商能随时实现制造商要求的目标。

（二）制造商与分销商之间的合作

在供应链伙伴关系下，制造商负责生产，分销商负责销售，分销商可以及时将销售信息传输给制造商，而制造商可以及时将生产信息传输给分销商，做到以产定销，或者以销定产，在提高服务水平的同时降低库存成本，并将顾客需求反馈给最适合解决此问题的制造商，以满足顾客特定的技术服务需求。

（三）分销商与零售商之间的合作

在分销渠道中，分销商通过向零售商供货实现经济效益，零售商通过商品经营实现其经营效益。追求最大市场占有份额以及最高销量，是供应商与零售商的共同目标。双方利用信息技术，进行销售时点的信息交换以及订货补充等其他经营信息交换，从而缩短供应链交货周期，减少双方库存，提高客户的服务水平和企业竞争力。

（四）分销商与物流商之间的合作

物流就是产品从最初的供应商经过制造商、分销商、零售商，到达消费者手中，最终实现商品价值的过程。以分销商为例，物流商就是要从下订单开始，把产品从制造商运给经销商，当经销商把产品卖出去时，再把产品运给客户。在供应链伙伴关系下，物流商可以根据分销商的购买和销售计划安排恰当的运输和配送方案，分销商也可以根据物流商的运输和配送体系实施购买和销售计划。

（五）供应链核心企业与银行等金融机构的合作

供应链上的中小企业很难通过传统的信贷方式获得银行的资金支持，而资金短缺又会直接导致后续环节的停滞，甚至出现"断链"。在供应链伙伴关系中，银行等金融机构可以围绕核心企业，管理上下游中小企业的资金流和物流，并把单个企业的不可控风险转变为供应链企业整体的可控风险，解决中小企业的融资难问题，同时巩固核心企业在供应链中的核心地位。

> **即学即问**
>
> 除了上述关系之外，在生产运营中，企业还可能和哪些企业或机构建立合作关系？

五、供应链伙伴关系的合作层次

由于供应链紧密合作的需要，为了能使合作伙伴的工作更有效，可以把合作伙伴分为不同的层次，以便后期对其进行有针对性的管理。根据合作伙伴在供应链中的增值性和竞争力，供应链合作伙伴关系可以分为以下不同的层次，如图4-2所示。

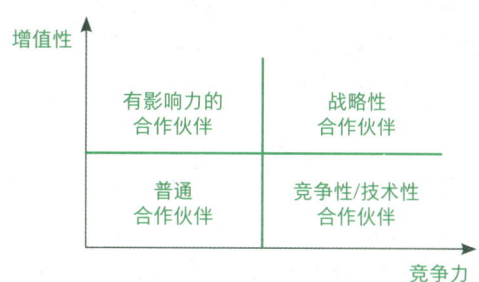

图4-2 供应链伙伴关系的不同层次

图 4-2 中的横轴代表的是某个合作伙伴与其他合作伙伴之间的区别，主要是在设计能力、特殊工艺能力、柔性、项目管理能力等方面所表现出的竞争力；纵轴代表的是合作伙伴在供应链中增值的作用，对于一个合作伙伴来说，如果它不能对增值作出贡献，它对供应链中的其他企业就没有吸引力。

> **即学即问**
> 以计算机产品为例，分析其供应链伙伴关系建立的不同层次。

1. 战略性合作伙伴

图 4-2 中的右上象限里，合作的增值性大且合作伙伴的市场竞争实力也强。这类合作是"强—强"联合，属于最理想的合作伙伴。对于长期需求而言，需考虑合作的持久性，要求合作伙伴能保持较高的竞争力和增值率，因此，最好选择战略性合作伙伴。

2. 竞争性/技术性合作伙伴

图 4-2 中的右下象限里，合作伙伴自身的竞争实力较强，但合作的增值性并不大。这类合作是"弱—强"联合，合作的对方实力较强，组织管理能力和技术水平高，可能是理想的合作伙伴，也可能将成为竞争对手。对于中期需求而言，可根据竞争力和增值性对供应链的重要程度不同，相应地选择有影响力或竞争性/技术性合作伙伴。

3. 普通合作伙伴

图 4-2 中的左下象限里，合作的增值性较小而且合作伙伴自身的市场竞争实力不强。这类合作属于"弱—弱"联合，不属于理想的合作伙伴关系。对于短期或某一短暂市场需求而言，只需要选择普通合作伙伴满足需求即可，以保证成本最小化。

4. 有影响力的合作伙伴

图 4-2 中的左上象限里，合作的增值性大但合作伙伴在它的专业领域中实力较弱，其竞争力不足。这类合作属于"强—弱"联合，属于理想的合作伙伴，选择的方法与竞争性/技术性合作伙伴关系相同。

创新驱动强链强国

发挥供应链伙伴合作优势突破工业母机技术难关

机床被称为"工业母机"，是制造机器的机器，其规模和质量等级是一个国家工业发达程度的重要标志，关系到产业安全。太空遨游的飞船，冲上云霄的飞机，高速奔驰的火车，海底潜行的潜艇……，其生产制造都离不开高性能数控机床。其中，能进行五面体加工的五轴联动数控技术，是衡量复杂精密零件制造能力的重要标准，尤其在高端制造领域应用较多，覆盖飞机结构件、起落架、叶片、机匣、压气机叶轮等部件加工。

我国是全球最大的机床制造国和消费国，然而在很长一段时间内，五轴联动的高性能数控技术被发达国家封锁。武汉华中数控股份有限公司（简称"华中数控"）发挥30年专注数控系统的技术积累优势，联合机床企业、用户企业、高校院所等国内智能设计与数控技术行业上下游研发资源，经过10轮联合攻关，研制高端五轴数控系统产品包。该系统产品由高速高精的成套电机、绿色节能的驱动系统、国产多轴编程软件、智能安全的远程运维系统组成，将五轴加工技术和数字化、网络化、智能化全面融合，在高品质五轴加工、CAM & CNC 融合、在机测量、远程运维等关键五轴数控技术上全面升级迭代，在11项关键功能、性能上达到国外先进的五轴数控系统标准。

华中数控与供应链合作伙伴联合攻关，推动了高端五轴数控系统多项尖端科技应用。华中数控与华工激光联合攻关，定制化开发五轴激光专用系统，实现更佳的工艺控制，提升切割效率，降低使用成本，系统效率达到国外系统同类水平，已实现批量交付。与豪迈科技联合攻关，通过监控软件可视化监测集成断刀检测功能，可检测最小直径 1~1.5 mm 的钻头断裂并实时报警，保障加工安全持续。

华中数控高端数控系统与机床行业优秀企业的供应链产业链融合创新及示范应用，用中国大脑装备中国智造，提振了国产数控系统的信心，推进了工业母机领域科技自主创新。

第二节　供应链伙伴关系的建立与评价

一、供应链伙伴关系建立的影响因素

由于供应链具有动态性和复杂性，所以影响供应链企业间合作的因素也因合作双方所处的独特环节的不同而不同，但在众多的供应链企业中，有些共同因素直接影响供应链伙伴关系的建立。

（一）企业体制和文化的调整

大部分情况下，影响供应链伙伴关系的最大障碍不是技术问题，而是组织内部的体制和文化问题。所以前期在选择供应链伙伴关系时，需要了解互相的企业体制和企业文化，解决社会、文化和态度之间的障碍，并适当地改变企业的体制和文化，同时在企业之间建立统一运作模式，解决业务流程和结构上存在的障碍。

（二）合作标准的制定

供应链伙伴关系必须有共同遵守的标准，这个标准需要将合作目标与过程标准、战略标准挂钩，而不是单纯地与结果标准挂钩。这些标准都是以客户为中心的，考虑了一个企业的行为会对另一个企业产生的影响。除了跨越了企业边界的过程标准外，还有超越过程标准的战略标准，它评价的是各个伙伴是否为了完成供应链的共同目标而协调工作。

（三）最高管理层的支持

良好的供应链伙伴关系必须得到最高管理层的支持和帮助。首先是最高管理层观念上的改变，他们必须认识到没有一个企业是脱离整个供应链而存在的孤岛，他们应该认识到，供应链伙伴关系将产生双赢的效果，并最终为所有参与者带来收益。企业最高管理层必须改变他们将供应链的上下游企业视为对手的传统观点，只有最高管理层认同合作伙伴，供应链合作企业之间才能保持良好的沟通，建立相互信任的关系。

二、供应链伙伴选择的方法

供应链伙伴选择既是供应链伙伴关系运行的基础，也是保证供应链有效实施的前提。供应链伙伴选择的方法如表 4-4 所示。各供应商的各项指标得分如表 4-5 所示。

表 4-4　供应链伙伴选择的方法

方法	特点	适用范围
直观判断法	主要是倾听和采纳有经验的采购人员的意见，或者直接由采购人员凭经验作出判断	适用于选择企业非主要原材料的供应商合作伙伴
招标法	由企业提出招标条件，各招标合作伙伴进行竞标，然后由企业决标，与提出有利条件的合作伙伴签订合同或协议	适用于在更广泛的范围内选择适当的合作伙伴，以获得供应条件下有利、便宜而适用的物资。不适用于紧急订购的需要
协商选择法	企业先选出供应条件较有利的几个合作伙伴，先分别与他们进行协商，再确定适当的合作伙伴	适用于供货方较多、企业难以抉择时，同时也适用于当采购时间紧迫、投标单位少、竞争程度小、订购物资规格和技术条件复杂时
采购成本比较法	售价、采购费用、运输费用等各项支出的总和	适用于对质量和交货期都能满足要求的合作伙伴
ABC 成本法	以某一具体对象各个组成部分与总体的比重为依据，按比重大小排序，再根据一定的比重或累计比重标准，将各组成部分分为 A、B、C 三类，A 类是管理的重点，B 类是次重点，C 类是一般	适用于计算合作伙伴的总成本
层次分析法	根据具有递阶结构的目标、子目标、约束条件、部门等来评价方案。该方法可以让评价者对照相对重要性函数表，给出因素两两比较的重要性等级	可靠性高，误差小，但不适用于遇到因素众多、规模较大的问题
神经网络算法	模拟人脑的某些功能行为	将定性分析与定量分析有效结合，较好地保证合作伙伴综合评价结果的客观性

表 4-5　各供应商的各项指标得分

评价指标	供应商 A	供应商 B	供应商 C
质量	9	9	8
价格	8	7	9

续表

评价指标	供应商 A	供应商 B	供应商 C
交货准时性	7	8	6
品种柔性	8	6	9
可靠性	9	8	6
售后服务	8	6	7

三、供应链伙伴关系建立的步骤

企业必须认真挑选合作伙伴以确保双赢。供应链伙伴选择对企业来讲都是动态的，并且每个步骤对于企业来说都是一次改善业务的过程。供应链伙伴关系建立的步骤如图4-3所示。

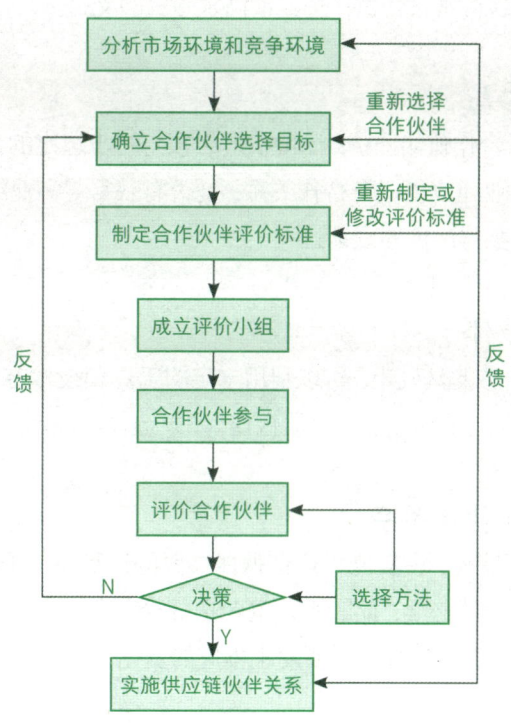

图 4-3　供应链伙伴关系建立的步骤

（一）分析市场环境和竞争环境

市场环境和竞争环境是企业一切活动的驱动源。建立基于信任、合作、开放性交流的供应链长期合作关系，必须首先分析市场环境和竞争环境，必须清楚现在的产品需求是什么，产品的类型和特征是什么，以确认客户的需求，确认是否有建立供应链伙伴关系的必要性。

(二) 确立合作伙伴选择目标

企业必须确立实质性的目标，例如，降低成本是主要目标之一。合作伙伴评价、选择不是一个简单的评价、选择过程，而是企业与企业之间的一次业务流程重构过程，实施得好就能够带来一系列利益。

(三) 制定合作伙伴评价标准

因为行业、企业、产品需求各有不同，所以不同环境下的合作伙伴评价也是不一样的，企业应建立集成化供应链管理环境下合作伙伴的综合指标体系。

(四) 成立评价小组

企业必须建立一个小组以控制和实施合作伙伴评价。组员以来自采购、质量、生产、工程等与供应链合作关系密切的部门为主，组员不但要有团队合作精神，而且要有一定的专业技能。评价小组必须得到合作伙伴企业最高领导层的支持。

(五) 合作伙伴参与

一旦企业决定进行合作伙伴评价，评价小组必须与初步选定的合作伙伴取得联系，以确认他们是否愿意与企业建立供应链合作关系，是否有获得更高业绩水平的愿望。企业应尽可能早地让合作伙伴参与评价的设计过程。

(六) 评价合作伙伴

在收集合作伙伴信息的基础上，可以利用一定的工具和技术方法进行合作伙伴评价。评价后再进行决策，如果选择成功，就开展合作；如果选择不成功，可以重新进行评价。

(七) 实施供应链伙伴关系

由于市场需求不断变化，在实施供应链伙伴关系的过程中，可能面临两种选择：一是合作伙伴可能没有再合作的必要，此时需要重新选择合作伙伴；二是合作伙伴有继续合作的可能性，但是合作伙伴的评价标准需要发生相应的变化，此时需要重新制定或修改评价标准。

四、供应链伙伴关系的评价指标体系

(一) 评价指标体系的设置原则

1. 完整全面性原则

评价指标体系必须全面反映合作企业目前的综合水平，并包括企业发展前景各方面的指标。

2. 简明科学性原则

评价指标体系的大小必须适宜，如果指标体系过大，指标层次过多，指标过细，势必将评价者的注意力吸引到细小的问题上；而指标体系过小，指标层次过少，指标过粗，又不能充分反映供应商的水平。

3. 稳定可比性原则

评价指标体系的设置还应考虑到与国内、国外或行业其他指标体系的比较。

4. 灵活可操作性原则

评价指标体系应具有足够的灵活性，以使企业能够根据自己的特点和实际情况对指标灵活运用。核心企业在供应链中所处的位置不同，其选择合作伙伴的指标也就不同。

（二）评价指标体系的结构

为了有效评价合作伙伴，可以框架性地构建三个层次的综合评价指标体系。第一层次是目标层，四个具体因素是第二层，与其相关的细分因素建立在第三层，如图4-4所示。

> **即学即练**
> 以农产品供应链为例，设计综合评价指标体系结构图。

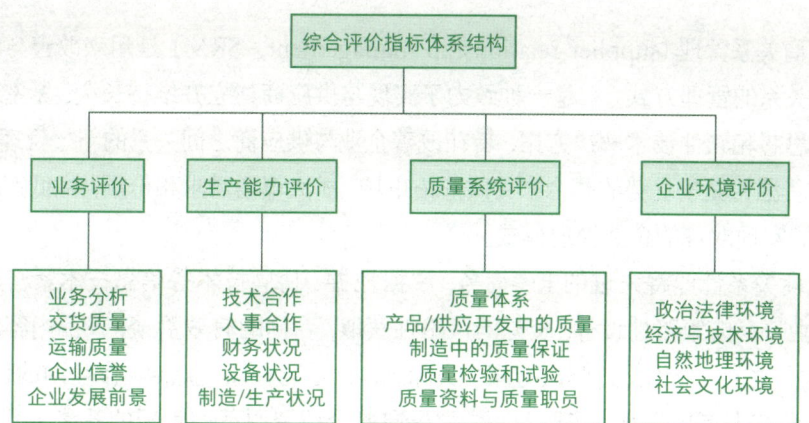

图4-4 综合评价指标体系结构图

制度保障稳链为民

龙头企业推动乡村振兴建设农业强国

中国乳业龙头伊利多年来结合中国农业与奶业的发展特点，发挥供应链核心企业优势，探索出一条以奶业振兴为抓手，以创新为驱动，以产业链共赢为目标的助力建设农业强国的新路径。

创新管理，引领合作伙伴经营现代化。伊利围绕降本增效、精准饲喂、精益运营三大服务宗旨，对牧场开展全方位、全领域的技术服务，帮助越来越多的农牧民走上规模化、专业化、现代化之路。伊利通过"伊利阿米巴精益牧场"服务项目，为宁夏某牧场提供免费技术服务，并开展有针对性的模块运营及盈利能力分析，引导牧场向着专业化、现代化升级。伊利指导宁夏茂草园牧场改进挤奶流程，提升人员技能，牧场每班次挤奶时间减少40分钟，全天缩短挤奶时间2小时，仅此一项每年就为牧场降低养殖成本超过100万元。

> 品牌共建，企业品牌带动地域农产品增收。伊利利用品牌优势，通过对系列新品采用"地方名+水果名"的方式进行产品命名和传播，开辟出农产品和企业品牌合作模式的新路径，推出了一个又一个乳品与农产品相结合的产品。如"中国地域水果"系列酸奶品牌帮助多地推广区域公用品牌。安慕希AMX徐闻菠萝、攀枝花芒果酸奶相继上市，系列酸奶阵容不断扩大，帮助当地扩大农产品品牌影响，经济价值不断提升。作为乳业供应链核心企业的伊利在赋予农产品更多附加价值的同时，也带动了行业内更多品牌使用中国农产品，为农业现代化发展带来巨大增值空间。

第三节 供应商关系管理与客户关系管理

一、供应商关系管理的内涵

供应商关系管理（supplier relationship management，SRM）是用来改善与供应链上游供应商关系的管理方式，它是一种致力于实现与供应商建立并维持长久、紧密的伙伴关系的管理思想和软件技术解决方案，旨在改善企业与供应商之间关系的新型管理机制，通过对双方资源和竞争优势的整合来共同开拓市场，扩大市场需求和份额，降低产品前期的高额成本，实现双赢的企业管理模式。

供应商关系管理将先进的电子商务、数据挖掘、协同技术等信息技术紧密集成在一起，为企业产品的策略性设计、资源的策略性获取、合同的有效洽谈、产品内容的统一管理等过程提供了一个优化的解决方案。实际上，它是一种以"扩展协作互助的伙伴关系，共同开拓和扩大市场份额，实现双赢"为导向的企业资源获取管理的系统工程。供应商关系管理的具体目标包括：获得符合企业质量和数量要求的产品或服务；以最低的成本获得产品或服务；确保供应商提供最优服务和及时送货；发展和维持良好的供应商合作关系；开发潜在供应商。

即学即问
供应商关系管理最好由企业中哪个部门负责？为什么？

二、供应商关系的类型

典型的供应商分类方法是"四分法"，根据对业务的影响和供应的风险与复杂性，可以将供应商分为四大类，分别是交易型供应商、战略型供应商、杠杆型供应商与瓶颈型供应商。如图4-5所示。分类之后应对这四种不同类型的供应商采取不同的管理方法。

即学即练
以冰箱生产企业为例，根据采购金额与供应风险的大小，设计供应商分类管理方案。

（一）交易型供应商

交易型供应商是指采购金额不大，供应风险也较低的供应商，它们通常提供MRO

(maintenance, repair & operations, 非生产性物料) 的产品, 比如办公用品与设备、备品备件、实验仪器与试剂、劳保用品、低值易耗品等。其管理要点是精简内部采购流程, 合理减少交易活动, 这样能够在一定程度上降低交易成本。

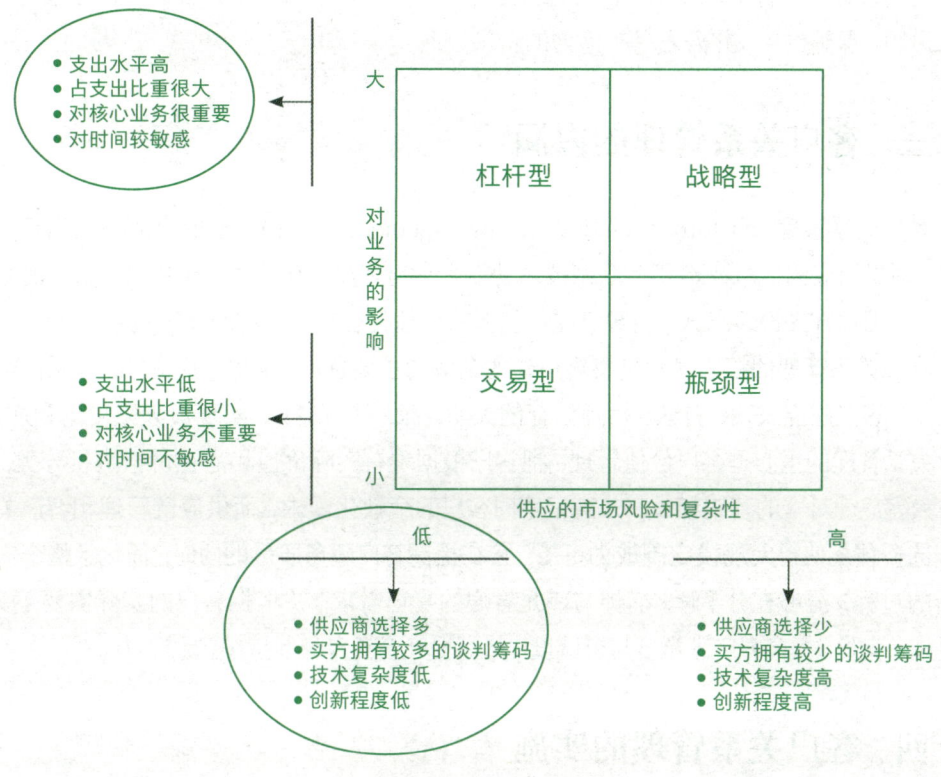

图 4-5　供应商分类矩阵

(二) 战略型供应商

战略型供应商是指采购金额较大, 供应风险也较高的供应商, 它们通常提供战略性物质, 对产品的质量、成本、交货保障至关重要。战略型供应商意味着会牺牲短期利益, 不盈利或者少盈利, 以此来获得与采购方的长期共赢。其管理要点是建立双赢伙伴关系, 实现二者之间长期紧密的合作。

(三) 杠杆型供应商

杠杆型供应商是指采购金额较大, 但供应风险较小的供应商。杠杆型供应商有三个显著特征: 标准件、同质化与竞争性。它们通常提供标准件, 产品的同质化程度很高, 同时所处的供应市场形态是属于竞争性的。其管理要点是批量采购, 让杠杆作用最大限度发挥, 实现规模效应, 在一定程度上降低采购成本。

（四）瓶颈型供应商

瓶颈型供应商是指采购金额较小，但供应风险较大的供应商。瓶颈型供应商有三个显著特征：非标准件、定制与垄断性。它们通常提供非标准件，产品的同质化程度很低，常常是定制或者客户有特殊要求的，同时所处的供应市场形态属于垄断性的。其管理要点是降低风险，保障供应，并开发具有潜力的新供应商。

三、客户关系管理的内涵

客户关系管理（customer relationship management，CRM）是指企业为提高核心竞争力，利用相应的信息技术和互联网技术协调企业与客户间在销售、营销和服务上的交互关系，从而提升其管理方式，向客户提供创新的个性化客户交互和服务的过程。

客户关系管理的核心思想是将客户作为企业的重要资产，采用客户关怀、关系营销等方法，与客户建立长期、有效、相互依存的关系，深入了解客户，实现最大限度的利润率。客户关系管理的重心是客户价值管理，把客户根据现有实际价值和潜在价值进行分类，建立与大客户一对一的营销模式，并满足不同客户的个性化需求，而供应链管理和客户关系管理的一体化使得大规模定制成为可能，它在提高客户服务质量的同时，简化了整个需求判断的过程，能够充分了解、捕捉与满足客户的真正需求，并根据客户的实际需要，按订单制造、交货，提高客户满意度与忠诚度，从而提升企业自身的持续盈利能力。

四、客户关系管理的实施

客户关系管理的核心是以客户为中心，强调把企业的活动建立在客户关系的基础之上，针对不同的客户群体制定不同的服务方案，真正做到"以客户为中心"。

（一）应用 CRM 系统识别客户

客户识别就是通过运用客户生命周期模型（如图 4-6 所示）以及客户潜力指标（一般包括购买能力、购买频率、回购率、品牌忠诚度等工具），根据大量的客户特征、需求信息等，找出哪些是企业的潜在客户，客户需求是什么，哪些客户最有价值等，并以这些客户为客户关系管理对象。

（二）进行现有客户差异化分析

企业可以利用 CRM 系统进行客户细分，划分出不同类别的目标客户群，进而对目标客户群提供针对性、差异化的服务，以提高客户价值和企业效益。

1. 客户特征细分

客户特征细分就是对现有客户或者潜在客户的特征进行整理分析，挖掘出更广阔的市场空间。对 CRM 系统中的客户特征资料进行分析归类，细分的类型包括客户的年龄层次、行业特征、地域等。

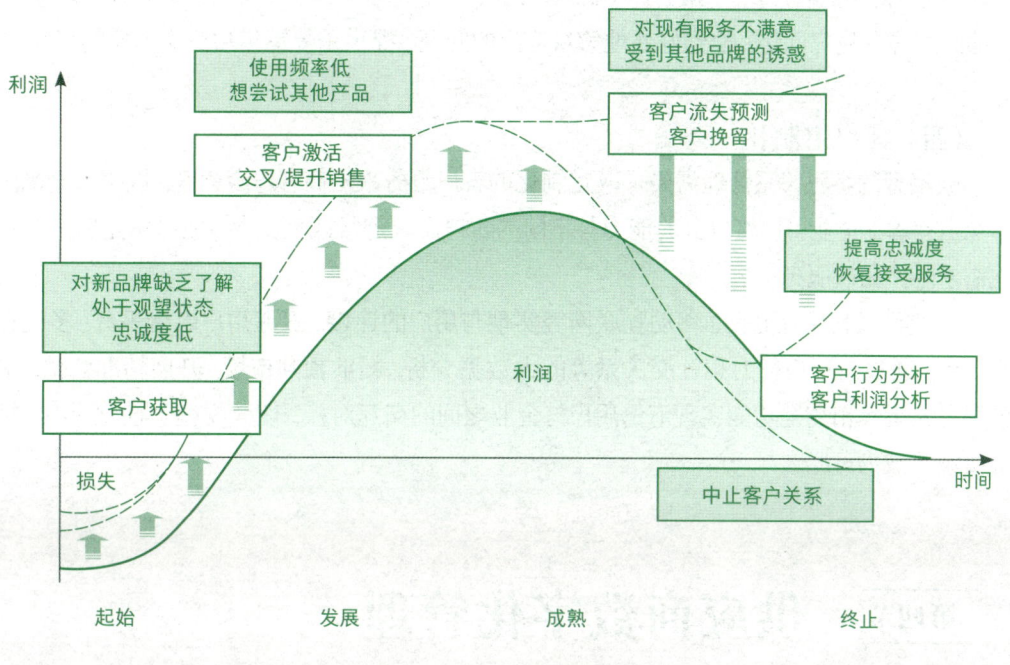

图 4-6　客户生命周期

2. 客户价值细分

不同客户给企业带来的价值不同，有的客户可以连续不断地为企业创造价值，而有的客户只是一次性地向企业贡献较高的价值。因此，可以对客户进行价值区间的细分。根据"二八定律"，企业 80% 的收入来自 20% 的客户，可以锁定 20% 的高价值客户，调用 80% 的精力对其进行定制化服务。

3. 客户需求细分

根据 CRM 系统中的历史交易、合同、订单等记录，找出目标客户及客户群对产品或服务的需求以及购买规律。有的大客户是年初一次性采集产品 A，有的重点客户是分季度批量采购产品 B，有的普通客户是不定时地进行多种类产品采集等。

（三）与客户进行有效互动

在与客户的互动过程中，可以采用以下两种方式使企业更加了解客户的一般需求和个别需求。

1. 个性化对话机制

在数字经济时代，企业可以在公司网站、微信、微博、直播平台等各类社交媒体上进行互动与推广。

> **即学即练**
>
> 假如你是一个供应链物流项目经理，请为进口水果的跨境电商客户设计一套客户互动方案。

2. 建立售后服务和定期回访机制

根据客户细分，可以将客户划分为高效客户（最有潜力和超级成长性的客户）、高贡献客户（最有价值的客户）、一般客户（低维护的客户）、休眠客户（近期无交易的客户）。在恰当的时机进行客户回访，恰到好处地解决客户的问题，提供重复销售和交叉销售的机会。

（四）客户定制化

战略型的客户关系管理需要采取定制化的客户服务来提高客户满意度，以扩大产品的市场占有率。企业可以将自身的能力与不同的客户需求进行匹配，选择能够满足客户个性化需求的产品或服务。

企业可以利用互联网、移动互联网等实现与用户的连接，打造用户聚合平台、多元社交平台，通过对用户行为和社交关系等的大数据分析，精准预判市场，开展精准营销，借助平台的集聚和交互功能实现海量用户与企业之间的交互对接，使大规模个性化定制、精准决策等成为可能。

第四节　供应商数字化管理

一、供应商数字化管理的内涵

供应商数字化管理是一种通过数字技术和工具来管理供应商和供应链的方式。它包括对从供应商的选定到付款的处理整个采购流程的管理。

供应商数字化管理具有以下优势：

1. 采用系统实现供应商信息全面集中的存储和管理

供应商管理系统能记录供应商详细的资质信息、营业资格、产品交付情况等全过程数据，便于企业快速查看供应商情况并作出决策。

2. 通过系统设置供应商评价机制

定期或者不定期对供应商的各项指标（如质量、成本、交付等）进行评估，并将评估结果作为供应商年检和再合作的依据，促使供应商提升自身品质。

3. 开通供应商线上交流平台

供应商可以登录系统查询订单状态、在线提交报价、服务反馈等，有助于大大提升工作效率。企业与供应商也可以在线沟通讨论，解决问题。

4. 利用大数据技术分析供应商历史数据

了解供应商发展趋势，更准确地预测其未来表现，可以根据分析结果进行供应商分类管理。

5. 采购过程全程电子化

如电子招标电子对账，减少交流误差，提高采购效率，汇报工作也能够更加高效简洁。

二、供应商数字化管理的技术路径

1. 利用云计算、物联网、大数据等先进技术，建立采购云平台

采购云平台是一种综合性的采购解决方案，它可以集成供应商关系管理、采购执行、应付账款、采购生命周期管理等服务，并实现采购数据的集中存储、分析和共享。通过采购云平台，企业可以提高采购效率和透明度，简化采购流程，降低运营成本和风险。

2. 利用人工智能、机器人流程自动化、协作网络等技术，打造智能工作流程

智能工作流程是一种基于数据和算法的采购运作方式，它可以实现可预测的战略寻源、自动化的采购执行和前瞻性的供应商管理。通过智能工作流程，企业可以利用数据和算法进行决策支持，优化采购策略和方案，提升采购效果和价值。

3. 利用数字化技术重塑供应链

供应链是连接采购商和供应商的重要纽带，涉及信息流、实物流和资金流的集成和协调。通过数字化技术，企业可以实现供应链的实时感知、可视化、智能决策和敏捷响应，构建弹性和可持续发展的供应网络。通过数字化供应链，企业可以提升供应链的效率和质量，有助于应对市场变化，避免风险事件，增强供应链的竞争力。

4. 利用数字化技术促进供应商创新

供应商创新是指与供应商共同创新，提升产品或服务的附加值和差异化。通过数字化技术，企业可以建立有效的创新机制、激励机制和保护机制，与供应商进行深度合作，共享数据、知识和资源，实现技术和业务的升级或突破。通过供应商创新，企业可以提升产品或服务的质量和性能，满足客户的个性化需求，增强产品或服务的市场吸引力。

三、供应商数字化管理系统

供应商数字化管理系统是指供应商关系管理系统，其主要功能是帮助企业与供应商建立更加紧密的合作关系，实现供应链的协同管理。SRM 系统基于 SaaS 模式，采用全面集成的管理模式，集成了供应商信息管理、订单管理、交付管理、质量管理、实时监控、风险预警、绩效评估等多个模块，实现了供应商关系管理的自动化和数字化，能够实现采购全流程管理。

微课：
供应商数字化管理系统

供应商数字化管理系统的逻辑架构如图 4-7 所示。

供应商数字化管理系统具有以下优势：

1. 供应商管理流程全覆盖（全生命周期管理）

SRM 系统涵盖了供应商准入管理、供应商绩效评价、供应商关系管理等全流程的供应商生命周期管理功能。

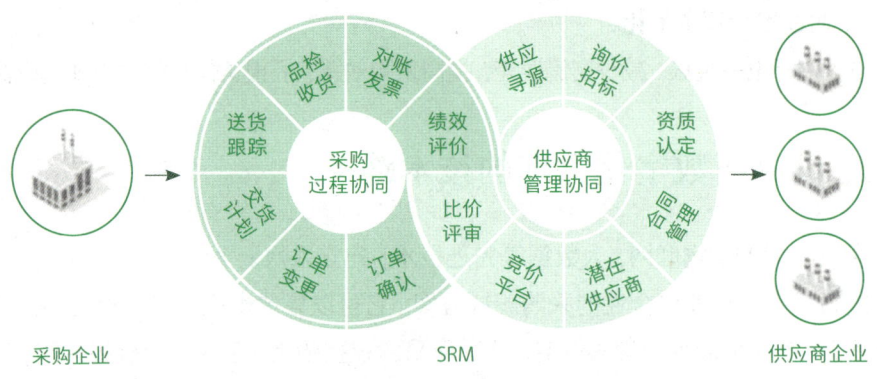

图 4-7　供应商数字化管理系统的逻辑架构

供应商生命周期管理主要包括：潜在供应商引入、供应商认证、日常管理、绩效评估、退出管理等生命周期流程。

（1）潜在供应商引入。主要是指企业外部供应商资源信息的收集和引入。系统可支持通过公开或邀约方式引导供应商注册，扩大潜在供应商库。

（2）供应商认证。主要是指对供应商准入过程进行管理，企业可以根据组织及品类制定不同的供应商引入流程。针对不同的引入流程，可根据需要选择是否启动现场评审、样品确认、物料试用等子流程。

（3）日常管理。主要是指对供应商日常业务的管理，包含企业资料变更管理、供应商品类库信息管理等。

（4）绩效评估。主要是指采购方从产品交货、产品质量、产品价格、产品服务等维度对供应商日常业务进行绩效评估，对合格供应商要持续优化，帮助供应商了解自身在供应链体系中的定位，提升供应链的整体竞争力。

（5）退出管理。主要是对供应商的清退管理，供应商退出可包含整体退出（整个组织退出）和部分退出（退出部分组织），以达到供应商持续优化的目的。资质到期自动预警，自动限制供应商交易，保障资质的有效性。

2. 供应商信息管理全过程（全流程在线协同）

SRM 系统能够对供应商的各项信息进行全面管理，包括供应商基本信息、资质信息、产品信息和价格信息等。

SRM 系统可以实现采购方与供应商之间在合同、订单、对账等各项业务上的全流程在线处理，内外协同，大大提升整个采购效率和供应链敏捷管理能力。

3. 供应商质量管理全方位（全面绩效评价）

SRM 系统能够对供应商进行科学的绩效评价，包括质量绩效、交货绩效和成本绩效等。

SRM 系统具有全面的供应商绩效评价体系，包含准时交货率、成本利润率、产品质量合格率和客户满意度等指标。

在分析基本信息的基础上增加了供应商供应能力、合同履约能力、产品质量等多维数据。通过供应商平台分类，企业可配置不同的模板，SRM 系统可将手动评分与自动系统评估相结合，全面、客观地评估供应商。此外，在数字化供应商管理平台上，供应商得分可以自动排序并输出评估表，将评估结果将作为供应商平台对供应商分类和评级的依据。

4. 供应商关系管理全视角（风险动态监控）

SRM 系统能够帮助企业高效管理供应商关系，包括供应商沟通、问题处理等。

SRM 系统可以通过分品类、分等级管理，灵活分配权重占比；还可以通过征信平台赋能，第一时间了解供应商舆情动态并进行风险监控；通过管理供应商数据库、资质文件等，可以对供应商进行即时预警，实时跟踪，实现最大化规避风险。

调查研究与善作善成

AI 服务器的供应商选择

一、调研背景

随着人工智能（AI）技术的快速发展，人工智能的应用领域不断拓宽，对服务器的需求呈现出爆发式增长。AI 服务器作为支撑 AI 算法运行和数据处理的关键基础设施，其性能、稳定性和安全性直接影响到 AI 应用的效果和质量。

当前，AI 服务器市场呈现出蓬勃发展的态势。各大厂商纷纷推出高性能、高可靠性的 AI 服务器产品，以满足不同行业和场景的需求。同时，随着云计算、大数据、边缘计算等技术的融合应用，AI 服务器市场呈现出多元化、个性化的发展趋势。

A 企业作为一家具有前瞻性和创新能力的企业，准备进军 AI 人工智能的服务器领域。为了确保 AI 服务器的质量和性能，A 企业需要选择合适的供应商，并与其建立稳定的供应链合作关系。在选择供应商时，A 企业需要考虑多个因素，包括供应商的技术实力、产品质量、交货能力、售后服务等。

二、调研要求

1. 调研 AI 服务器的关键部件和市场供应商情况

（1）识别 AI 服务器的关键部件，如 CPU、GPU、内存、存储等。

（2）调研各关键部件的市场供应商情况，包括供应商的规模、技术实力、产品质量等。

（3）分析关键部件的供应链情况，了解供应链的稳定性、产品的价格波动、可能存在的风险等因素。

2. 制定供应商选择标准

以研发优势、技术性能、生产能力、交付质量、安全可控为一级指标，制定 AI 服务器供应商选择标准。

3. 形成供应商名单

根据供应商选择标准提出 AI 服务器关键核心部件的供应商建议名单，并说明理由。

自测习题

一、单项选择题

1. 根据合作伙伴在供应链中的增值性和竞争力，可以将合作伙伴分为四类，其中竞争力和增值性都很大的合作伙伴是（　　）。
   A. 战略性合作伙伴　　　　　　B. 普通合作伙伴
   C. 有影响力的合作伙伴　　　　D. 竞争性／技术性合作伙伴

2. 供应链伙伴关系的评价指标体系设置应考虑到与国内、国外或行业其他指标体系的比较，这是评价指标体系的（　　）原则。
   A. 完整全面性　　　　　　　　B. 简明科学性
   C. 稳定可比性　　　　　　　　D. 灵活可操作性

3. 具备非标准件、定制与垄断性三个显著特征的供应商是（　　）。
   A. 杠杆型供应商　　　　　　　B. 战略型供应商
   C. 交易型供应商　　　　　　　D. 瓶颈型供应商

4. 供应商关系管理系统的主要功能是帮助企业与供应商建立更加紧密的合作关系，实现供应链的（　　）。
   A. 合作管理　　　　　　　　　B. 协同管理
   C. 流程管理　　　　　　　　　D. 信息管理

5. （　　）主要是指对供应商准入过程进行管理。
   A. 供应商选择　　　　　　　　B. 供应商评价
   C. 供应商认证　　　　　　　　D. 供应商激励

二、多项选择题

1. 以下属于供应链伙伴关系的基本特征的是（　　）和直接参与伙伴的内部事务。
   A. 高度的信任机制　　　　　　B. 有效的信息共享
   C. 长期稳定的合作　　　　　　D. 以共赢为目标

2. 供应链伙伴选择中的采购成本比较法适用于对（　　）都能满足要求的合作伙伴。
   A. 价格　　　　　　　　　　　B. 工艺
   C. 质量　　　　　　　　　　　D. 交货期

3. 根据合作伙伴在供应链中的增值性和竞争力，可以区分的层次有（　　）。
   A. 有影响力的合作伙伴　　　　B. 战略性合作伙伴
   C. 普通合作伙伴　　　　　　　D. 竞争性／技术性合作伙伴

4. 瓶颈型供应商的显著特征有（　　）。
   A. 非标准件　　　　　　　　　B. 高难度
   C. 定制　　　　　　　　　　　D. 垄断性

5. 通过数字化技术，企业可以实现供应链的（　　），构建弹性和可持续发展的供应网络。
   A. 实时感知　　　　　B. 可视化
   C. 智能决策　　　　　D. 敏捷响应

三、判断题

1. 对于一个合作伙伴来说，如果它不能对增值作出贡献，它对供应链中的其他企业就没有吸引力。（　　）
2. 供应链伙伴选择既是供应链伙伴关系运行的基础，也是保证供应链有效实施的前提。（　　）
3. 战略型供应商意味着会牺牲短期利益，不盈利或者少盈利，以此来获得与采购方的长期共赢。（　　）
4. 杠杆型供应商通常提供非标准件，产品的同质化程度很低，常常是定制的或者客户有特殊要求的。（　　）
5. 客户关系管理的核心思想是将客户作为企业的重要资产，重心是客户价值管理，把客户根据现有实际价值和潜在价值进行分类。（　　）

第五章
供应链计划管理

05 Chapter

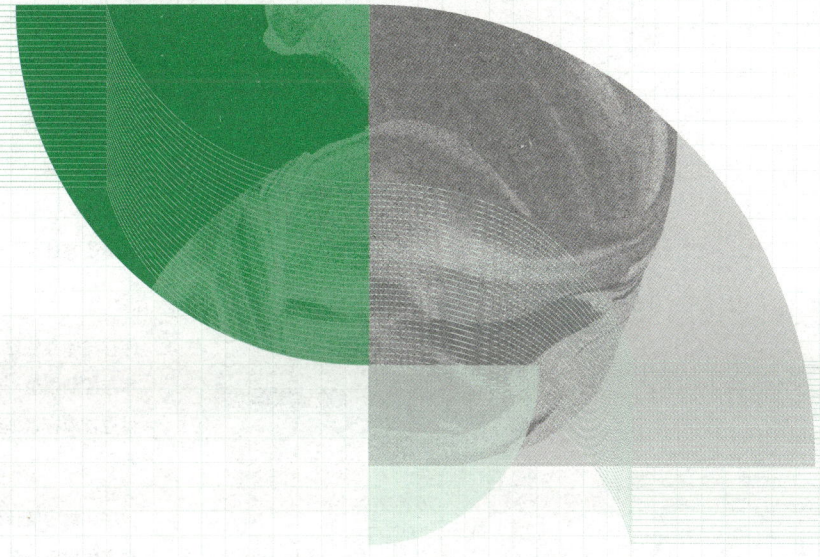

学习目标

素养目标
- 培养严密科学的逻辑思维,合理高效地使用数字技术的数据思维
- 培养前瞻意识、精益思想和严谨务实的工作作风

知识目标
- 熟悉供应链需求预测的方法
- 了解供应链主生产计划、物料计划与分销资源计划
- 了解库存的类型与特点
- 熟悉供应链库存控制模型
- 熟悉数字化供应链计划的应用场景

技能目标
- 能够进行供应链环境下的需求预测
- 能够选择和运用适合的生产策略
- 能够制订供应链综合生产计划和主生产计划
- 能够选择和运用适合的供应链库存管理策略进行供应链库存管理
- 能够运用数据分析技术进行产品需求预测

思维导图

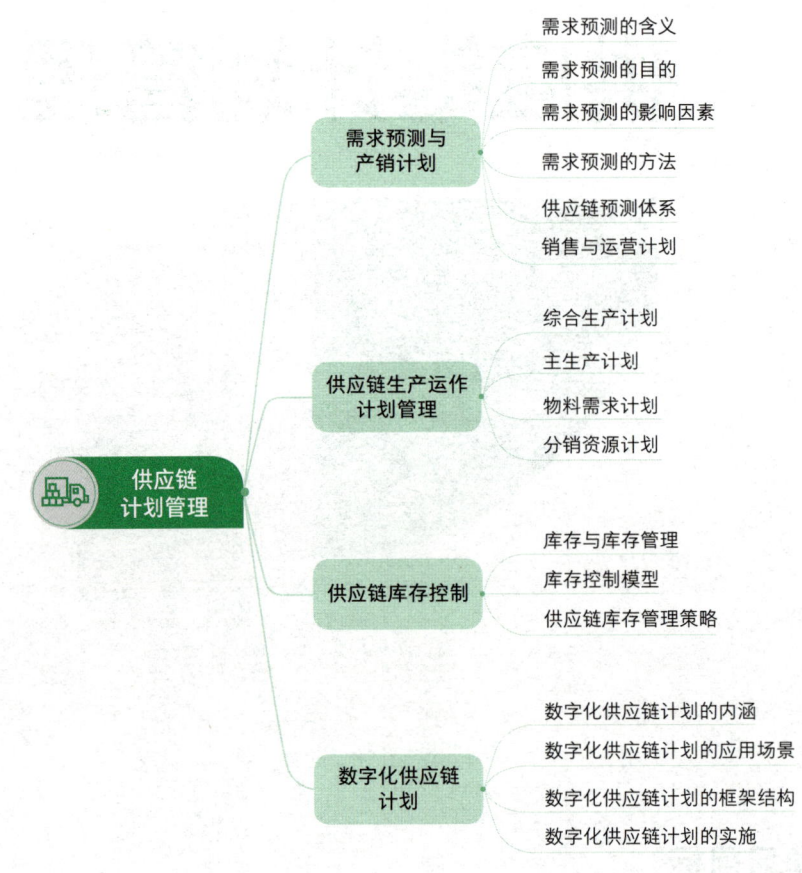

学习计划

◢ 素养提升计划

◢ 知识学习计划

◢ 技能训练计划

引导案例

重型装备制造企业依靠供应链协同创新锻造新质生产力

装备制造业打造国之重器，被称为"工业之母"，是我国建设制造强国的坚实根基。近年来，中国重型机械制造水平有了很大进步，世界各地都能看到中国重型装备的身影。中国机械制造能力稳步向高端装备制造迈进，创新能力也在不断提升。徐工集团是我国重型装备制造的优秀代表之一。

徐工集团起重机事业部的核心企业徐工塔机，是研究、制造、销售各类塔式起重机的专业化企业，产品广泛用于各类建筑工程、水利电力、桥梁建设、住宅施工等领域，在全球100多个国家和地区实现销售覆盖。徐工塔机依靠科技创新，使得供应链变得更协调、更柔性，塑造工程机械领域的新质生产力。

1. 客户全程参与定制服务，提升客户满意度

根据客户需求和施工情况开展大规模工业化定制，从"产品导向"转变为"顾客导向"。通过自主研发的平台在线上展示产品，为国内外客户提供非标产品的个性化自由组合，引入客户参与设计，提供个性化施工需求的成套化解决方案。与中铁大桥局联合研发出全球最大的XGT15000-600S塔式起重机，满足桥梁建设模块化大型化发展的新需求。

2. 产需衔接叠加"积木式"计划，形成敏捷响应的柔性生产方式

生产部门全程参与合同评审，与技术人员沟通，掌握产品配置，并根据产品构成信息，盘查系统库存和定制化实现所需关键零部件的采购周期。基于各产品型谱的个性化设计，采取"积木式"组合的生产计划下达方式，将各机型的个性化需求进行配置调整，根据个性化生产订单的配送指令进行物料配送并组织生产。

3. 整合业务流程外包资源，搭建协同化的服务型制造网络

在集团内部开展产能调剂业务，充分整合制造资源。通过ERP、MES[①]、物联网等信息化网络的协调和运作，建立销售订单拉动的从各个部件的生产到最终产品的协同，在各个工厂、仓库之间调配物料、人员及生产等，减少订单交付周期，更加灵活地实现制造敏捷性，降低物料库存成本。同时，在集团之外积极拓展生产加工环节外包服务，形成生产制造网络。

4. 提升供销环节的物料管控能力，打造高效快捷的物流保障供应链

构建徐州总部、供方库、网点库三级仓储物流体系，确保高效快捷的物流保障。通过信息平台实现全程跟踪供应链库存，对可能的断料零部件进行预警，提升备件的充足度。实现全量库存可视化，配送物资快速查询、提报、协调、监控，库存定额智能分析优化，大幅提升供应链协同计划能力、交货及时性、质量管控，以及精益化水平，从而形成具有互联性、共享性、可视化的敏捷供应链。

注：① MES是指Manufacturing Execution System，生产执行系统。

> **引思明理**
>
> 推动先进制造业和现代服务业深度融合，既是夯实制造业发展根基、加快建设制造强国的必经之路，也是新时代提升产业链供应链韧性、维护产业安全与国家安全的重要手段。制造企业要快速形成新质生产力，不但要依靠自主创新，也要与供应链上下游伙伴高效协同。供应链服务与制造业融合的核心要旨是推动实体经济高质量发展，共同践行党的二十大报告提出的"加快建设制造强国""推动制造业高端化、智能化、绿色化发展"。

第一节 需求预测与产销计划

供应链计划（supply chain planning，SCP）是指组织计划执行和衡量企业全面物流活动的系统。它由需求预测、生产计划、库存计划、分销计划等组成。

一、需求预测的含义

需求预测是指企业根据历史销售资料来估计客户需求的评估分析过程。

对供应链管理者而言，需求预测提供了供应链规划管理所需要的重要数据。供应链管理者可以依据需求预测制订生产计划、采购计划、库存计划、物流计划等。具体来讲，供应链管理者可以将需求预测作为制订制造部门生产计划的参考依据，有了生产计划，采购部门就可以据以规划采购计划与库存水平，物流运输也可以进一步根据采购与存货水平，拟订未来所需要的运输与仓储计划。

二、需求预测的目的

1. 短期目的

（1）制定生产策略。需求预测有助于最大限度地利用资源，估计未来对原材料的需求，从而维持原材料的正常供应。

（2）制定定价策略。企业根据自己的需要确定产品的价格。如果预测产品的需求将下降，企业可以为其产品设定较低的价格。

（3）制定销售目标。需求预测协助企业设置销售目标，作为评估销售绩效的基础。企业对不同区域进行需求预测，并相应地确定每个区域的销售目标。

（4）控制存货。需求预测协助组织设置存货目标，作为评估存货管理绩效的基础。企业针对销售预测进行产能规划，供应链管理者需要进一步协助企业制定存货水平，同时将其作为存货管理的绩效指标之一。

（5）财务规划。企业的财务需求是在需求预测下估算的。这有助于确保组织内适当的流动性。

2. 长期目的

（1）决定生产能力。借助需求预测，企业可以确定生产所需的工厂规模。工厂规模应符合企业的销售要求。

（2）规划长期活动。需求预测有助于实施长期规划。如果对企业产品的需求预测很高，则它可能计划长期投资于各种扩展方案和开发方案。

三、需求预测的影响因素

降低风险和不确定性是企业执行需求预测的主要原因。需求预测的主要影响因素如表 5-1 所示。

> **即学即练**
> 调研本地的新能源汽车市场状况，分析影响新能源汽车需求预测的因素。

表 5-1 需求预测的主要影响因素

影响因素	影响原因 / 表现
提前期因素	上游供应商可能供应延误，采购供应必须预留提前期（或称交货前置期）的作业时间
季节性因素	有些原材料和产品具有明显的季节性波动特点
市场性因素	消费习惯差异，个性化需求增长，不确定性存在
技术性因素	科技进步愈来愈快，技术变革使企业随时面临运营风险
政治性因素	国际贸易争端、区域经济整合、国际各类冲突

四、需求预测的方法

需求预测流程中最重要的步骤之一是选择适当的需求预测方法。通常预测方法可以区分为定性预测方法和定量预测方法。

（一）定性预测方法

1. 德尔菲法

德尔菲法（Delphi），又称专家意见法，是通过一组专家来进行需求预测的方法。首先，要求每位专家针对特定市场区域进行需求预测。在这个过程中，每个专家会受到其他专家的影响，因此所有专家再次作出相应预测，并重复这一过程，直到所有专家对需求预测达成共识为止。

> **即学即问**
> 在供应链运营中，哪种情况比较适合运用定性预测方法？

2. 销售人员意见法

销售经理要求每位销售人员提供预期需求。每位销售人员评估各自负责的地区和产品类别，并提供各自的客户需求。最终，销售经理汇总所有客户需求，并在管理层作出判断后生成需求预测的最终版本。

3. 市场个案调研法

在市场调研技术中，针对客户进行调查以产生潜在需求。此类调查通常以问卷形式进行，直接从最终客户寻求个人、偏好和经济信息等。由于此类调研是在随机抽样的基础上进行的，因此需要根据最终客户的调查区域、地点和人口统计资料进行整理。这种方法对几乎没有历史数据需求的产品有益。

（二）定量预测方法

1. 简单平均法

简单平均法是把过去不同时期的数据资料加总后，除以时间总数，算出每个时期的相关数据资料。例如，把去年每个月的销售数据加总后除以12，以此获得每个月的需求数量。

2. 移动平均法

移动平均法与简单平均法类似，其不同的地方在于先进行不同阶段的加总平均，再把分阶段的平均数据加总后取平均值。例如，以3个月为移动平均期间，将过去1年的销售数量从第1个月开始，用每3个月加总的平均值，累积成12个平均值后，求取最终的平均值作为预测的数据。

3. 时间序列分析法

时间序列分析法是运用一系列的变数值，在相同的时间间隔里，衡量这些数据的变化。这种方法主要应用于资料与时间具有某种关联性的预测，如产品销售。

4. 指数平滑法

指数平滑法是一种运用加权移动平均的预测技术。运用此方法越接近现在的资料，加权值越大；越远离现在的资料，加权值越小。也就是说，越接近现在的资料，预测的准确度就越高。这里的加权值就是它的平滑常数。

5. 回归分析法

回归分析法是进行因果预测的分析方法，主要是根据因变数与自变数之间的因果关系来预测未来的数据。

五、供应链预测体系

供应链管理是先有预测再有计划。预测提供了对于市场需求的假设和判断，而计划是基于预测的可执行目标。

> **即学即问**
> 在供应链运营中，哪种情况比较适合运用定量预测方法？

(一)战略预测

位于图 5-1 中金字塔最顶层的是战略预测,它服务于战略计划,以总量为单位,不同的企业会选择不同的指标,如总销售金额、总销售数量、总销售重量、总服务时间、总开工项目等。需要注意的是,由于服务于战略计划和决策,战略预测数据都是加总量,而不会展开到某个具体的产品或部件,甚至不会展开到细分的产品族或部件族。

战略预测往往需要结合宏观经济走势、竞争格局分析、国际政治形势、区域经济发展、政府政策变化、消费者需求特征、供应市场分析等要素,对未来市场总量和分布进行预测。

预测数据的来源分为两部分:一是定性分析,二是定量分析。企业往往需要结合两种数据进行综合判断,但通常在战略预测过程中,定性分析的比重会高于定量分析,也更考验企业高层的管理能力。

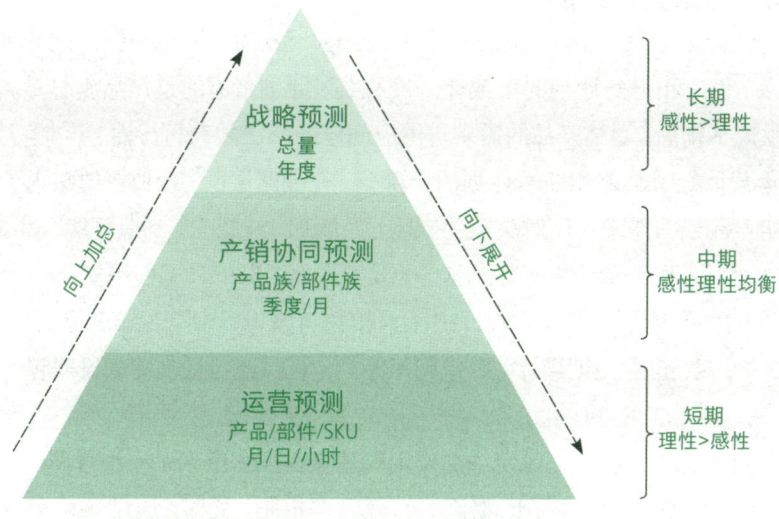

图 5-1 供应链预测体系

(二)产销协同预测

位于图 5-1 中金字塔中间层的是产销协同预测,它服务于产销协同计划,是一个总量预测,但是比战略预测更加具体。产销协同预测的重点在于协同,产销协同预测的数据来源于多个部门,如计划部门、销售部门、市场部门、财务部门等。这些部门的数据采用不同的计算口径和方法:计划部门基于历史数据,通过使用统计方法得出一套预测值;销售部门基于各区域销售人员的预估,通过自下而上的方法收集并汇总得出一套预测值;市场部门基于市场和产品的分析,通过自上而下的方法得出一套预测值;财务部门根据年度经营目标,将目标数据展开到季度和月,结合历史经营分析得出一套预测值。

(三)运营预测

位于图 5-1 中金字塔最下层的是运营预测，它服务于运营控制计划。不同于战略预测和产销协同预测所使用的总量预测，运营预测针对的是所有具体的、最小的产品或者部件单元：对于生产部门来说，它是具体的产品；对于采购部门来说，它是具体的材料；对于仓储物流部门来说，它是最小仓储或物流单元 SKU。不同的部门会有不同的统计方法，但是运营预测一定要展开到最小的管理单元 / 单位。对于运营预测而言，感性判断无法应对越来越复杂的各类事件，所以，应避免使用定性预测方法，更多地采用定量预测方法，最好是利用数学模型方法进行科学判断。

六、销售与运营计划

(一) 销售与运营计划的含义

销售与运营计划 (sales and operation planning, S&OP) 又称产销协同计划，是一种用于平衡需求、供应和财务计划的集成计划流程。该计划考虑的是产品族总量。产品族总量的需求与供应平衡后，具体产品的需求与供应问题的解决才有可行性。

销售与运营计划是战略和战术计划的一部分。在战略层面，企业需要深入了解特定地理区域或特定产品线的需求变化对决策的影响，如增加（或减少）制造产能、需要增加（或减少）劳动力，以及确定长期供应商管理。在战术层面，S&OP 流程可生成一个需要经高级管理层批准的生产计划，并据此制订主计划和物料需求计划。S&OP 流程的计划展望通常为 18~36 个月，包含短期周计划、中期月计划，有时还包括从计划日期起一年后的年度计划。

S&OP 在企业的决策和计划系统中的作用和意义在于它应用了流程管理的方法，产生了一个协调市场、销售、生产、采购、物流的有效管理机制。同时，通过滚动和整合计划的方法进行市场目标、财务目标、库存目标、服务目标和生产目标的适时合理调整，从而提高企业的整体运营效率。

(二) 销售与运营计划的内容

S&OP 是一种重复执行的企业级协作流程，流程参与者主要来自财务、运营、营销、销售和其他部门。除了需要解决整个计划周期内各团队之间的协调和沟通难题，销售与运营计划的主要内容还包括：

(1) 定期生成准确的关键需求和供应投入报告，以支持决策流程。

(2) 准备工作前分析，确认需求或供应变化，这是管理层在批准计划前必须考虑的因素。

(3) 就决策对客户服务、供应链成本和收入等关键绩效指标的影响对决策标准进行简洁说明。

(4) 制订新产品推出、现有产品停售后的新产品整合计划。

(5) 将多个系统中的大量数据集整合到一个切实可行的信息源中，用于创建报告并提供决策支持。

> **创新驱动强链强国**
>
> **上海电力智慧供应链的"最强大脑"**
>
> 电力企业的业务核心主要是输、配电网建设和运营，其供应链管理业务主要是物资管理，包括电力输送网络的建设、维护、应急抢修所需要的各项物资。物资供应直接影响电网的稳定安全，供应链是电力企业的基础和关键，但由于物资种类繁多，电力企业的供应链往往复杂难控。
>
> 上海电力供应链数字化转型起步早，进程快，在十余年的迭代进化中，紧紧跟随技术进步的脚步，引入移动互联网、云计算、大数据、物联网、人工智能、机器学习、流程引擎、可视化工具等新一代信息技术，应用供应链控制塔理念，构建以供应链智慧运营中心为大脑中枢的数字化、智能化、规范化、网络化的现代智慧供应链体系，其中供应链大计划系统是需求预测的"最强大脑"，成为牵动整个供应链体系运作的首要环节。
>
> 系统拥有自上而下和自下而上的双向预测体系，能够对历史数据进行清洗，对物资特性进行分析，进行智能匹配预测，从而实现需求计划的智能提报。通过搭建"预分配池"并将其作为供需间的缓冲地带，系统能够动态调整校验交货期，框架协议物资按月度形成未来 3 个月的滚动需求计划，通过滚动需求计划与框架协议剩余份额、供应商产能信息比较分析，根据供应商对需求计划的承诺及反馈，进行供应商的能力检验，提早发现供应商产能及框架协议的瓶颈，经过和供应商产能协同，形成最终的预分配计划，有效保障了物资供应。

第二节　供应链生产运作计划管理

本书以生产制造企业为例阐述供应链计划管理。供应链生产运作计划模型如图 5-2 所示。

一、综合生产计划

（一）综合生产计划的概念

综合生产计划（aggregate production planning，APP）决定一段时期内的产能、生产、转包、库存、缺货、定价的计划水平，考虑较长一段时期（通常计划期为 1 年）内资源和需求之间的平衡，又称为年度生产计划或生产大纲。其目的是在满足需求的前提下实现利润最大化。

> **即学即问**
>
> 如果你是一个生产运动鞋的品牌商，在制订生产计划时最困难的是什么？

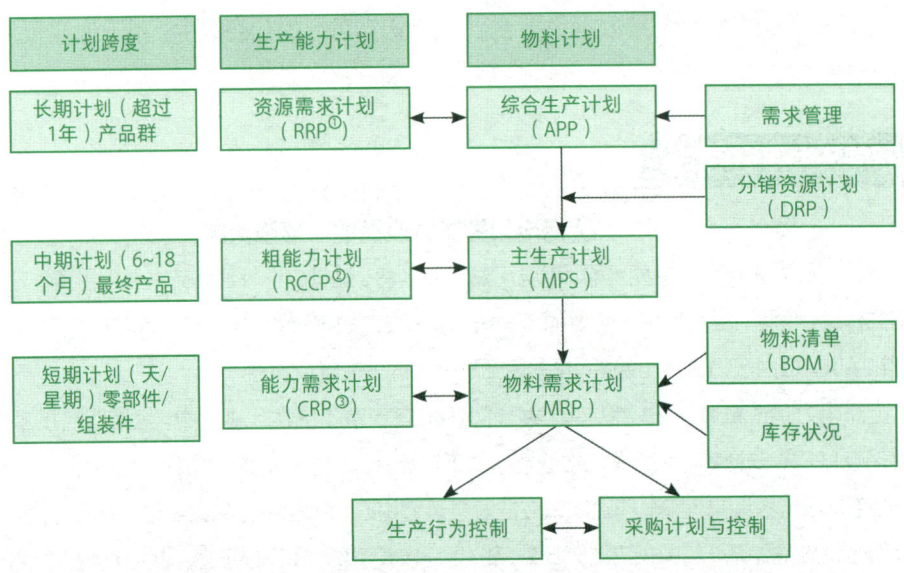

注：① RRP是指resource requirements planning
② RCCP是指rough-cut capacity planning
③ CRP是指capacity requirements planning

图 5-2　供应链生产运作计划模型

在供应链管理中，企业的生产计划编制过程表现为：具有纵向和横向的信息集成；能力平衡作用明显；计划循环过程突破了企业限制。

(二) 综合生产计划管理的关键问题

1. 柔性约束

承诺与柔性是供应商合同签订的关键要素。供应商合同表明了供应方对自身生产能力的权衡，需求方制订生产计划时应尽量与承诺一致。企业根据所承诺的数量来制订计划：用有限的、可预知的需求波动来代替可预测但不可控制的需求波动；供应方需要确定在已知需求的波动下最合理的产量，即库存费用与缺货费用之间的平衡。

2. 生产进度

生产进度信息既是企业检查生产计划执行状况的重要依据，也是滚动制订生产计划过程中用于修正原有计划和制订新计划的重要信息。生产进度计划信息共享，使上游企业通过了解下游生产企业的生产进度情况实现准时供应，下游企业了解到上游企业的生产进度后调节生产计划，避免出现供需脱节的现象。

3. 生产能力

任何企业在现有的技术水平和组织条件下，都具有最大的生产能力，但最大的生产能力并不等于最优的生产负荷。通过合同和协议，上游企业向每个相关下游企业提出一定的生产能力要求，并允许一定程度的浮动。这样，下游企业在编制生产计划时就必须考虑到上游企业这一能力的约束。

(三) 综合生产计划运作参数

1. 综合生产计划的运作指标

(1) 生产速率。单位时间（如每月或每周）完成的产品数量。

(2) 劳动力。生产需要的员工数量或产能数量。

(3) 加班量。计划加班时间的长短。

(4) 机器产能水平。生产需要的机器产能的单位数量。

(5) 转包。在计划期内的转包生产能力。

(6) 延期交货需求。当期没有满足而转移至未来期交付的需求。

(7) 现有库存。计划期内各个时期的库存持有水平。

2. 综合生产计划的输入信息

(1) 计划期。综合生产计划要产生一种结果的时间范围，通常为 3~18 个月，还必须明确计划期内每个周期的持续时间（周或月）。

(2) 需求预测。计划期内 T 个时期中每个时期 t 的需求预测 Ft。

(3) 工耗。单位产品需要的劳动力工时/机器台时。

(4) 生产成本。劳动力成本、转包生产成本、产能变更成本、库存持有成本、缺货或延期交货成本。

(5) 约束因素。加班的限制、解雇工人的限制、可用资本的限制、缺货或延期交货的限制。

3. 综合生产计划的产出信息

(1) 正常时间的生产量。取决于生产速率——单位时间内（月或周）完成的产品数量。

(2) 劳动力。生产需要的员工数量或产能数量。

(3) 机器产能水平。生产需要的机器产能的单位数量。

(4) 加班时间的生产量。与员工数量有关，加班量是计划加班的时间量。

(5) 转包时间的生产量。与从供应商处购买的数量水平有关。转包是指计划期内的转包生产能力。

(6) 解雇或雇用劳动力的数量。与可能遇到的劳资纠纷有关。

(7) 增加或减少的机器产能。是否需要购买新的生产设备或是否有闲置设备。

(8) 现有库存量。计划期内各个时期的库存持有水平，与仓库容量和运营资本的需求有关。

(9) 缺货或延期交付的数量。与顾客服务水平有关，延期交货量是没有满足而转移至未来期交付的需求。

(四) 综合生产计划的策略

1. 均衡策略

均衡策略是指将库存作为杠杆，保持稳定的设备产能和劳动力数量，不论需求如何变化，各计划期的生产任务量是均衡的，生产负荷稳定，利用率高（以不变应万变）。均衡策略的优点是人员稳定，设备利用率高；缺点是积压严重。均衡策略如图 5-3 所示。

> **即学即练**
>
> 为应对可能出现的需求突然爆发的情况，你会选择哪种生产策略？为什么？

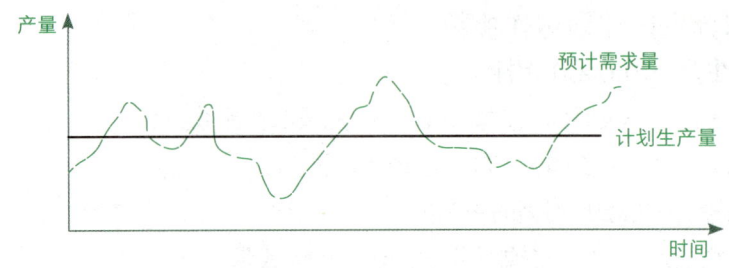

图 5-3 均衡策略

2. 追赶策略

追赶策略是指将产能作为杠杆,当需求水平发生变化时,通过调整设备产能或者雇用或解雇劳动力,生产水平就能够与需求保持同步。追赶策略的适用条件为:库存成本很高,而改变产能成本较低。追赶策略如图 5-4 所示。

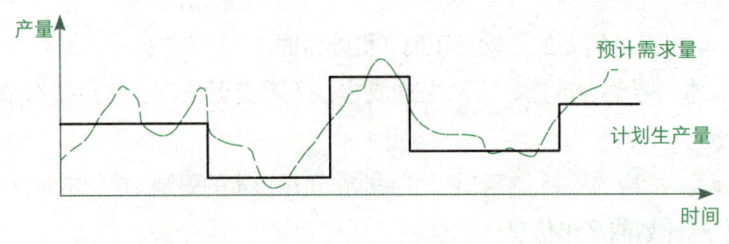

图 5-4 追赶策略

3. 时间柔性策略

时间柔性策略是指将利用率作为杠杆,劳动力和产能不变,通过改变工作时间或机器利用率来实现供给和需求的匹配。时间柔性策略的适用条件为:库存成本很高。这种策略用于存在过剩设备产能并且劳动力安排具有灵活性的情况。

二、主生产计划

(一) 主生产计划的含义

主生产计划(master production schedule,MPS),是闭环计划系统的一个部分,是确定每个具体的最终产品在每个具体时间段内生产数量的计划。它详细规定生产什么、什么时段生产,是独立需求计划。

主生产计划根据客户合同和市场预测,考虑了经营规划和销售规划,使生产规划与它们相协调。它着眼于销售什么和能够制造什么,把经营计划或生产计划中的产品系列具体化,使之成为展开物料需求计划的主要依据。这就能为企业制订一个合适的主生产进度计划,并且以粗能力数据调整这个计划,直到负荷平衡,起到了从综合计划向具体计划过渡的承上启下的作用。

主生产计划是计划系统中的关键环节。一个有效的主生产计划是企业对客户需求作出的一种承诺。它充分利用企业资源，协调生产与市场，实现生产计划中所表述的企业经营目标。主生产计划在计划管理中起"龙头"作用，决定了后续的所有计划及制造行为的目标。它在短期内作为物料需求计划、零件生产计划、订货优先级和短期能力需求计划的依据；在长期内作为本企业生产能力、仓储能力、技术人员、资金等资源长期计划的依据。

（二）主生产计划的输入输出

主生产计划的输入输出如图 5-5 所示。它是由预测、客户订单和生产计划所驱动的，根据能力和产品提前期的限制，来识别生产品种，安排生产时间，确定生产数量。

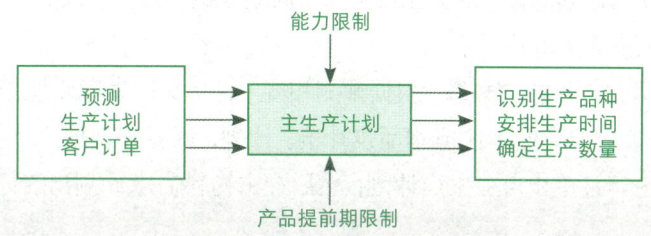

图 5-5　主生产计划的输入输出

（三）主生产计划的计划对象

主生产计划的计划对象主要是把生产计划中的产品系列具体化以后的出厂产品，通称最终项目（end item）。最终项目通常是独立需求件，对它的需求不依赖于对其他物料的需求而独立存在。但是，由于计划范围和销售环境不同，作为计划对象的最终项目，其含义也不完全相同，如表 5-2 所示。

表 5-2　各种制造环境下 MPS 计划对象与计划方法

销售环境	计划依据	计划对象	计划方法	应用范围
现货生产 MTS（make-to-stock）	主要根据市场预测安排生产；产品完成后入库待销，要进行促销活动	独立需求类型物料	单层 MPS 制造 BOM 计划 BOM	大批生产的定型产品，如日用消费品
订货生产 MTO（make-to-order）	根据客户订货合同组织生产	独立需求类型物料	单层 MPS 制造 BOM	标准定型产品
订货组装 ATO（assemble-to-order）	产品成系列，有各种变形，根据合同选择装配	通用件、基本组件及可选件	多层 MPS 总装 FAS[①] 计划 BOM 制造 BOM	标准系列产品，有可选项
专项生产 ETO（engineer-to-order）	根据客户要求专门设计	独立需求类型物料	单层 MPS 制造 BOM	单件或小批生产

注①：FAS 是指 final assemble schedule，即最终装配计划。

主生产计划中的最终项目可以是产品、主要组件、虚拟物料单中的组件，甚至可以是产品结构中最高层次上的单个零件。主生产计划是对最终项目的需求日期和数量的说明。

三、物料需求计划

（一）物料需求计划的含义

根据中华人民共和国国家标准《物流术语》（GB/T 18354—2021）的定义，物料需求计划（material requirements planning，MRP）是利用一系列产品物料清单数据、库存数据和主生产计划计算物料需求的一套技术方法。根据产品结构各层次物品的从属和数量关系，以每个物品为计划对象，以完工日期为时间基准倒排计划，按提前期长短区别各个物品下达计划时间的先后顺序。

物料需求计划是一种推式体系，根据预测和客户订单安排生产计划。这种方法是为效率最大化和大批量生产降低单位成本而设计的。计划、调度并管理生产以满足实际和预测的需求组合。生产订单出自主生产计划，然后经由物料需求计划出的订单被"推"向工厂车间及库存。

（二）物料需求计划的特点

1. 需求的相关性

在流通企业中，各种需求往往是独立的。而在生产系统中，各种需求之间具有相关性。例如，根据订单确定了所需产品的数量之后，由新产品结构文件 BOM 可推算出各种零部件和原材料的数量，这种根据逻辑关系推算出来的物料数量称为相关需求。不但品种数量有相关性，需求时间与生产工艺过程的决定也有相关性。

2. 需求的确定性

MRP 的需求都是根据主生产计划、产品结构文件和库存文件精确计算出来的，对品种、数量和需求时间都有严格要求，不可改变。

3. 计划的复杂性

MRP 要根据主产品的生产计划、产品结构文件、库存文件、生产时间和采购时间，把主产品所有零部件的需要数量、时间、先后顺序等准确计算出来。当产品结构复杂，零部件数量特别多时，其计算工作量非常庞大，人力根本不能胜任，必须依靠计算机实施这项工程。

（三）物料需求计划的基本结构

物料需求计划的原理如图 5-6 所示。

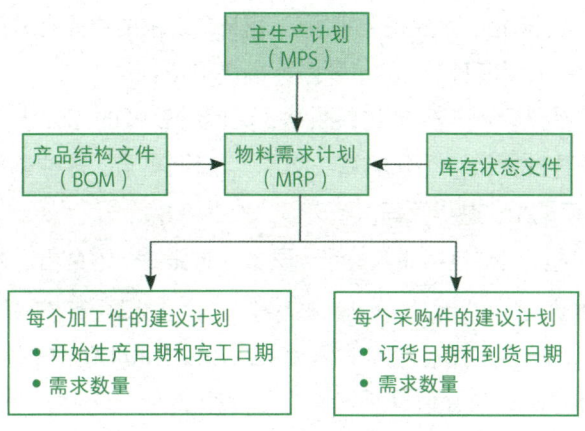

图 5-6　物料需求计划（MRP）的原理

1. 主生产计划（MPS）

主生产计划前文已详细讲述，以下主要讲解产品结构文件和库存状态文件。

2. 产品结构文件

产品结构文件（bill of materials，BOM）也叫物料清单，是 MRP 的核心文件。它在物料分解与产品计划过程中占有重要地位，是物料计划的控制文件，也是制造企业的核心文件。

3. 库存状态文件

MRP 中库存状态文件的数据主要有两部分：一部分是静态数据，即在运行 MRP 之前就确定的数据，如物料编号、描述、提前期、安全库存等；另一部分是动态数据，如总需求量、库存量、净需求量、计划发出（订货）量等。MRP 在运行时，不断变更的是动态数据。

四、分销资源计划

（一）分销资源计划的含义

分销资源计划（distribution requirement planning，DRP）主要是帮助企业实现销售流程管理、价格体系管理、收付管理、库存合理配置等一系列企业与分支机构、经销商之间的信息流、资金流、物流的信息管理系统，对于一组仓库和零售商，确定合适的配送路线和存货政策，目的是使企业对订单和供货具有快速反应和持续补充库存的能力。它主要解决分销产品的供应计划和调度问题，达到既保证有效满足市场需要，又使得配置费用最省的目的，是 MRP 原理与方法在物流配送中的运用。

（二）分销资源计划系统

DRP 是基于信息技术和预测技术对不确定的顾客需求进行预测分析，以规划、确定配送中心的存货、生产、派送等能力的计划系统。DRP 系统可以实现对成本、库存、产能、作业等的良好控制，从而达到顾客完全满意。DRP系统主要由库存管理、质量控制、预测仿真、运输管理、计划/调度管理、订单管理等模块组成。

（1）库存管理。库存管理既保证物料供应，又保持较低的库存水平，包括交互的库存量查询、货位调控（通过货位自动分配算法实现）、周期盘点、各种类型材料库存（不良品和多余品等）、出入库记录、退货管理。

（2）质量控制。质量控制包括质量标准、质量信息跟踪、不合格品停止发货、质量统计报告及质量记录与分析。

（3）预测仿真。预测仿真通过对原始数据的回归分析和时间序列分析，对库存、订单、产能进行预测，对库存进行交互仿真查询。

（4）运输管理。运输管理建立承运商数据库，并以此数据库对不同发货地点的承运商进行选优；对待发出的货物自动产生运单和发货通知，分类产生货运费用报告、到货及时率报告；对发出和收到的货物进行跟踪记录、报关记录及分析。

（5）计划/调度管理。计划/调度管理通过对实际订单情况和对顾客需求的预测，产生生产计划和资源（人员、设备、物料、场地）年度和月度需求计划，并在此基础上每周排产。

（6）订单管理。订单管理对各种不同类型顾客不同类型的订单进行记录、追踪、查询和分析。特别注意的是，顾客退货订单的记录、追踪、查询；根据产能、原材料及运输数据提供给顾客估算的发货期；随时产生进程报告。

和合自主铸链兴企

中国商飞发挥链长制优势带动国产大飞机产业链发展壮大

2023年5月18日，中国首架具有自主产权的干线客机C919从上海虹桥机场起飞，稳稳降落在北京首都国际机场。中国人自己的大飞机正式投入商用，"工业皇冠上明珠"终于被中国人摘下。国产大飞机的成功，与中国商用飞机有限责任公司（简称"中国商飞"）充分发挥国有企业"以大带小"的作用，带动大飞机产业链供应链创新链不断发展壮大密不可分。

中国商飞是国务院、国资委确定的首批6家中央企业链长企业，承担大飞机产业链的核心技术国产化和飞机整体产业链搭建的重任。中国商飞主动研判国内各省、市政府的长期经济发展规划，与有明确意愿发展航空业、培育航空产业链、建设航空产业集群的地方政府开展对接沟通，与多个省市签订了战略合作协议，将地方产业优势和中国商飞航空产业链整合优势强强组合、优势互补。中国商飞发挥主制造商的优势，大力支持当地企业承担大飞机产业链相关模块的科技创新工作，积极为参与并承接中国商飞零部件配套项目的企业提供业务、资源对接支持，指导企业建立设计保证体系、质量管理体系、适航验证体系，提供航空领域相关标准、规范、程序等技术支持和培育，帮助相关企业找准产业切入点，加快进入航空产业链。

中国商飞依托政府支持，牵头建设了大飞机创新谷和大飞机产业园，依托这两大平台实现资源共享，为跨企业的协同创新提供有力保障。大飞机创新谷作为中国商飞充分发挥新型举国体制优势、集中各方力量开展技术攻关的重要载体，聚焦在空间上连通从工程到技术到科学的创新链，相关工程问题会被分解、转化为技术问题,由中国商飞与创新谷内的合作企业围绕技术问题展开联合攻关。如果问题还涉及科研问题,就进一步协同高校、科研院所开展攻关。大飞机创新谷通过创新资源的空间集聚和匹配的工作机制,形成了以主制造商为核心、以"产学研用"为纽带的技术创新体系。大飞机产业园基于"围绕总装、服务总装、保障总装"的思路,围绕大飞机总装基地建设了祝桥航空产业园,这是衔接产业链和创新链的重要载体。祝桥航空产业园依托国家优惠政策,吸引了大批企业入驻,有效加速了上下游总装配套企业集聚,形成产业集聚合力。

第三节 供应链库存控制

一、库存与库存管理

(一) 库存

1. 库存的概念

根据中华人民共和国国家标准《物流术语》(GB/T 18354—2021)的定义,库存(inventory)是储存作为今后按预定的目的使用而处于备用或非生产状态的物品。广义的库存还包括处于制造加工状态和运输状态的物品。

库存中的存货是一种重要的流动资产,对存货实施科学的管理,可以降低企业平均资金的占用水平,加快存货的流转速度和总资产周转率,从而提高企业的经营效益。同时,对存货实施科学管理,并在此基础上决策,是降低企业生产成本的重要环节。

2. 库存分类

按照不同标准划分的库存分类如表5-3所示。

表5-3 库存分类

标准	库存类型	含义说明	影响因素
按库存作用分类	周转库存	也称循环库存,是为满足日常生产经营需要而保有的库存	采购批量
	安全库存	是用于应对不确定性因素(如大量突发性订货、交货期突然延期等)而准备的缓冲库存	库存安全系数 库存服务水平
	在途库存	处于运输状态,以及停放在港口、仓库等节点上的库存	运输时间以及该期间的平均需求
	投机库存	持有库存不是为了满足目前的需求,而是出于其他原因,如价格上涨、物料短缺等而囤积的库存	心理预期 事件状态

续表

标准	库存类型	含义说明	影响因素
按库存作用分类	季节性库存	生产季节开始之前累积的库存，目的在于保证稳定的劳动力和生产运转	需求预测 销售策略等
按生产过程分类	原材料库存	企业已经购买、但还未投入生产的存货	库存计划、采购计划
	在制品库存	经过部分加工，尚未完成的半成品存货	生产计划、生产策略
	产成品库存	已经制造完成并正在等待装运发出的存货	生产计划、库存计划
按用户需求分类	独立需求库存（客户需求）	用户对某种库存物品的需求与其他种类的库存无关，表现出对这种库存需求的独立性，这种需求是由市场决定的，一般不可控	市场预测 客户订单
	相关需求库存（生产需求）	企业对某种库存物品的需求与其他种类的库存有关，企业可以精确计算出它的需求量和需求时间，是一种确定性需求，可控	产品结构 生产计划 物料清单

某电商企业的库存分类如表5-4所示。

表5-4 某电商企业的库存分类

项目	业务定义	计算逻辑
可销售库存 （S，sellable inventory）	网站前台显示的库存，可以对外售卖的库存	可销售库存＝总库存－订单占用库存－不可销售库存－活动库存－已销售库存
活动库存 （A，activity inventory）	从可销售库存中分配固定数量的商品给相应的活动	需要针对某一SKU手工设置数量
订单占用库存 （O，order occupied inventory）	下单时占用库存，保证客户下单后支付的订单都是有货可发的	所有待支付订单中的某一SKU数量总和。（下单待支付的库存不是从"可销售库存"中扣减的，而是锁定的，未支付交易关闭时会自动解锁。）
不可销售库存 （U，unsellable inventory）	售后退货的库存	所有售后申请单中某一SKU退货的数量总和
已销售库存	统计商品已售数量。支付成功后，商品就算作已销售库存。发生退货的不算作已销售库存	所有待发货、已发货、已收货的订单中某一SKU的数量总和

（二）库存管理

1. 库存管理的含义

库存管理（inventory management）是指为了满足企业生产经营的需要而对计划存

储、流通的有关物料进行管理的活动。其主要内容包括库存信息管理及在此基础上所进行的决策与分析工作。

库存管理的目的是在保证满足顾客需求的前提下，通过对企业的库存水平进行合理控制，达到降低库存总成本，提高服务水平，增强企业竞争力的目的。

2. 库存管理绩效指标

（1）平均库存值。平均库存值是指某时段范围内全部库存物品价值之和的平均值。通过该指标，可以让企业管理者了解企业资产的库存资金占用状况。平均库存值的计算公式为：

$$平均库存值 = \frac{期初库存值 + 期末库存值}{2}$$

（2）可供应天数。可供应天数是指现有库存能够满足多长时间的需求。可供应时间的计算公式为：

$$可供应天数 = \frac{平均库存值}{日需求量}$$

（3）库存周转率。库存周转率是指在一定期间内库存周转的速度。库存周转率的计算公式为：

$$库存周转率 = \frac{一定期间的销售额}{一定期间的平均库存值}$$

（三）供应链中的库存问题

以整个供应链为考察对象，如果供应链中的各企业主体分别独立采用传统库存控制模式，那么就会出现两个问题：

1. 供应链需求放大现象

当供应链上各节点企业只根据来自其相邻的下级企业的需求信息进行生产或制定供应决策时，需求信息的不真实性会沿着供应链逆流而上，产生逐级放大的现象，当到达源头供应商时，其获得的需求信息和实际消费市场中的顾客需求信息就会发生很大的偏差，需求变异系数比分销商和零售商的需求变异系数大得多。该效应也被称为牛鞭效应（bullwhip effect）。

2. 供应链上的不确定性

供应链上的不确定性的表现形式有两种：一是企业之间或部门之间存在的衔接不确定性；二是由于组织内部缺乏有效控制机制所导致的运作不确定性。供应链不确定性的来源主要有三个方面：供应者不确定性、生产者不确定性和顾客不确定性。

二、库存控制模型

库存控制（inventory control），是指在保障供应的前提下，为使库存物品的数量合理所进行的有效管理的技术经济措施。

> **即学即问**
> 供应链中需求放大现象产生的原因有哪些？

独立需求库存控制，主要是确定订货点、订货量、订货周期等参数。一般采用订货点法确定何时订货，采用经济订货批量法确定每次订货的最佳批量。独立需求库存控制模型一般分为定量库存控制模型和定期库存控制模型两种。

(一) 定量库存控制模型

> **即学即问**
> 请举出三个你认为适合定量库存控制模型的产品，并说明理由。

定量库存控制也称订货点控制，该法也称定量订货法。该模型主要建立在以下条件的基础上：订货批量固定、订货提前期固定、产品价格固定、产品需求固定。定量库存控制的方法具有两个基本特点：一是"双定"，即订货点和订货批量都是固定的；二是"定量不定期"，即由于物料的消耗不均衡，若每次订购的货物批量都相同，则订货间隔期往往不同。按照该模型进行库存控制，就需要连续不断地检查库存量，当库存下降到订货点时，按固定的订货数量向供应商订货，故该模型也称连续检查库存控制模型。

按照该模型进行库存控制，需要确定订货点和订货批量两个参数。

1. 订货点的确定

订货点即订购点，也称再订货点或再订购点，是指当库存量下降到必须再次订货的时间点时，仓库所具有的库存量。其计算公式为：

$$订货点 = 日平均消耗量 \times 订货提前期 + 安全库存量$$
$$ROP = D/365 \times L + SS$$

式中：ROP ——（再）订货点；

D ——库存物品的年需求量或年需求率（件/年）；

L ——订货提前期（天）；

SS ——安全库存量（件）。

其中，安全库存量的设定，需要考虑库存物品的需求特性及订货提前期等因素。一般可根据客户的重要度和产品特性手工设置安全系数（安全系数与库存服务水平有关）。安全库存量可以根据需求量变化、提前期固定，提前期变化、需求量固定，需求量和提前期同时变化三种情况，分别通过计算来确定。

2. 订货批量的确定

定量库存控制模型中的订货批量是指经济订货批量（economic order quantity, EOQ），是指通过平衡采购进货成本和保管仓储成本核算，实现总库存成本最低的最佳订货量。理想的经济订货批量是指既不考虑缺货，也不考虑数量折扣及其他问题的经济订货批量。其计算公式为：

$$EOQ = \sqrt{\frac{2DC}{PF}} = \sqrt{\frac{2DC}{H}}$$

式中：D ——库存物品的年需求量或年需求率（件/年）；

C ——单次订购费用（元/次）；

P —— 单位物品的购进成本（元/件）；

F —— 每件存货的年保管费用占其价值的百分比；

H —— 单位库存保管费用（元/件·年）。

在实际运作中，多种因素可能引起缺货。在这种情况下，允许缺货的经济订货批量就是指订购成本、储存成本和缺货成本最小时的订货批量。在实际应用 EOQ 公式时，除了考虑缺货成本外，一般还要考虑采购数量折扣和运输数量折扣等因素对总成本的影响。

3. 定量订货法的适用范围

定量订货法主要适用于需求量大、需求波动性大、缺货损失较大的库存物品的控制。具体而言，主要适用于以下物品：

(1) 消费金额高、需要实施严格管理的重要物品。

(2) 根据市场状况和经营方针，需要经常调整生产或采购数量的物品。

(3) 需求预测困难的物品等。

（二）定期库存控制模型

定期库存控制也称固定订货周期控制，以这种模型进行订货的方法称为定期订货法。采用该方法控制库存具有两个基本特点：一是"双定"，即预先确定订货周期和最大库存水平；二是"定期不定量"。由于物料消耗不均衡，若订货间隔期相同，则每次订货的数量都不相同。按照该模型进行库存控制，就需要周期性地检查库存水平，将库存补充到最大。因此，该模型也称为周期性检查库存控制模型。采用该模型进行库存控制，即使不存在固定的订货点，也要设立安全库存量。

> **即学即问**
>
> 请举出三个你认为适合定期库存控制模型的产品并说明理由。

该模型进行库存控制需确定三个参数：订货周期、最大库存量与订货量。

1. 订货周期

这里的订货周期指订货间隔期，是指两次订货的相邻时间间隔。一般按照经济订货周期求解。经济订货周期（economic order interval，EOI），是指通过平衡采购进货成本和保管仓储成本核算，实现总库存成本最低的最佳订货周期。

2. 最大库存量

最大库存量一般是通过对库存物品需求的预测来确定的，应该满足订货周期、订货提前期和安全库存三方面的要求。其计算公式为：

$$Q_{\max} = R_d(T + L_t) + SS$$

式中：$Q_{\max}$ —— 最大库存量（件）；

R_d —— $T + L_t$ 期间对库存物品的平均日需求量（件/天）；

T —— 订货周期（天）；

L_t —— 平均订货提前期（天）；

SS —— 安全库存量（件）。

对于定期订货法，安全库存量的设定和计算方法与定量订货法类似。但要注意，该方法与定量订货法的区别是，需要在订货周期（订货间隔期）内具备一定的安全库存。

3. 订货量

订货量即库存补充量。其计算公式为：

$$Q_i = Q_{max} - Q_{ni} - Q_{ki} + Q_{mi}$$

式中：Q_i ——第 i 次订货的订货量（件）；

Q_{max} ——最高库存量（件）；

Q_{ni} ——第 i 次订货点的在途到货量（件）；

Q_{ki} ——第 i 次订货点的实际库存量（件）；

Q_{mi} ——第 i 次订货点已售待出库货物数量（件）。

使用定期订货法可以减少库存控制的工作量，但由于库存消耗的不均衡，缺货风险高于定量订货法，因此，该方法主要适用于需求较稳定或需求量不大、缺货损失较小的库存物品的控制。

三、供应链库存管理策略

供应链下的库存控制主要采用以下三种策略：

（一）供应商管理库存

1. 供应商管理库存的概念

中华人民共和国国家标准《物流术语》（GB/T 18354—2021）对供应商管理库存（vendor managed inventory, VMI）的定义是：按照双方达成的协议，由供应链的上游企业根据下游企业的物料需求计划、销售信息和库存量，主动对下游企业的库存进行管理和控制的库存管理方式。供应商管理库存如图 5-7 所示。

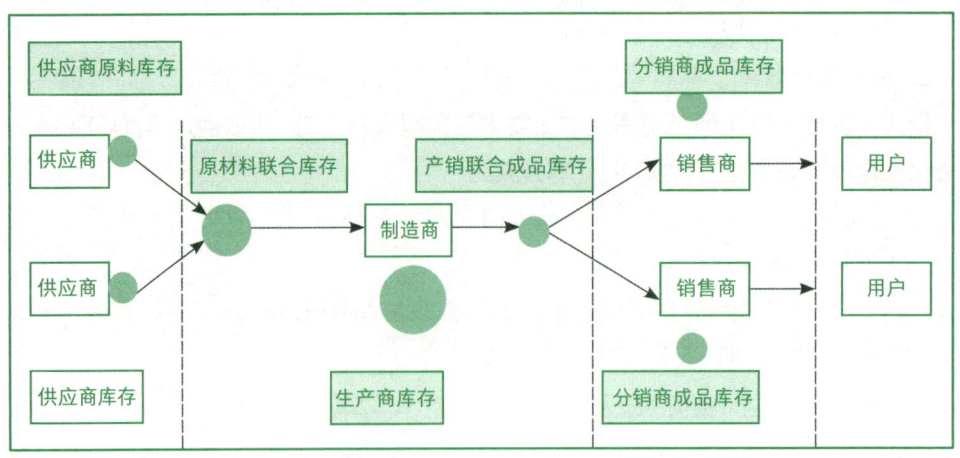

图 5-7　供应商管理库存

VMI 的核心思想是供应商在用户的允许下设立库存，确定库存水平和补给策略，拥有库存控制权。即供应商在共享用户的销售数据、MRP 信息及库存信息的前提下，主动预测需求，制订建议订单和补货计划，在用户确认的基础上实施有效补货。实施 VMI，供需双方都变革了传统的独立预测需求模式，最大限度地降低了需求预测的风险与不确定性，降低了交易费用和供应链系统成本。

2. 供应商管理库存的步骤

供应商管理库存策略可以分为如下几个步骤：

第一，建立供应链信息集成系统。供应商要有效地管理库存，必须拥有一个良好的信息沟通平台，使供应商能够获得与顾客有关的需求信息并共享信息。

第二，建立完备的物流管理系统。供应商要很好地管理库存，必须建立起完善的物流管理系统，保证产品需求信息和物流畅通，有效降低物流成本。

第三，建立供应商与分销商合作框架协议。合作伙伴之间进行密切合作，共享利益，共担风险。

第四，组织结构变革。VMI 策略改变了供应商的组织模式，为了适应新的管理模式，需要根据供应商管理库存的工作流程来对组织机构进行相应调整。

（二）联合库存管理

1. 联合库存管理的概念

联合库存管理是一种在 VMI 的基础上发展起来的上下游企业权利责任平衡和风险共担的库存管理模式。根据中华人民共和国国家标准《物流术语》（GB/T 18354—2021）的定义，联合库存管理（joint managed inventory，JMI）是供应链成员企业共同制订库存计划，并实施库存控制的供应链库存管理方式。JMI 体现了供应链战略联盟的新型企业合作关系，强调了供应链成员企业之间的互利与合作。

联合库存管理强调双方同时参与，共同制订库存计划，使供应链过程中的每个库存管理者（供应商、制造商、分销商）都从相互之间的协调性考虑，保持供应链相邻两个节点之间的库存管理者对需求预期的一致，任何相邻节点需求的确定都是供需双方协调的结果，从而消除需求变异放大现象。联合库存管理的结构如图 5-8 所示。

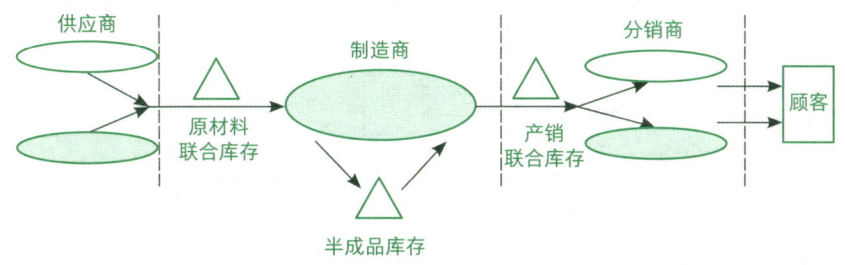

图 5-8　联合库存管理结构

2. 联合库存管理的实施策略

（1）建立有效的协调管理机制。为了发挥联合库存管理的作用，供需双方必须本着互惠互利的原则，建立共同的合作目标、合作沟通渠道和公平的利益分配制度，为供应链的联合库存管理提供有效的协调管理机制。供应商与分销商的协调管理机制如图 5-9 所示。

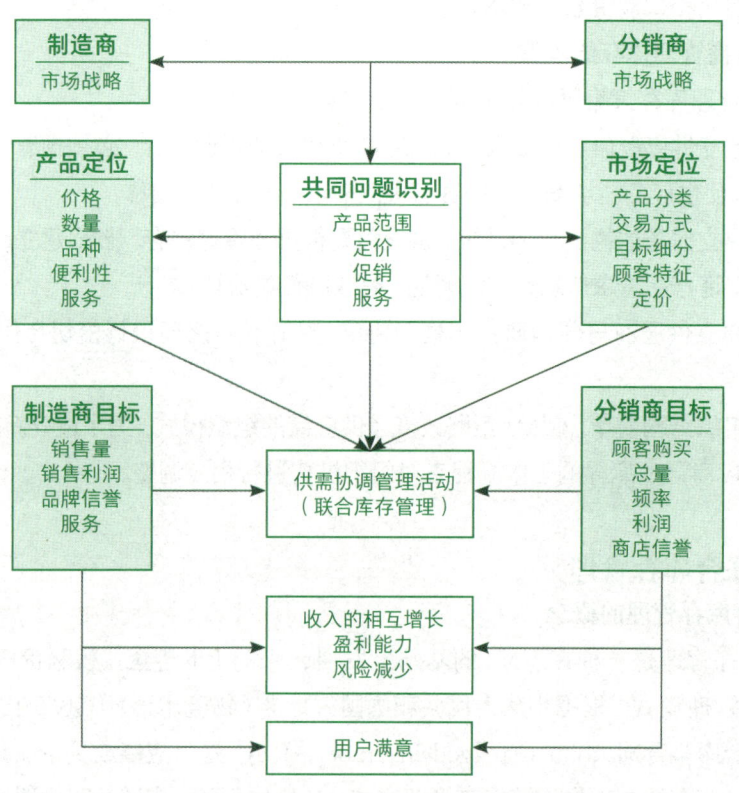

图 5-9 供应商与分销商的协调管理机制

（2）充分利用现代信息技术与资源管理系统。采用物联网、大数据、云计算、工业互联网、移动互联网等技术实现信息快速实时共享；利用 MRPII、DRP、QR、ECR 等管理系统与方法，实现科学计划与快速响应。

（3）发挥第三方物流系统的作用。第三方物流系统是供应链集成的一种技术手段，为用户提供各种专业物流服务。把库存管理的部分功能代理给第三方物流系统管理，可以使企业将精力集中于自己的核心业务，同时降低企业成本。第三方物流系统在供应链中的作用如图 5-10 所示。

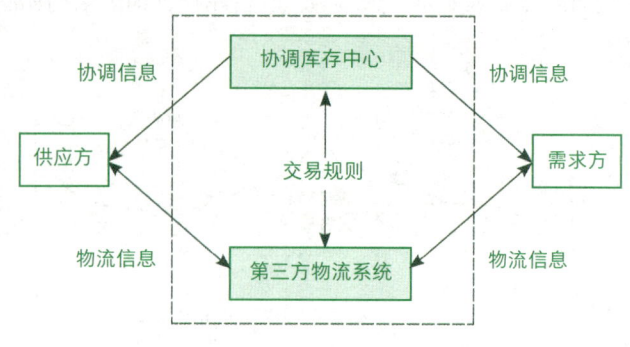

图 5-10 第三方物流系统在供应链中的作用

(三) 多级库存优化与控制

1. 多级库存优化与控制的概念

多级库存优化与控制是在单级库存控制的基础上形成的。基于协调中心的联合库存管理是一种战略联盟式供应链库存管理策略，是对供应链进行局部优化控制，而要进行供应链的全局性优化与控制，必须采用多级库存优化与控制方法。因此，多级库存优化与控制是对供应链资源的全局性优化。多级库存优化与控制一般至少包括供应、生产、分销三个层次，多级供应链库存模型如图5-11所示。

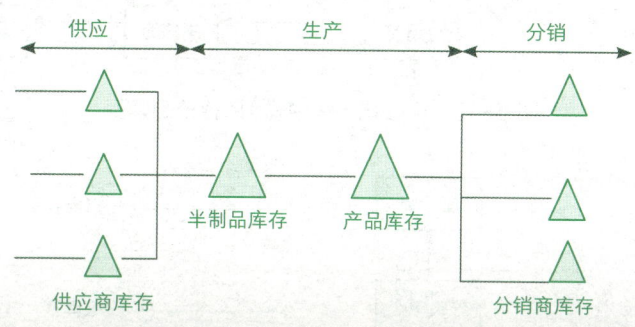

图5-11　多级供应链库存模型

在多级库存控制策略中，可采用"级库存"取代"点库存"来应对需求放大现象。在一个销售系统中，每个阶段或层次称为一级。系统每个阶段或层次的库存等于该级库存加上所有下游库存。采用多级库存控制策略后，每个库存点不但要检查本级库存点的库存数据，而且要检查其下游需求方的库存数据。根据多级库存控制策略作出的库存决策，是基于对其下游企业库存状态的掌握，因此完全避免了信息扭曲现象。

2. 多级库存优化与控制策略

多级库存优化与控制策略主要有两种：一是中心化（集中式）库存控制策略，二是非中心化（分布式）库存控制策略。

（1）中心化（集中式）库存控制策略。中心化（集中式）库存控制策略是将库存中心放在核心企业上，由核心企业对供应链系统进行控制，协调上游企业与下游企业的库存活动，这样，核心企业同时成了供应链上的数据交换中心，担负着数据的集成与协调功能。实施中心化库存优化控制策略的目标是使供应链上总的库存成本最低。中心化（集中式）库存控制模型如图5-12所示。

（2）非中心化（分布式）库存控制策略。非中心化（分布式）库存控制策略是各个库存点独立采取各自的库存策略。它把供应链的库存控制分为三个成本归结中心，即制造商成本中心、分销商成本中心和零售商成本中心。各个中心根据自己的库存成本最优化原则作出库存控制策略，订货点的确定可以完全按照单点库存的订货策略进行。非中心化（分布式）库存控制策略在管理上比较简单，能够使企业根据自己的情况独立作出决策，有利于发挥企业的自主性和灵活性。非中心化（分布式）库存控制模型如图5-13所示。

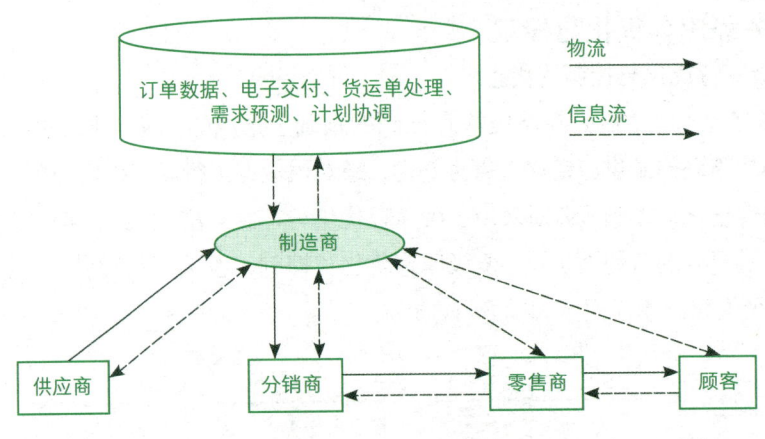

图 5-12　中心化（集中式）库存控制模型

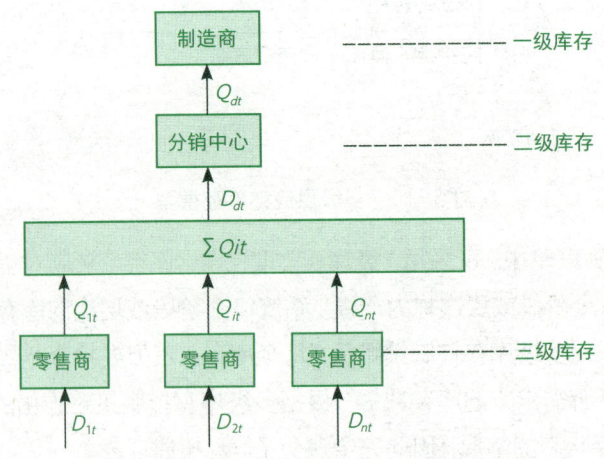

图 5-13　非中心化（分布式）库存控制模型

第四节　数字化供应链计划

一、数字化供应链计划的内涵

微课：
数字化供应
链计划

数字化供应链计划（digital supply chain plan，DSCP），即通过供应链上下游之间的互联互通，运用大数据、智能学习算法等，精准预测客户需求，将产品计划、需求计划、采购计划、生产计划、库存计划、销售计划等供应链运营中的所有计划进行整合和协调，提高供应链的响应速度和准确性。未来供应链计划的全面数字化智能化，将实现端到端供应链同步计划和自主计划。

(一)数字化供应链计划的优势

数字化供应链计划具有以下优势:

1. 提高运营效率

通过实时数据共享和智能化决策,减少信息不对称和决策时间,提高供应链运营效率。

2. 降低成本

通过优化供应链各环节的运作和资源配置,降低库存成本和运输成本,提高供应链的经济效益。

3. 提升顾客满意度

通过精确预测市场需求和快速响应,提高供应链的灵活性和顾客满意度。

(二)实施数字化供应链计划应注意的问题

数字化供应链计划的实施必须注意以下问题:

1. 数据质量

数据的准确性和完整性对于有效的供应链计划至关重要。企业必须重视数据管理系统和流程,以确保数据准确、一致和最新。

2. 系统集成

数字化供应链计划需要集成多个系统和数据源。企业必须确保系统可以相互通信,并且可以在整个组织内轻松共享数据。

3. 技能和专业知识

数字化供应链计划需要一套新的技能和专业知识,包括数据分析、机器学习和人工智能。企业必须投资于培训和发展计划,以确保其员工具备有效使用数字化供应链计划工具所必需的技能。

二、数字化供应链计划的应用场景

数字化供应链计划通过感知和预测市场对产品和服务的需求,结合供应能力、现有库存和实际产能,考虑供需的可变性,达成产销共识计划,并通过协作、预测和持续优化相关活动实现自动化。涵盖企业的需求计划、供应计划、库存优化计划、产销协同计划和生产计划等。数字化供应链计划的应用场景包括:

1. 供应链控制塔

提供跨地域、部门和模式的供应链可视和可控能力。监控、管理和帮助控制整个供应链上所有功能的决策和执行。实现整个生态系统之间的协作,并使用人工智能赋能决策和自主控制。

2. 供应链网络规划与优化

以企业中长期发展战略和客户需求为中心，以市场定位、增长计划和财务目标等业务目标为依据，建立完整的供应链网络模型，平衡成本、效率和风险，提前规划并持续改进与业务目标相匹配的产品品类、供应能力、生产能力和仓配网络布局。合理的规划和快速敏捷的优化将帮助企业降低供应链运营的复杂度，从供应链层面支撑企业实现业务目标。

3. 需求计划

感知和预测产品或服务需求，以准确地生产产品或服务，进而高效地将产品或服务提供给客户/消费者。供应链的日益复杂使得预测变得更加困难，合格的需求计划系统对建立更高效、更敏捷的供应链至关重要。

4. 库存计划

在考虑需求和供应变化的同时，在一系列不同的产品上平衡库存投入和服务水平目标。企业能够通过多级优化措施，实现包括组件/配料、在制品和成品在内的各种形式库存的优化。

5. 供应计划

力求以合理的方式满足需求规划过程中产生的供应需求，确保供应计划充分满足需要，实现企业业务和财务目标。

6. 产销协同计划

产销协同计划是一个跨职能、共识的规划过程，通过将预期需求与可用供应相匹配，将业务/市场需求机会转化为可操作的运营计划。供应链的日益复杂，使得共识性规划变得更具挑战性。例如，预测误差的影响，以及企业对供应情况和限制因素缺乏充分了解等。

7. 生产计划

以按时保质保量、最低成本完成生产任务为目标，综合考虑"人、机、料、法、环、测"等生产资源约束条件和业务规则，生成和评估不同方案后，为生产过程制订最优的生产排程、运输调度和人员排班计划。当紧急插单、设备故障或物料中断等外部条件发生变化时，能够快速响应，滚动生成新的可执行生产计划。

三、数字化供应链计划的框架结构

数字化供应链计划贯彻从战略到运营的全局性和系统性，框架结构包括管理层级和核心技术两个体系。

（一）数字化供应链计划的管理层级

数字化供应链计划的管理层级分为以下三个层次：

（1）顶层是战略层（供应链控制塔）。它包括可视、预测和决策三大功能模块。

（2）中层是计划层。它包括供应链网络计划及优化，其中包含产品、产能、仓配和供应能力四大计划。

（3）下层是运营层。它包括需求计划、库存计划、产销协同计划、供应计划、生产计划（包含生产排程、运输调度、人员排班）等。

（二）数字化供应链计划的核心技术

数字化供应链计划的核心技术主要是人工智能和云计算。

（1）人工智能。人工智能能够在预测工作中使用实时数据，通过大数据分析技术和应用机器学习算法，考虑多种因素（如天气、社交媒体数据、竞争对手的行为），更准确地预测需求趋势和波动。人工智能还可以根据实时需求分析结果，动态更新供应计划，以优化供应链流程，最大限度地节省资源、减少浪费。

（2）云计算。云计算能够提供强大的计算能力，支持供应链中大量数据处理和分析的需求，有效进行计划安排和决策制定。云计算可以实现供应链环节的实时监控和数据反馈，可以追踪物流运输、库存状态、订单处理等供应链信息。通过云计算平台，供应链计划人员能够随时随地访问数据，及时掌握供应链运营情况并做出相应的调整和改进，提高供应链的响应速度和灵活性。

数字化供应链计划体系除以上模块和技术外，还需要物联网、区块链、数字孪生等数字技术作为供应链计划的数字底盘，以及更多的外部系统（如CRM/SRM、金融系统、PLM等业务系统）作为供应链计划的数字扩展。

四、数字化供应链计划的实施

数字化供应链计划涉及数据、分析和技术的集成，以提高供应链绩效。这种数字化供应链计划转型通常分三个阶段进行。

第一阶段，数据收集和分析。企业从内部系统、供应商、客户和外部数据库等各种来源收集数据，以全面了解其供应链运营情况。然后使用机器学习算法和人工智能等高级分析工具分析这些数据，以确定模式和趋势。

第二阶段，计划和预测。分析数据后，企业可以使用先进的计划和预测工具来预测需求并优化其供应链运营。这包括制定准确的需求预测、规划生产计划、优化库存水平。

第三阶段，执行和控制。这涉及使用实时数据来监视和控制供应链运营。企业可以使用自动化工具来管理订单、跟踪库存水平和优化运输路线。这种实时数据还使企业能够快速响应不断变化的市场条件和客户需求。

调查研究与善作善成

太阳能板生产企业的库存策略

一、调研背景

随着人们对可再生能源的重视和环保意识的提升，新能源行业迅速发展。其中，太阳能板作为太阳能发电的核心部件，市场需求持续增长。预计未来几年，随着技术的不断进步和成本的降低，太阳能板市场将迎来更广阔的发展前景。

H企业作为一家太阳能板生产企业，凭借优质的产品和良好的市场口碑，已在行业中占据一席之地。基于当前良好的市场预期，H企业计划扩大产能，以满足不断增长的市场需求。同时，为了提升竞争力，H企业还需要优化库存策略，降低采购成本，提高资金效率。

二、调研要求

1. 调研太阳能板的主要构成与零部件

（1）收集太阳能板的主要构成部件信息，包括零部件名称、功能、规格等。

（2）分析各零部件的技术发展趋势，了解技术进步对成本和性能的影响。

（3）调研各零部件的成本占比，了解不同零部件在总成本中的分布情况。

2. 基于 ABC 分类法制定零部件库存策略

（1）根据零部件的重要性、成本占比和技术影响等因素，运用ABC分类法将零部件进行分类。

（2）针对不同类别的零部件，制定相应的库存策略，包括采购数量、采购周期、安全库存等。

3. 为企业提出 VMI 或 JMI 库存策略建议

（1）分析H企业当前采购管理存在的问题和挑战，评估实施VMI或JMI策略的可行性。

（2）结合H企业的实际情况，提出具体的VMI或JMI库存策略建议，包括合作伙伴选择、信息共享机制、库存控制策略等。

自测习题

一、单项选择题

1. （　　）是指企业根据历史销售资料来估计客户需求的评估分析过程。
   A. 生产计划　　　　　　B. 需求预测
   C. 战略需要　　　　　　D. 客户预测

2. 在需求预测方法中，（　　）主要应用于资料与时间具有某种关联性的预测，如产品销售。
   A. 指数平滑法　　　　　B. 算术平均数法
   C. 时间序列预测法　　　D. 回归分析法

3. （　　）提供跨地域、部门和模式的供应链可视和可控能力。
   A. 人工智能　　　　　　B. 数字孪生系统
   C. 大数据中心　　　　　D. 供应链控制塔

4. （　　）也叫物料清单，是 MRP 的核心文件。它在物料分解与产品计划过程中占有重要地位，是物料计划的控制文件，也是制造企业的核心文件。
   A. BOM　　　　　　　　B. BMO
   C. OBM　　　　　　　　D. OMB

5. 按照双方达成的协议，由供应链的上游企业根据下游企业的物料需求计划、销售信息和库存量，主动对下游企业的库存进行管理和控制的库存管理方式称为（　　）。
   A. VMI　　　　　　　　B. JMI
   C. BMI　　　　　　　　D. CMI

二、多项选择题

1. 综合生产计划的输入信息包括（　　）和约束因素。
   A. 计划期　　　　　　　B. 需求预测
   C. 生产成本　　　　　　D. 工耗

2. 主生产计划中的最终项目可以是（　　）。
   A. 产品　　　　　　　　B. 主要组件
   C. 虚拟物料单中的组件　D. 产品结构中最高层次上的单个零件

3. 数字化供应链计划的战略层（供应链控制塔）包括（　　）三大功能模块。
   A. 可视　　　　　　　　B. 预测
   C. 决策　　　　　　　　D. 监控

4. 在产品库存分类中，按生产过程分类包含（　　）。
   A. 安全库存　　　　　　B. 原材料库存
   C. 在制品库存　　　　　D. 产成品库存

5. 多级库存优化与控制的策略类型包含（　　　　）。
   A. 分布式策略　　　　　　　　B. 非中心化（分布式）库存控制策略
   C. 中心化（集中式）库存控制策略　　D. 集中式策略

三、判断题

1. 数字化供应链计划需要集成多个系统和数据源。（　　）
2. S&OP 是一种重复执行的企业级协作流程，流程参与者主要来自财务、运营、营销、销售和其他部门。（　　）
3. 在供应链管理下，企业的生产计划循环过程突破了企业限制。（　　）
4. 时间柔性策略用于存在过剩设备产能并且劳动力安排具有灵活性的情况。（　　）
5. 数字化供应链计划的核心技术主要是大数据分析和物联网。（　　）

06 第六章
Chapter
供应链运营管理

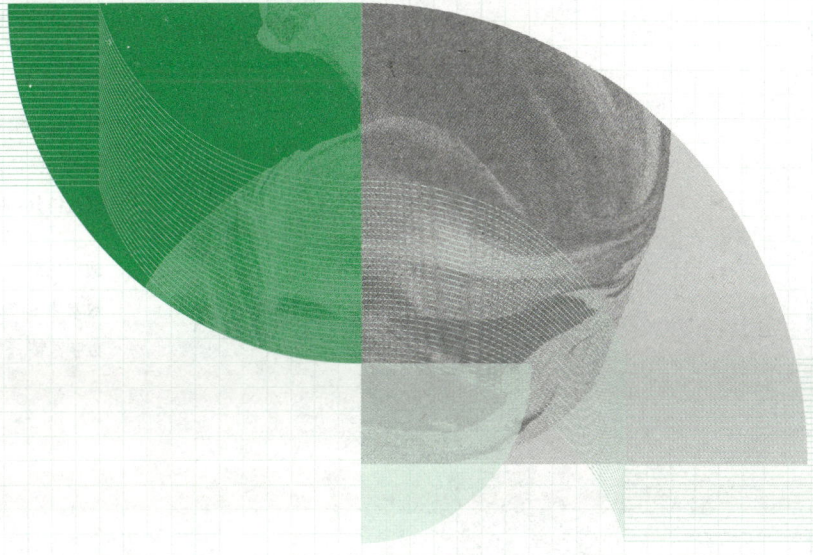

学习目标

素养目标
- 充分认识数字技术赋能企业供应链运营的巨大潜力,培养"管理+技术+创新"的复合跨界思维
- 培养协同意识和效率意识,增强供应链总体协调能力和个性化服务能力

知识目标
- 掌握供应链采购与传统采购的区别
- 熟悉集中采购与分散采购的优缺点与适用范围
- 了解准时化采购的概念与实施步骤
- 掌握生产方式、生产工艺、生产布局的含义及其相互关系
- 熟悉供应链环境下生产策略的特点与实施要点
- 掌握数字化采购的主要功能

技能目标
- 能够根据企业组织形式、供应商关系和产品特性等因素确定采购战略
- 能够利用 CODP 在生产过程中的位置变动确定生产方式
- 能够根据企业战略选用合适的供应链生产策略
- 能够进行供应链环境下的分销网络设计
- 能够使用供应链数字化管理系统的主要业务模块

思维导图

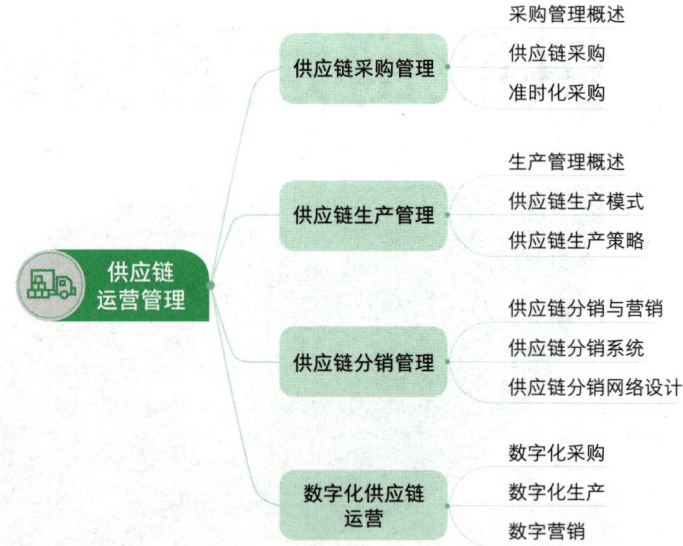

学习计划

◢ **素养提升计划**

◢ **知识学习计划**

◢ **技能训练计划**

引导案例

智慧大脑赋能柔性、智能、敏捷制造供应链

与大规模标准化生产相比，个性化、定制化模式是强信息流，供应链需要通过数字化和智能化技术来降低采购、交易、内部信息流动等方面的成本，特别是要突破企业供应链运营的不可能三角——复杂性、敏捷性和低成本。为达成这一目标，浪潮信息制定了"以客户为中心，打通端到端业务流程，建设柔性、智能、敏捷的云数智供应链"的破局思路。

第一阶段，通过弥补业务数字化的断点和空白，实现端到端全业务流程的数字化能力覆盖。2015年浪潮信息提出联合开发模式（joint design manufacture，JDM）。该模式并非单纯地把产品卖给客户，而是与客户开展合作，让客户参与服务器产品的研发、生产和交付，使客户需求最大限度实现和满足，进而提升整个服务器产品供应链的效率。基于持续完善的工业互联网平台和浪潮信息本身强大的云计算能力，依托JDM模式实现与供应链上下游企业的生态连接，构建客户、浪潮信息、供应商之间纵横交错的全球协同生态网络，提升信息交互和共享效率，提高全球供需资源整合和协作能力。

第二阶段，以JDM模式为基础，将供应链改造同数字化、智能化深度融合，实现了高复杂度、高敏捷度与低成本的统一。浪潮信息构建以ERP体系为核心的运营大脑和以供应链计划和决策系统为核心的供应链智慧大脑。一方面，以ERP为运营大脑，在MES、TMS、WMS等系统高效执行的基础上，实现数字化生产计划平台的稳定运行，统一平台、统一调度、柔性供应；另一方面，以供应链计划和决策系统为供应链智慧大脑，将订单按照规模、库存、OTD周期等进行排序，依托供应商生态协同平台，对战略客户从报价、预测、交付、回款等环节分步骤、差异化地进行端到端全流程打通，为企业内部前后台协同、上下游伙伴协同提供了有力的技术保障。

通过日常3万+订单下的10万+物料数据和5万+产能数据供应，基于10万+BOM下1亿+替代料组合关系等主数据，以及10层订单及物料优先级逻辑模式进行10亿+次运算，智慧供应链大脑能在8小时内完成采购计划的制订、6小时内完成生产计划的制订、3小时内完成物料计划的制订、0.5小时内完成工单排线计划的制订。在定制化业务占比95%以上的情况下，客户订单进入后24小时内完成分解和交期答复。

供应链智慧大脑的核心是智算引擎，利用人工智能、云计算、大数据等技术，运用多种算法及模型，将多维度商业数据分析结果与ERP、MES、WMS、CRM、SRM等多系统平台运行指令进行智能化归集，快速直接输出给供应链所有岗位，实现快速决策、精准执行，提升供应链的敏捷性、韧性和柔性。正是有了人工智能支持的供应链智慧大脑，浪潮信息才能快速制订采购计划、生产计划、物料计划，并通过供应商生态协同平台快速精确地完成与供应商的信息交互，从而支撑了浪潮信息个性化、定制化业务的快速增长。

> **引思明理**
>
> 习近平总书记明确指出，推进智能制造、推动制造业加速向数字化、网络化、智能化发展。以人工智能技术赋能新型工业化建设，是推进新型工业化，加快建设制造强国的技术路线。制造业生产模式从大规模流水线生产转向定制化规模生产，组织模式从竞争模式走向协同共享模式，这种模式变革需要强大的智能技术支撑。2024年"人工智能+"首次被写入《政府工作报告》，人工智能与智能制造的深度融合将推动制造业向更高层次发展，提升我国制造业的整体竞争力。

第一节　供应链采购管理

一、采购管理概述

（一）采购的含义

狭义的采购是指买东西，也就是企业根据需求，提出采购计划，审核采购计划，选择供应商，经过商务谈判确定价格、交货方式及相关条件，最终签订合同并按要求收货付款的过程。广义的采购是指除了购买方式占有物品，还可以采用各种途径（如租赁、借贷和交换等）来取得物品使用权，以满足采购目的。采购的一般流程如图 6-1 所示。

图 6-1　采购的一般流程

（二）采购管理

采购管理是指对整个企业采购活动的计划、组织、指挥、协调和控制。采购管理是管理活动，是面向整个企业的，不但面向企业全体采购人员，而且面向企业组织中的其他人员。它既负责以有效的方式在合适的时间采购或协同用户采购合适的质量、数量和价格的货物，又负责管理供应商，并由此对企业的竞争优势和共同战略目标做出贡献。

（三）采购战略

1. 集中采购

集中采购是指企业在组织结构中建立专门的采购机构，统一组织企业所需物品的采购进货业务。跨国公司全球采购部门的建设是集中采购的典型应用。集中采购一般实行招标采购的方式。随着现代企业生产规模的扩大，集中采购更能够体现采购方的权力、利益、意志和制度，是采购商赢得市场，控制节奏，保护产权、技术和商业秘密，取得利益最大化的一种理想的方式。

2. 分散采购

分散采购是指由企业下属各单位（如子公司、分厂、车间或分店）为满足自身生产经营需要而实施的采购。这种采购制度适合大型生产企业或流通企业。例如，实行事业部制的企业，每个事业部设有独立的采购供应部门。分散采购方式比较灵活，一次性支付的资金少。分散采购是集中采购的完善与补充，有利于采购、存货或供料环节的协调配合，有利于增强基层工作责任心，使基层工作富有弹性和成效。

集中采购和分散采购的优劣势如表 6-1 所示。

> **即学即练**
> 如果你是一家全国零售连锁企业的负责人，你将如何决策对哪些产品实施集中采购？对哪些产品实施分散采购？

表 6-1　集中采购和分散采购的优劣势

	优势	劣势	主体	客体
集中采购	有利于获得采购规模效益；降低采购成本与物流成本；与供应商建立稳固关系；获得供应商在技术开发、货款结算等方面的支持	机构臃肿；与供应商缺乏直接沟通；对内部客户导向性较弱	集团公司、跨国公司、连锁经营、OEM厂商、特许经营企业的采购	大宗、批量、价值高、关键零部件原材料、战略资源，以及容易出问题的物品
分散采购	对利润中心直接负责；对内部用户有更强的客户导向性；采购程序与内部协调较少；与供应商直接沟通	缺乏规模经济；缺乏对供应商的统一态度；市场调查分散；在采购和物料方面形成专业技能的可能性小	二级法人单位、子公司、离主厂区或集团供应链基地较远的异国或异地供应的情况	小批量、单件、价值低、分散采购优于集中采购的物品

二、供应链采购

（一）供应链采购的概念

供应链采购是指处于供应链中的企业，以下游客户需求为导向，通过从外部供应商处获取物资、服务、技术、能力、知识等有利资源来提升自身核心竞争力的过程。这是一个企业内外部资源整合的过程，体现了供应链环境下资源配置的本质要求，既有利于企业之间合作伙伴关系的发展，也有利于企业互惠共赢目标的实现。

（二）供应链采购与传统采购的区别

供应链采购与传统采购相比，物资供需关系没变，采购的概念没变，但是采购的观念和操作流程都发生了很大变化。供应链采购简化了采购业务流程，大幅度提高了采购效率，降低了采购成本。供应链采购与传统采购的区别如表 6-2 所示。

表 6-2　供应链采购与传统采购的区别

项目	供应链采购	传统采购
基本性质	基于需求的采购，供应商主动满足需求方的采购方式，是一种合作型采购	基于库存的采购，需求方进行采购的操作方式，是一种对抗型采购
信息环境	信息共享	信息不通、信息保密
库存关系	供应商掌握库存，需求方可以不设仓库，实现零库存	需求方掌握库存，需求方设立仓库，库存水平较高
送货方式	供应商多频次、小批量连续补充货物	大批量、少频次送货
双方关系	责任共担，利益共享，协调性配合	供需双方关系敌对，责任自负，利益独享，互斥性竞争
货检工作	基本免检	严格检查

（三）供应链下采购模式的优化

1. 从为库存而采购到为订单而采购的转变

在供应链管理模式下，采购活动是以订单拉动生产的方式进行的。即生产订单是在用户需求订单的拉动下产生的，生产订单拉动采购订单，采购订单再拉动供应商，提高了物流的速度和库存的周转率，降低了库存成本。

2. 从采购管理向外部资源管理转变

在供应链管理模式下，采购管理不但加强了内部资源管理，而且转向对外部资源的管理，加强了与供应商在信息沟通、市场应变能力、产品设计、产品质量、交货期等方面的合作，真正实现了资源优化，达到了双赢的目的。

3. 从一般买卖关系向战略协作伙伴关系转变

供应链环境下的战略协作伙伴关系，使采购决策变得透明，双方为达成长远的战略性采购供应计划而协商，共享库存信息，从而避免了因信息不对称而导致的信用风险、产品质量风险、库存资金积压等风险，从不同角度相互配合、各尽其力，提高了采购效率，最大限度地降低了成本。

4. 从事后评估向全程绩效评估转变

企业通过健全采购绩效评估体系并持续评估，可以及时、有效地发现采购作业中的问题，制定改善措施和解决方案，确保采购目标的实现和绩效的提升。企业通过建立包括采购（计划完成及时率）、物料质量（来料合格率）、采购成本（价格差额比率）、采购周期、供应（供应准确率）、库存（库存周转率）、服务满意度等在内的指标体系来评估。

三、准时化采购

(一) 准时化采购的概念

准时化采购是由准时化生产 (just in time) 管理思想演变而来的。JIT 采购是一种先进的物资采购方式，它的最终目标是原材料和外购件的库存为零、缺陷为零。它的基本思想是：把合适数量、合适质量的物品，在合适的时间供应到合适的地点，较好地满足用户需要。准时化采购和准时化生产一样，不但能够较好地满足用户需求，而且可以极大地消除库存，最大限度地消除浪费，从而极大地降低企业的采购成本和经营成本。

> **即学即问**
> 准时化采购依靠的往往是数量较少的伙伴供应商。但这样是否合理，会不会带来其他风险，应该如何避免风险？

(二) 准时化采购与传统采购的区别

准时化采购与传统采购的区别如表 6-3 所示。

表 6-3 准时化采购与传统采购的区别

项目	准时化采购	传统采购
基本思想	原材料和外购件的库存为零	确定经济订购批量和合理库存
供应商的选择	长期合作，单源供应	短期合作、多源供应
供应商的评价	质量、交货期、价格	质量、价格、交货期
意义	减少库存和加快库存周转	保证库存水平和生产经营
采购动因	客户需求	补给库存
驱动方式	订单引导、主动	生产引导、被动
协商内容	长期合作、质量、价格合理	获得最低价格
库存要求	几乎零库存	安全库存
合作关系	长期战略合作伙伴	竞争和合作并存
信息要求	快速、可靠	一般要求
采购批量	小批量、送货高频率	大批量、送货低频率
包装	标准化容器包装	普通包装、无特定说明
采购成本	因减少浪费而降低	高采购成本
运输	准时送货、买方市场	较低的成本、卖方负责安排

(三) 准时化采购的实施

准时化采购的实施包括以下内容：创建准时化采购团队；制订科学、合理、明确的计划；精选少数供应商，建立长期伙伴关系；进行试点工作；搞好供应商培训，确定共同目标；向供应商颁发产品免检合格证书；实现配合准时化生产的交货方式；继续改进，扩大成果。

第二节　供应链生产管理

一、生产管理概述

(一) 生产方式

按照工艺过程的特点，可以将生产方式分成两种：连续性生产与离散性生产。

1. 连续性生产

连续性生产是指物料均匀、连续地按一定工艺顺序运动，在运动中不断改变形态和性能，最后形成产品的生产。连续性生产又称流程式生产，如化工（塑料、药品、肥皂和肥料等）、炼油、冶金、食品和造纸等。

2. 离散性生产

离散性生产是指物料离散地按一定工艺顺序运动，在运动中不断改变形态和性能，最后形成产品的生产，如汽车制造是由多种零件组装而成的一种产品。离散性生产又称加工装配式生产，产品是由离散的零部件装配而成的。这种特点使得构成产品的零部件可以在不同地区，甚至不同国家制造。

(二) 生产工艺

生产工艺包括以下三种类型：

1. 项目工艺类型

项目工艺类型（project process type）适用于在某个固定地点生产的特殊产品，并且有明确的完工时间，如建筑、轮船、飞机或其他大型复杂的产品。

2. 间歇工艺类型

间歇工艺类型（intermittent process type）即零件以批次为单位，按照特定的加工路线，在不同的加工中心按顺序加工。设备通常根据加工功能分组布置。适用于多品种、小批量的企业，设备和员工都需要具有非常高的灵活性。间歇工艺类型又分为以下两种：

（1）工作中心（work center）。即一个生产区域内的设备和人员都具有类似的功能和能力。比如，将所有的车床放置在一个区域，而将研磨设备都放在另一个区域。产品根据工艺路线，在一个工作中心完工后，进入下一个工作中心。工作中心强调的是快速转换，需要灵活、熟练的人员配置。

（2）分批制造（batch）。这类间歇式生产具有更高的生产量。每个批次的数量更多，且工位间的距离更短。其目的是缩短产品经过工艺路径的时间。分批制造强调更长的生产运行时间和更少的转换次数。

3. 流水工艺类型

在流水工艺类型（flow process types）下，生产过程为产品以几乎恒定的速度从一个工位进入下一个工位。流水工艺类型又分为以下两种：

（1）流水线（line）。流水线生产的为离散产品，即每个产品都是独立存在的。如一瓶可乐或一辆汽车。

（2）连续加工（continuous）。连续加工的产品通常为非离散产品，产品是以固定的工艺路径连续生产的，如化学品、油品等。

（三）生产过程布局

进行生产过程布局（manufacturing process layouts）就是如何设计和摆放生产线。其目的是根据产品工艺流程和产品特性，设计出最优化生产线来满足生产需求。其基本布局分为以下四种：

1. 固定式布局

固定式布局（fixed position layout）是指产品在一个固定位置完成生产和组装。大型复杂的项目生产会用到这类布局。比如造船，所有的材料、工具、设备都会被运送到固定位置，再由人员到现场生产和组装。

2. 功能式布局

功能式布局（functional layout）是指功能类似的设备集中放置在一起，组成一个工作中心，如图6-2所示。不同的产品会根据其独立的工艺路线，由一个工作中心进入下一个工作中心。每个数字代表一个工作中心，产品A、B、C的工艺路径虽然不相同，但会用到相同的工作中心。按照功能式布局的方式进行生产，能大大增加灵活性，满足同时生产多种产品的需求。

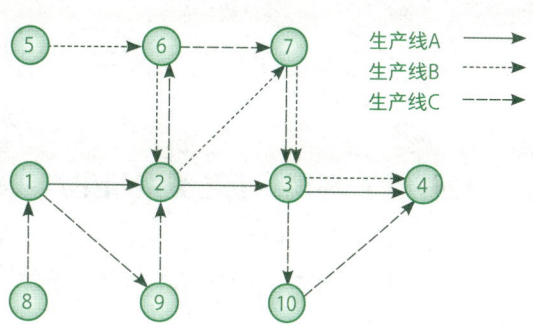

图6-2 功能式布局图

3. 产品导向式布局

产品导向式布局（product-based layout）是以产品特性为基础来设计生产线布局的，通常为流水线布局（见图6-3），用于生产特定的产品。这类产品通常需求量大。由于是连续性生产，每个工位间的移动时间非常短，生产过程中也几乎没有半成品（work in progress，WIP）产出。

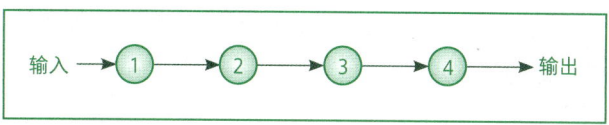

图6-3 产品导向式布局图

4. 单元式布局

单元式布局（cellular layout）综合了功能式布局和产品导向式布局的特点，将设备根据产品的工艺路径进行摆放。每种产品拥有独立的小型生产线，由专人进行生产和控制。如图6-4所示，产品A、B、C分别有其独立的小型生产线，也称单元。设计成U形生产线，能让工人同时操作多个工位并减少行走时间，而将不同产品的共用工位设计在一起，可以提高设备利用率（如工位2、3、4、7）。

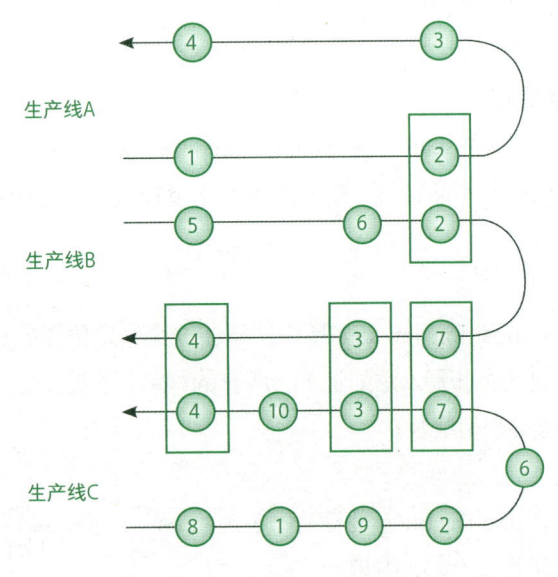

图6-4 单元式布局图

（四）生产环境、工艺类型和生产线布局之间的关系

（1）当产品特殊性非常高，需求量小时，需要根据订单进行产品设计（engineering-to-order，ETO）。这类产品通常为大型的复杂产品，需要用到项目工艺类型，并且是固定式布局，其交期非常长。

（2）当产品需求为小量多批时，需要根据订单进行生产（make-to-order，MTO）。这类产品通常会用到间歇工艺类型且更倾向于工作中心模式。生产线布局为功能式布局，交期较长。

（3）当产品需求量较高且产品种类较多时，会根据订单进行组装（assembly-to-order，ATO）。这类产品通常会用到间歇工艺类型中的分批制造模式，或流水工艺类型中的流水线生产模式。生产线布局为单元式布局，交期大大缩短。

（4）当产品需求量大且种类较少时，会根据预测进行库存生产（make-to-stock，MTS）。这类产品通常为流水工艺类型，会用到流水线生产模式或连续加工生产模式。生产线布局为产品导向式布局，交期非常短。

即学即练

调研某装配生产企业，看看该企业采用了哪种生产工艺和布局方式，分析其原因。

二、供应链生产模式

产品的特性及市场定位决定了企业选择什么样的生产方式,而生产方式对整个供应链战略和策略有重大影响。

(一) 预测驱动式生产模式

预测驱动式生产模式是根据对市场需求的预测来组织生产活动的。它是一种推式组织生产方式。由于预测难以精确,预测驱动式生产模式必然导致成品库存,形成备货型生产。

预测驱动式生产模式的优点是:① 可以通过备货(维持成品库存)及时响应客户需求,做到"一手交钱,一手交货";② 可以提前进行生产准备活动,可以主动进行计划工作和生产活动,容易实现均衡生产;③ 可以有效利用企业资源,降低产品的实物成本(生产成本、运输成本、库存成本)。

预测驱动式生产模式的缺点是:① 顾客只能在有限的产品品种中挑选,不能满足他们的个性化需求;② 生产基于预测,预测不准就会造成大量成品库存,增加库存持有成本。

预测驱动式生产模式适用于共性需求产品。在稳定的环境中,共性需求是主流,产品品种需求的变化较慢,顾客不太成熟,对产品没有或很少有个性化需求,企业的发展取决于内部效率。

(二) 订单驱动式生产模式

订单驱动式生产模式是以顾客订单为依据进行的生产活动,因此又称订货式生产。订单驱动式生产模式有以下优点:① 可以按顾客真正的需要生产,能够满足顾客的个性化需求;② 从根本上避免了盲目性和成品积压的风险;③ 产品一旦生产出来,就可以直接发送给顾客,既不必维持成品库存,也不一定经过分销渠道销售;④ 由于满足顾客的个性化需求,可能单价较高;⑤ 能够及时直接从顾客那里获得准确的需求信息。

订单驱动式生产模式适用于急剧变化的环境,产品品种需求的变化快,对产品有个性化要求,企业的生存条件取决于适应性。

(三) 混合式生产模式

混合式生产模式体现在备货型生产和订货型生产的结合,如图 6-5 所示。

备货型生产和订货型生产是两种典型的组织加工装配式生产方式。一般而言,备货型生产加工对象的标准化程度高,组织生产的效率高,但对顾客的个性化要求满足程度低;订货型生产加工对象的标准化程度低,生产效率低,但对顾客的个性化要求满足程度高。为了兼顾顾客的个性化要求和生产过程的效率,可以将备货型生产和订货型生产组合成各种不同的生产方式,这种组合的关键是确定备货型生产与订货型生产的分离点,简称备货订货分离点(customer order decoupling point, CODP)。CODP 的上游是备货型生产,

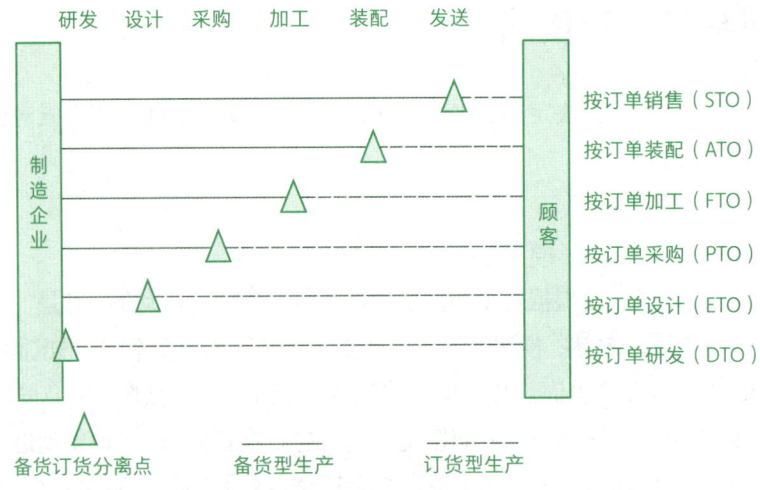

图 6-5 备货型生产和订货型生产的结合

是预测和计划驱动的；CODP 的下游是订货型生产，是顾客订单驱动的。加工装配式生产可以划分为产品研发设计、制造和装配等几个典型的生产阶段。将 CODP 定在不同的生产阶段之间，就构成了不同的组织生产方式。

当 CODP 在装配与发运之间时，装配及其上游的所有生产阶段都是备货型生产，产品已经制造出来，顾客只能在其中选购，即按订单销售（sale-to-order，STO），也就是单纯的备货型生产。

当 CODP 在加工与装配之间时，零部件加工及其上游生产阶段都是备货型生产，零部件已经制造出来，按照顾客的要求装配成不同的产品，即按订单装配（assemble-to-order，ATO）。

当 CODP 在原材料采购与零部件加工之间时，说明原材料采购及其上游生产都是备货型生产，顾客可以对加工及其下游生产阶段提出特定要求，这就是按订单加工（fabrication-to-order，FTO）。

当 CODP 在设计与采购之间时，说明设计是按照预测进行的，顾客可以对采购及其下游生产阶段提出特定要求，这就是按订单采购（purchase-to-order，PTO）。

当 CODP 在设计与研发之间时，说明研发是按预测进行的，顾客可以对设计及下游生产阶段提出特定要求，这就是按订单设计（engineer-to-order，ETO）。

当 CODP 出现在研发阶段之前时，说明产品研发及其下游生产阶段都是按照顾客的特定要求进行的，这就是按订单研发（develop-to-order，DTO）。

在实体上，CODP 是存放已经完成部分工作量的实体产品和（或）实体原材料、零部件的地方。对于 STO，存放的是产成品，得到顾客订单之后，对实体产品不再进行加工，只是将它们发运到顾客指定的地点；对于 ATO，存放的是完成加工的零部件，需要先按照订单将零部件组装成产品，然后将它们发运到顾客指定的地点；对于 FTO，存放的是已经采购到货的原材料，得到顾客的订单后，需要将原材料加工成零部件，再组装成产品，然后将它们发运到顾客指定的地点；对于 PTO，存放的是完成设计的产品图纸和工艺文件，得到顾客订单之后，需要按订单采购原材料、加工零部件和组装产品，然后将它们发运到顾客指定的地点；对于 ETO，存放的是类似产品的研发设计和工艺文件，得到顾客订单之后，需要按照顾客的要求修改设计或重新设计产品和工艺、采购原材料、加工零部件、组装产品，然后将它们发运到顾客指定的地点；对于 DTO，则 CODP 只存储现有的人才和知识，需要先经过研究和试验研制出新的产品，然后才能进行设计、采购、加工、装配和发运等活动。

三、供应链生产策略

(一) 精益生产策略

1. 精益生产的内涵

精益生产 (lean production，LP) 又称 JIT 生产方式、准时制生产方式、适时生产方式或看板生产方式。其基本思想是：在需要的时候，按照需要的量，生产需要的产品。精益生产中的"精"表示精细、精良、精确，即少而精，企业只在适当的时间生产必要数量的产品，除此之外不投入多余的生产要素；"益"表示效益，即企业所从事的经营活动能够产生价值增值，要对企业有利。

精益生产的核心思想是以"消除浪费、持续改善"为理念，消除一切无效劳动和浪费，将目标定格在通过不断降低成本，增强生产灵活性，提高质量上，实现无废品和零库存等手段，确保企业在市场竞争中的优势。同时，精益生产把责任下放至企业的各个层次，采用小班工作法，充分调动全体员工的积极性和创造性，将缺陷和浪费及时消灭在每个岗位上。

2. 精益生产的特点

精益生产具有以下特点：

(1) 拉动式准时化 (just in time) 生产。采用看板 (kanban) 形式，即由看板从下道工序向上道传递需求信息 (看板的形式不限，关键在于能够传递信息)，要求上一道工序加工完的零件立即可以进入下一道工序。生产中的节拍可由人工干预、控制，但重在保证生产中的物流平衡 (对于每一道工序来说，即为保证对后道工序供应的准时化)。

(2) 并行工程 (concurrent engineering)。在产品的设计开发阶段，将概念设计、结构设计、工艺设计、最终需求等结合起来，保证以最快的速度按要求的质量完成。各项工作由与此相关的项目小组完成。项目进程中小组成员各自安排自己的工作，但可以定期或随时反馈信息，并对出现的问题协调解决。依据适当的信息系统工具，反馈与协调整个项目的进行。

(3) 全面质量管理 (total quality management, TQM)。强调质量是生产出来的，而非检验出来的，由生产中的质量管理来保证最终质量。生产过程中对质量的检验与控制在每一道工序中都会进行。如果在生产过程中发现质量问题，可以根据情况立即停止生产，直至解决问题，从而保证不出现对不合格品的无效加工。对于出现的质量问题，一般是组织相关技术与生产人员形成一个小组，共同协作，尽快解决问题。

(4) 团队工作法（team work）。每位员工积极参与，起到决策与辅助决策的作用。组织团队的原则并不完全按行政组织来划分，而主要根据业务关系来划分。团队组织是变动的，针对不同的事务建立不同的团队，同一个人可能属于不同的团队。团队成员强调一专多能，要求比较熟悉团队内其他工作人员的工作，保证工作协调、顺利地进行。

（二）敏捷制造策略
1. 敏捷制造的内涵

敏捷制造（agile manufacturing，AM）技术是改变传统的大批量生产，利用先进制造技术和信息技术对市场的变化作出快速响应的一种生产方式。通过可重用、可重组的制造手段与动态组织结构和高素质工作人员的集成，获得企业的长期经济效益。

其基本原理是：采用标准化和专业化的计算机网络和信息集成基础结构，以分布式结构连接各类企业，构成虚拟制造环境；以竞争合作为原则，在虚拟制造环境内动态选择成员，组成面向任务的虚拟公司进行快速生产；系统的运行目标是最大限度地满足客户的需求。

2. 敏捷制造的特点

(1) 从产品开发开始的整个产品生命周期都是为满足用户需求而进行的。

(2) 采用多变、动态的组织结构。

(3) 着眼于长期获取经济效益。

(4) 建立新型标准体系，实现技术、管理和人的集成。

(5) 最大限度地调动、发挥人的作用。

3. 敏捷制造实施的关键要素

(1) 生产技术。首先，具有高度柔性的生产设备是创建敏捷制造企业的必要条件（但不是充分条件）。所必需的生产设备由可改变结构、可量测的模块化制造单元构成的可编程的柔性机床组、智能制造过程控制装置，以及传感器、采样器、分析仪与智能诊断软件等构成。能运用计算机设计复杂产品并模拟产品制造过程。通过信息实时共享，普遍使用集成制造技术。

(2) 组织技术。敏捷制造企业具有组织上的柔性。同一家公司实际上分散、组织上分离的人员可以彼此合作，并且与其他公司的人员合作。企业根据工作任务不同，有时可以采取内部多功能团队形式，请供应商和用户参加团队；有时可以采用与其他公司合作的形式；有时可以采取虚拟公司形式。

(3) 人力资源。在动态竞争的环境中，关键因素是人员。敏捷制造企业最大限度地发挥人的主动性，通过不断对人员进行教育，从而提高人员素质。管理人员和生产线上具有技术专长的工人能够实现他们自己提出的发明和合理化建议，科学家和工程师参加战略规划和业务活动。

(三)大规模定制策略

1. 大规模定制的内涵

大规模定制(mass customization,MC)集客户定制和批量生产于一体,产品多样性强,需求量也高,在实现产品品种多样化和定制化的同时,不相应增加成本。

大规模定制的基本思想在于通过产品结构和制造流程的重构,运用现代化信息技术、新材料技术、柔性制造技术等一系列高新技术,把产品的定制生产问题全部或者部分转化为批量生产,以大规模生产的成本和速度,为单个客户或小批量、多品种市场定制任意数量的产品。

2. 大规模定制的类型

根据产品在流程中所处的位置,可以将大规模定制划分为以下三种类型:

(1)设计定制化。根据客户的具体要求,设计能够满足客户特殊要求的产品。在这种定制中,从开发设计到制造生产的全部流程完全由客户订单所驱动。这种定制方式适用于大型机电设备和船舶等高附加值产品或者用户参与、体验度较高的产品。

(2)制造定制化。是指接到客户订单后,在已有的零部件、模块的基础上进行变形设计、制造和装配,最终向客户提供定制产品的生产方式。在这种定制生产中,产品的结构设计是固定的,变形设计及其下游活动由客户订单驱动。

(3)装配定制化。是指接到客户订单后,通过对现有的标准化零部件和模块进行组合装配,向客户提供定制产品的生产方式。在这种定制方式中,产品的设计和制造都是固定的,装配活动及其下游活动是由客户订单驱动的。

3. 大规模定制实施的关键要素

(1)制造系统模块化。模块化生产单元具有标准的接口和良好的可替换性,当客户需求发生变化或出现意外故障时,可以通过模块之间的替换满足动态客户需求变化。当产品类型发生变化时,可更换相应的工艺模块来调节系统的适应能力。当产品需求量发生变化时,可增加(减少)某些关键模块单元或提高(降低)系统自动化程度来增加(减少)产量,同时保证一定的经济性。另外,模块化生产线也使管理简化。

(2)动态组合的布局方式。传统制造系统规划的一个重要方面是合理安排车间、制造单元的布局,以加快工件的流动,减少排队等待和运输的时间等。大规模定制制造系统规划的目标除了包括传统的制造系统规划目标,更重要的是要保证制造系统的动态组合和调整能力,以满足大规模定制所要求的柔性和快速响应能力。

(3)柔性生产物流系统。大规模定制对车间内物流系统的要求是:可以传输任何体积、重量、形状的物品,不需要轨道,没有路线约束,提高传输速度,缩短安装时间,提高智能化向导能力和自恢复能力。物料传送带采用模块化设计,通过模块的组合形成不同形式的传送带,通过二维和三维传送带组合形成各种类型的空间运输路线。

(4)动态响应的控制结构。制造系统采用异构控制结构,将系统分解成近似独立的实体,实体通过预先定义的通信接口合作。实体之间消除主从关系,具有局部自治性,系统构成对实体是透明的。在异构控制结构中，每一个实体具有高度自治性，可以快速响应环境变化。

(5) 减少生产准备工作。在大批量生产模式下，制造商通过增加批量，将生产准备时间和成本分摊到尽可能多的产品中。大规模定制的极端情况是，每种产品的批量为一，批量为一的能力依赖于生产准备工作的减少。如果生产准备工作能够减少，那么制造商就可以做到按订单生产。生产准备工作的减少是大规模定制生产的重要前提。

（四）延迟制造策略

1. 延迟制造的内涵

延迟制造（postponement manufacturing，PM）是指将产品多样化、个性化的点尽量后延。如果能够将产品的最终个性化制造延迟到接到顾客订单以后，就可以显著降低库存。具体做法是将产品的最后制造和配送延迟至收到客户订单后再进行，以减小预测风险。大规模定制生产一般都采用该策略。

延迟制造的优点是减少产品的滞销风险，帮助降低供应链库存；强调根据消费者需求响应促进销售。

2. 延迟制造策略类型

(1) 生产延迟策略。其基本原理是准时化，即在获得客户确切需求和购买意向前，不会过早做准备工作或采购零部件，而是在合适的时间严格按照订单生产合适数量、合适品质的产品。

(2) 物流延迟策略。指地理上的延迟。物流网络中几个主要的中央仓库根据预测结果存储必要的物品，待接到客户订单后，从中央仓库启动物流程序，把物品运送到客户所在地的仓库或直接运送给客户。

3. 延迟制造的重要途径

(1) 工艺重构（或重新排序）。即对产品的生产工艺或步骤进行修改和调整，使其成为具体产品的差异化生产工序尽可能往后延迟。

(2) 通用化。即采用通用零部件或工艺，以减少产品和工艺的复杂性，提高在制品库存的柔性。

(3) 模块化。即将一个完整的产品分解为一些便于组装在一起的模块，而在设计阶段，将产品的各种功能放进各个模块中。

(4) 标准化。即用标准化产品替代一个产品系列，实现标准化的方法之一是建立特定顾客可能需要的几个备选方案。

在供应链中，CODP 的定位是延迟策略成败的关键，因为它直接影响规模与变化的程度。若 CODP 过于偏向供应链上游，那么通用化阶段就无法产生相应的规模经济；反之，若 CODP 过于偏向供应链下游，那么差异化阶段也无法获得多样化的优势。

创新驱动强链强国

以工业互联网为抓手提升供应链服务生产制造水平

党的二十大报告提出:"促进数字经济和实体经济深度融合,打造具有国际竞争力的数字产业集群。"作为新一代信息通信技术与工业经济深度融合的全新工业生态、关键基础设施和新型应用模式,工业互联网通过对人、机、物的全面连接,变革传统制造模式、生产组织方式和产业形态,构建起全要素、全产业链、全价值链、全面连接的新型工业生产制造和服务体系,对于推动制造业高质量发展有着重要作用。

工业互联网通过提供"低成本、快部署、易运维和强安全"的轻量化应用,可以显著提升企业产品设计、采购、生产的快速响应能力,让实体企业,尤其是中小企业,依托工业互联网平台和供应链整体协同优势,以低成本、高响应方式快速满足市场需求,提升企业竞争力。一批具有市场主导力的"链主"企业、具有集群带动力的"隐形冠军"和专精特新"小巨人"企业在工业互联网赋能下加速成长,成为带动产业链供应链升级转型的新生力量。

工业互联网推动形成以用户为中心、数据驱动生产的智能制造新模式。企业可以借助工业互联网平台来实现个性化定制,即通过在设计、采购、制造、物流、服务等供应链各个环节设置用户参与界面,使得用户广泛、实时地参与生产和价值创造全过程。个性化定制可以有效满足市场多样化需求,解决制造业长期存在的库存和产能过剩问题,从而实现产销动态平衡,满足成本、质量和效率等多方面的需求。

第三节 供应链分销管理

一、供应链分销与营销

(一) 供应链分销

分销(distribution)是指根据消费者的需要,把产品从生产者手中转移到消费者手中,以满足消费者需求的过程。它是从产品进入流通领域开始,直到退出流通领域为止所发生的一系列活动的总和。产品传递流转过程涉及从制造商到批发商、代理商、零售商,直至消费者方方面面的活动。

在传统模式下,产品需要经历生产商→经销商→批发商→零售商→终端用户的多重链条。在互联网模式下,随着B2B、B2C、新零售、直播电商等新模式不断涌现,电子商务正在打破传统的产品贸易链条,线下经销商数量减少,供应链扁平化、平台化趋势明显。产品的供应周期缩短,成本明显减少,供应链效率大幅度提升,分销模式基于供应链思想进行整合。扁平化分销渠道模式如图6-6所示。

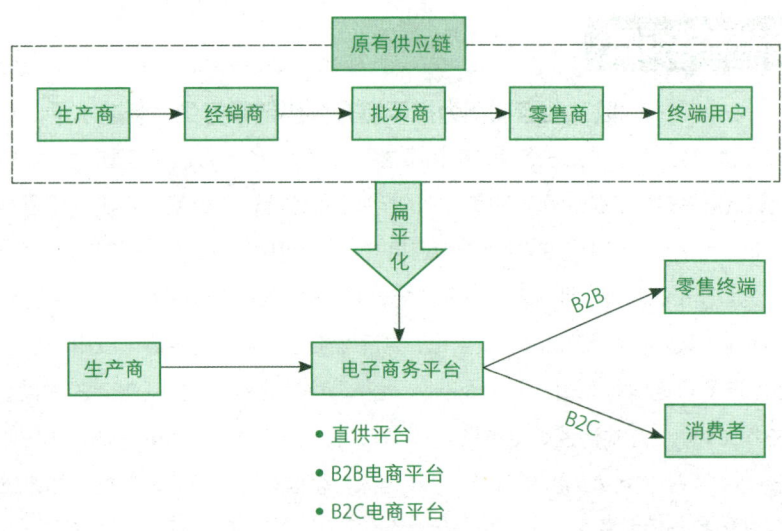

图 6-6 扁平化分销渠道模式

(二) 供应链营销模式

1. 预测型营销模式

预测型营销模式是一种追求规模经济的经营模式,它所表现出来的是大规模集中生产、大规模物流设施和大规模流通库存,其优势在于能够充分享用规模经济带来的利益。其具体特点是少品种、大量生产、大量仓储与配送,按市场预测生产,注重流通渠道的控制,采用分销商等中介的营业组织形式。

2. 实时型营销模式

实时型营销模式是一种基于市场预测和拓展的经营模式,其效率高低取决于产品创新程度、产品线扩展广度,以及营销渠道的控制程度。其特点是多品种少量生产、高频度少量配送,按订单生产,注重产销物流的整合,建立战略联盟,采用网络营销等手段。销售时点的信息被同步传输到产品规划、设计、生产及在库地点,实现设计、生产、经营、物流等决策的一体化,产品的生产、在库数量等都是根据客户需求决定的。由于存在交货提前期的时间差,实时型营销模式所追求的是尽最大可能缩短从客户需求到生产阶段的提前期。

3. 供应链营销模式

供应链营销模式的变革是预测型营销模式向实时型营销模式的转型,此过程涉及基于供应链网络的企业战略、营销渠道和经营行为调整。企业一方面通过进一步整合供应链分销网络和配送方式降低经营成本,另一方面通过与供货商建立长期、互惠、互利的战略伙伴关系,提高商品的质量和售后服务水平,使企业最终建立质量、成本、时间优势,从而获得新的市场竞争力。

二、供应链分销系统

(一) 供应链分销系统的组成

1. 生产商

生产商是分销系统销售商品的提供者,在分销系统中占据着不可替代的基础地位。生产商根据中间商的要求,及时、保质、保量地供应商品。

2. 中间商

中间商包括批发商、零售商、进出口商、经销商、代理商,是在商品流通领域专门从事商品买卖或帮助实现交易的商业机构和个人。

3. 辅助商

在分销过程中,通常需要物流公司承担商品实体的空间移动、储存与保管职能,保险公司承担商品保险职能,银行承担货款结算与资金流转职能,营销机构承担商品推广职能等。

4. 消费者或最终用户

消费者或最终用户对分销系统起着导向作用,整个系统的运作最终要根据消费者或最终用户的需求和要求来组织。

> **即学即问**
>
> 通过供应链合作伙伴,品牌商在商品分销领域可以开展哪些活动?

(二) 供应链分销系统的优势

1. 分销网络减少了市场中交易的次数

在交易中,企业通过分销网络实现了集中采购与配送,从而减少了市场中的交易次数,提高了交易效率。专业制造商的数目越大,中间商的优势越明显,企业的专业化程度就越高。

2. 专业化的分销网络设置使分销成本最小化

交易规范化与专业化是提高分销效率基本的驱动力。在实际业务中,第三方物流组织因为能比其他企业更好地承担基本功能,从而能够把经济性引入物流分销过程中。

3. 分销网络为买卖双方搜索市场资源提供了便利

分销网络中的成员是合作共赢关系,依托现代信息技术与网络技术实现信息共享,从而为所有成员提供便利,并降低供应链上的相关成本。

三、供应链分销网络设计

供应链分销网络是为某个企业(生产商、代理商或品牌商)的商品执行分销职能的一种市场化的合作组织。一般来说,供应链分销网络的设计过程主要涉及分析客户的服务需求,确定分销网络的目标,设计各种分销网络方案,评估选择分销网络方案四个环节,如图 6-7 所示。

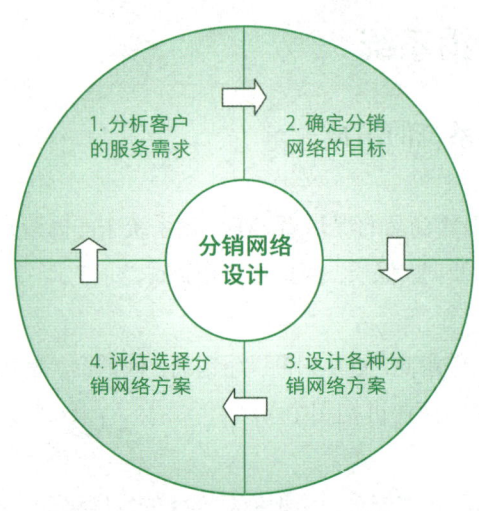

图 6-7　供应链分销网络的设计

（一）客户服务需求分析

1. 购买批量

不同目标客户的购买批量往往不同，因此，购买批量的差异要求供应链具有不同的分销网络。

2. 等待时间

等待时间就是订货提前期。对于不同的商品，客户愿意等待的时间有较大的差异，但一般来说，客户要求等待的时间尽可能短。

3. 购买便利

购买便利是指分销网络为客户购买商品所提供的方便程度。对于不同的商品，客户在购买过程中所愿意花费的时间是不同的。

4. 商品品种

客户一般希望分销网络能够提供多种型号和规格的商品供选择和购买。

5. 售后服务

售后服务包括送货、安装、维修、配件供应等。消费者对不同的商品有不同的售后服务要求。

（二）分销网络目标的确定

分销网络目标是企业预期达到的顾客服务水平（何时、何地、以何方式对目标顾客提供产品或实现服务）以及中间商应执行的职能等。在设计供应链分销网络时，要兼顾客户服务需求和利润目标。服务水平直接影响分销成本，进而也会影响价格。因此，满足目标客户的服务需求，并非要使分销网络服务水平达到最高。正确的做法是寻找两者之间的最佳结合点，根据市场细分情况进行具体设计，实现分销网络的服务水平与目标客户的需求相适应。

(三) 分销网络方案的设计

分销网络方案的好坏直接影响市场覆盖率、营销效率和订单执行效率的高低,因此,在设计各种分销网络方案时,需要注意以下几个问题:

(1) 考虑中间商的类型和模式,如企业自有销售队伍、生产企业代理、行业分销商;是采用间接渠道还是直接渠道等。分销渠道的长度如图 6-8 所示。

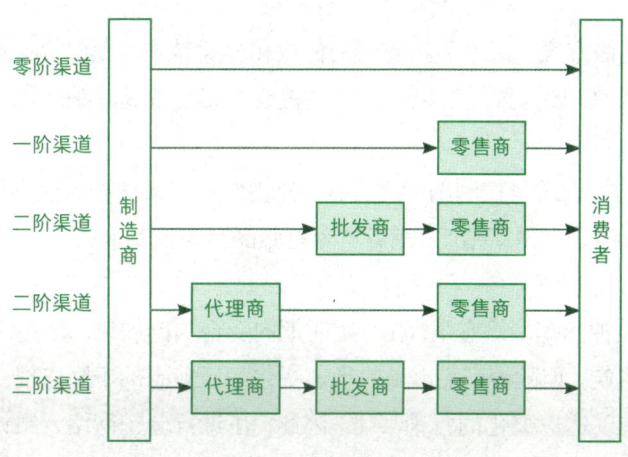

图 6-8 分销渠道的长度

(2) 考虑中间商的数量,这决定每一层级使用的渠道成员数量,有三种可用的策略:独家分销、选择分销和密集分销,如表 6-4 所示。

表 6-4 分销渠道的宽度

类型	独家分销	选择分销	密集分销
特征	一地一家分销商	一地若干家分销商	一地多家分销商
优点	渠道控制度强 节省费用	渠道控制度较强 市场渠道面较大 客户接触率较高	市场覆盖面大 客户接触率高
缺点	市场覆盖面小 客户接触率低 对分销商的依赖度高	分销商之间的竞争较激烈 选择中间商难	渠道控制度低 费用高 竞争激烈引发渠道冲突
适用对象	高价值商品 特殊商品	高价值商品 选购性商品	日用商品

> **即学即练**
>
> 请为以下产品选择适合的营销渠道:手机、冰箱、水果、牛肉、珠宝首饰。

(3) 考虑渠道成员的责任。在价格政策、销售条件、区域权利和每个团体执行的特殊服务上达成协议。

(四)分销网络方案的评估选择

虽然每种渠道备选方案都是产品送达最终顾客的可能路线,但是需要从众多似乎很合理但又相互排斥的备选方案中,选择一种最能满足企业长期目标的最优方案。在对各种可能的渠道备选方案进行评估时,要遵循三个基本标准,即经济性、控制性和适应性。

1. 经济性

各种不同的网络方案可能产生不同的销售量和分销成本。在评价备选方案,首先要评价各种方案的经济性,即方案是否以较少的销售成本实现较高的销售水平或者利润。

2. 控制性

控制性标准是指管理与控制的能力。不同分销网络方案的控制能力是不同的,自建分销网络与利用他人的分销网络相比,前者具有更强的网络控制能力。

3. 适应性

一旦选择了某种分销网络方案,在一定时期内受合约的约束,分销网络调整和改变的灵活性就会受到影响。但随着产品市场的迅速变化和新业态的不断出现,企业应该及时调整分销网络方案,以适应变化的营销战略。因此,在进行分销网络方案评价时,还需要考虑适应性标准,以实现分销网络稳定性与灵活性的统一。

制度保障稳链为民

东西部协作打造供应链和产业链,提升黔货品牌影响力

贵州省毕节市大方县对江镇石桅村的辣椒生产基地是东西部协作项目,2022年投入广州市对口帮扶资金200万元,用于建设配套的水肥池、滴灌设施和冷库。

基地生产的大方皱辣椒,是当地的国家地理标志保护产品,是国内"十大名椒"之一。但此前大方皱辣椒的产业化进程较慢,规模发展上不去。为此,粤黔协作工作组大方工作小组引进了华南农业大学的先进技术,全程对辣椒种植进行技术指导,通过改进种植方案和科学用肥、用药,将大方皱辣椒的产量由过去的每亩3 000斤提高到了每亩4 000斤。不但增加了产量,而且提高了品质和当地村民的收入。基地的辣椒从采摘、装车,到运输至广州市的云贵果蔬批发市场,严格控制时间在24小时以内,将新鲜的辣椒配送到各摊位销售,直至出现在广州市民的餐桌上,为精美的粤菜再增添一抹新鲜的亮色和味道。

在乡村振兴和东西部协作的时代背景下,通过菜篮子基地的建设和专业化的生鲜供应链运营体系,越来越多的贵州特产蔬菜正从大山深处来到粤港澳大湾区百姓的餐桌,不仅丰富了市民的味蕾,而且为贵州农民创收。

第四节 数字化供应链运营

一、数字化采购

（一）数字化采购的内涵

数字化采购是采购信息化的延伸，旨在通过大数据、人工智能、物联网、区块链等数字技术降低"人"在采购流程中的参与度和影响程度，对采购管理进行全方位重塑，实现采购流程的线上化和自动化，业务管理的可视化，以及采购决策的智能化，实现供应商管理、寻源管理、订单协同，以及财务协同的全流程端到端在线闭环管理，从而使得采购部门从成本中心转型升级为价值中心，提升采购运营效率，实现降本增效，并显著降低风险。数字化采购的三个发展阶段如图 6-9 所示。

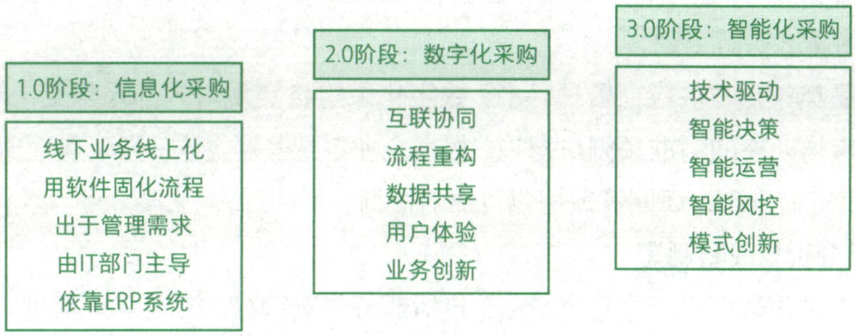

1.0阶段：信息化采购
线下业务线上化
用软件固化流程
出于管理需求
由IT部门主导
依靠ERP系统

2.0阶段：数字化采购
互联协同
流程重构
数据共享
用户体验
业务创新

3.0阶段：智能化采购
技术驱动
智能决策
智能运营
智能风控
模式创新

图 6-9 数字化采购的三个发展阶段

智能化采购是在数字化采购的基础上，以数据为核心，以产品或服务转型和流程重构为手段，与互联网、物联网深度融合，应用大数据、机器算法与云计算技术进行智能决策与运行，使得按需采购成为可能，帮助企业提前做好采购计划和安排。

（二）数字化采购的主要功能

1. 成本分析工具

凭借具有人工智能和自我学习功能的算法技术，对支出数据进行自动化清理及分类，对所采购的物料及服务的成本结构进行分析，帮助企业定位重点成本结构优化方向；结合预测分析技术，模拟企业的采购模式及未来的采购趋势，为企业提供寻源建议，帮助企业实现可持续降本增效。

2. 供应资源管理

通过大数据分析技术，实时管控供应商的绩效表现，并利用认知计算、人工智能和数据挖掘等技术，根据企业发展战略，自动预测潜在的供应商群，结合高阶分析技术，对供应风险进行主动管理和应对方案制定，帮助企业构建与自身发展阶段配套且共同成长的供应资源。

3. 智能辅助决策

应用人工智能技术和数据挖掘技术，基于各供应商资质、历史履约记录、第三方平台履约评价、技术方案差异，以及潜在成本影响和供应风险因素等多维度的分析和比对，为管理层采购决策提供可靠的依据。

在端到端采购执行环节，数字化采购将提供需求自动感知、订单自动处理及跟踪、自动收货和退货管理，以及付款跟踪等功能，通过持续提升自动化以及风险控制水平，提高采购执行的效率和合规性。

4. 采购执行自动化

基于预设定的业务规则，对包含采购需求感知、需求提报、订单审批、货物跟踪、收货与退货管理，以及付款在内的全流程进行自动化实时管控，极大提升采购执行效率。

5. 合规与管控

将风险点管控要求嵌入各业务流程的关键环节，通过整合自动化以及区块链技术，确保端到端流程合规可控；并利用 AI 以及高阶分析，实现跨订单的实时货物追踪，打通实物流与信息流的高度协同一致。

在制定品类策略与供应商管理环节，数字化采购将实现对内部采购支出的实时管控，以及对外部市场动态的精准预测与把控，根据企业自身发展需求，为采购管理人员制定品类策略，为供应商全生命周期管理提供可靠的依据。

6. 品类分析与战略制定

针对历史采购数据进行多维度分析，包括业务影响程度、市场复杂程度等，明确特定品类在企业采购中的战略定位；同时，利用人工智能、认知计算，结合第三方平台数据，精准把控市场行情动态。通过多源信息拟合，自动化推荐未来品类的提升方向及举措，持续降低企业总采购成本与风险。

7. 供应商协同与创新

利用网络化协同平台，根据企业品类战略与定位，自动识别符合企业自身发展战略的潜在供应商资源，通过与供应商的协同与创新，帮助企业实现战略目标。全流程供应链采购协同如图 6-10 所示。

二、数字化生产

微课：
数字化生产

供应链数字化生产是在制造工厂精益化目标达成之后，在一定的信息技术基础上，逐步开始供应链业务数字化的过程。数字化工厂需要供应链管理率先实现数字化和一体化，并且使其成为数字化工厂运营的主要纽带。在这种工作场景下，自动搬运、自动配送、智能存储、RFID/IoT 自动采集信息和数据等作业形式替代了部分人工作业。同时，将物流信息系统升级为集信息传递和调度指挥于一体的智能调度系统，实现了实时传递生产信息并指挥调度智能装备进行有序作业。

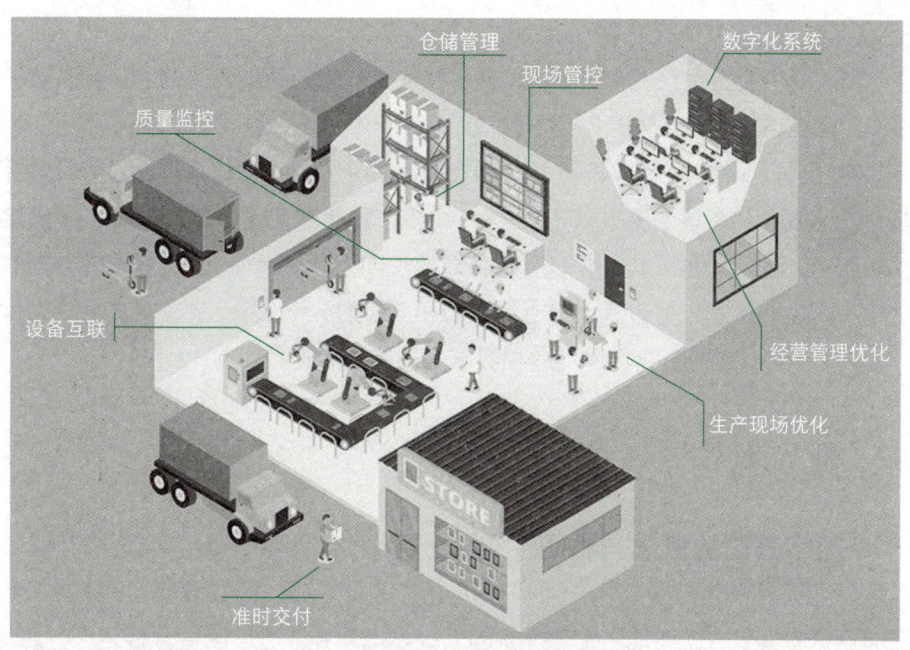

图 6-10　全流程供应链采购协同

制造企业在推行高柔性生产方式的同时，要求供应链继续保持从项目计划到实施全过程的高效率；并通过应用仿真、数字孪生、虚拟现实/增强现实（VR/AR）等信息技术手段进行方案优化、状态监控和结果验证等工作，较好地满足了制造和交付体系高效化的要求。同时，数字化、智能化技术的进步也促进了生产模式的变革和升级，推动生产能力达到新高度。

（一）智能制造

制造供应链数智化是以工业互联网、大数据、云计算、5G 移动无线网络、人工智能、机器人、智能物流技术等软硬件新技术为基础，集成 PLM、ERP、MES、WMS、WCS 等系统，与供应链—生产—物流运营全过程进行关联，保证整个过程都实现精准的响应和更新，同时从生产—物流环境中收集有关生产—物流执行情况的信息。智能供应链平台具备先期验证、仿真、预警的能力，可在整个物流—生产过程中针对每一个订单、每一个物料、每一个工位进行实时仿真和验证。结合大数据分析和统计学技术，快速作出有关供方交付、库存资源、自有物料存储、个性化订单配套需求、配送资源、工序排序，以及智能物流设施等优化方案。通过动态优化，确保所有工序上的所有设施和人员都各尽其能，实现效率和盈利能力的最大化。

（二）云制造

随着技术进步与应用，智能制造将以满足客户需求为中心，以服务性制造为基础，逐渐实现制造体系的云计算化和网络化。制造模式以"云设计、云生产、云销售"为基本形式，进一步改变供应链生产的体系模式，并加快制造与供应链的深入融合。云制造的理念将从根本上以需求为核心，生产制造环节（如需求分析、设计开发、生产）、管理，以及营销都将被搬上"云"端，而不依赖于某个独立的制造企业，制造体系将通过云计算平台下放到各个企业中间。在这个新模式下，设计、制造、管理等企业将各自为客户提供定制化的产品和服务，整个流程将以云端的方式去管理，同时将设计、制造和管理能力提高到行业标杆水平，以此来提升制造体系的整体能力和竞争力。最终，云制造模式将成为供应链体系中的重要一环，帮助企业实现制造和需求之间的无缝连接。

三、数字营销

（一）数字营销的概念与特点

数字营销是指利用数字技术为客户提供个性化服务的一种营销方式。数字营销的具体实践包括大数据、人工智能、社交媒体等新技术的应用，通过深度分析客户行为，制定有针对性的营销策略，实现精准营销。随着人工智能大模型技术的发展与应用，"AIGC+营销"的生成式人工智能技术进一步消除了数字营销存在的痛点，推动营销模式的再创新。AIGC在内容生产、创新运营、客服、销售、洞察决策五个方面为营销模式创新提供了新思路。

数字营销具备多媒体、跨时空、交互式、拟人化、超前性、高效性、经济性等特点。基于此，数字营销具有许多前所未有的竞争优势：能够将产品说明、促销、客户意见调查、广告、公共关系、客户服务等各种营销活动整合在一起，进行一对一的沟通，真正达到营销组合所追求的综合效果。这些营销活动不受时间与地域的限制，综合文字、声音、图像、视频等形式，用动态或静态的方式展现，并能够有序迅速地更新资料，同时，消费者也可以重复上线浏览查询。

（二）数字化供应链和数字营销的结合

数字化供应链和数字营销的结合可以实现企业的全面数字化转型，提高企业的竞争力和市场份额。具体来说，数字化供应链和数字营销的结合可以带来以下优势：

1. 提高供应链效率

数字化供应链可以提高产品的交付速度和准确性，减少企业的库存风险，提高整体周转率；加强供应链规划和库存控制，让物流、生产和销售紧密协作，实现高效运作。

2. 优化客户体验

数字营销可以了解客户需求，制订个性化营销计划，提高客户忠诚度；数字化供应链可以快速响应客户需求，提供高质量的产品和服务，优化客户体验，进一步提高客户忠诚度。

3. 实现智能化管理

数字营销和数字化供应链可以通过数据分析和人工智能实现智能化管理，提高企业的决策效率和准确性；数字化供应链可以实时监控和分析物流状态、库存和生产情况，优化物流和生产计划。

4. 提高企业竞争力

数字营销和数字化供应链可以提高企业的市场份额和竞争力；数字营销可以在市场上提供个性化的服务和精准营销，增加销售收入；数字化供应链可以提高物流效率和产品质量，降低成本，提高产品竞争力。

5. 开拓新的商业模式

数字营销和数字化供应链可以帮助企业开拓新的商业模式。数字营销可以提供新的销售渠道和销售方式，如在线销售和社交电商；数字化供应链可以支持跨境电商和智能物流，实现更加高效便捷的供应链系统。

数字化供应链和营销体系的协同作用是通过数字化、智能化和共享化的方式，实现人货匹配，打造全链路数字化业务核心，实现全渠道、全场景、全数据的新零售场景，解决实体经济数字化转型难的问题并打通线上线下"人货链"，利用数字技术获得全新商机。

调查研究与善作善成

新能源汽车的定制化生产

一、调研背景

近年来，随着政府以及消费者对环保和可持续发展的日益重视，新能源汽车行业迅猛发展。新能源汽车作为绿色出行的重要交通工具，其市场渗透率不断提高，展现出巨大的发展潜力和广阔的市场前景。

当前，新能源汽车的主要消费群体以年轻人为主，他们对汽车的性能、外观、智能化等方面有着较高的要求。同时，个性化需求也成为他们选择新能源汽车的重要因素之一。因此，针对年轻消费者提供的个性化定制服务成为新能源汽车企业提升市场竞争力的重要手段。

A企业是一家新能源汽车生产企业，市场定位时尚、活力、运动，为了更好地满足消费者的个性化需求，准备推出汽车定制化服务。通过定制化服务，A企业可以进一步提升品牌形象，增强消费者黏性，提升市场竞争力。

二、调研要求

1. 调研新能源汽车生产工艺与品牌定位

（1）调研市场上以年轻人为主要目标群体的新能源汽车品牌信息，包括品牌名称、产品定位、市场表现等。

（2）调研上述品牌新能源汽车技术的工艺特点和供应链优势。

（3）为A企业制定差异化品牌定位方案，并提出在技术、性能上的建议，以突出品牌特点。

2. 提出三个个性化定制方案，并制定相应的生产策略和采购策略

（1）结合年轻消费者的个性化需求特点，提出三个具体的个性化定制方案，包括定制内容、定制流程、定制价格等。

（2）针对每个定制方案，制定相应的生产策略，包括生产计划、生产流程优化、生产线调整等，以确保定制化服务的顺利实施。

（3）制定与定制化服务相匹配的采购策略，包括供应商选择、原材料采购、库存管理等，以降低采购成本，提高供应链响应速度。

自测习题

一、单项选择题

1. 采购流程的第一步是（　　）。
   A. 供应商选择　　　　B. 采购计划制订
   C. 需求确定　　　　　D. 发出订单

2. （　　）是以产品特性为基础来设计生产线布局的，通常为流水线布局。
   A. 固定式布局　　　　B. 功能式布局
   C. 产品导向式布局　　D. 单元式布局

3. 当 CODP 在原材料采购与零部件加工之间时，说明原材料采购及其上游生产都是备货型生产，顾客可以对加工及其下游生产阶段提出特定要求，这种组织生产方式是（　　）。
   A. ATO　　　　　　　B. FTO
   C. PTO　　　　　　　D. ETO

4. （　　）在实现产品品种多样化和定制化的同时，不相应增加成本。
   A. 敏捷制造　　　　　B. 精益生产
   C. 大规模定制　　　　D. 并行生产

5. 智能化采购是在数字化采购的基础上，以（　　）为核心，以产品或服务转型和流程重构为手段。
   A. 订单　　　　　　　B. 数据
   C. 计划　　　　　　　D. 系统

二、多项选择题

1. 供应链下采购模式的优化体现在（　　）。
   A. 从为库存而采购到为订单而采购的转变
   B. 从采购管理向外部资源管理转变
   C. 从一般买卖关系向战略协作伙伴关系转变
   D. 从事后评估向全程绩效评估转变

2. 流水线布局用于生产特定的产品，这类产品通常（　　）。
   A. 需求量大
   B. 需求量小
   C. 每个工位间的移动时间非常短
   D. 生产过程中几乎没有半成品产出

3. 供应链环境下集中采购的优势体现在有利于（　　）和获得采购规模效益。
   A. 降低采购成本与物流成本
   B. 与供应商建立稳固关系

C. 获得供应商在技术开发、贷款结算等方面的支持

D. 对内部用户有更强的客户导向性

4. 智能供应链平台具备先期（   ）的能力，可在整个物流—生产过程中针对每一个订单、每一个物料、每一个工位进行实时仿真和验证。

    A. 规划   B. 验证

    C. 仿真   D. 预警

5. 供应链分销网络设计的过程主要涉及（   ）。

    A. 客户服务需求分析   B. 分销网络目标的确定

    C. 分销网络方案的设计   D. 分销网络方案的评估选择

三、判断题

1. 分散采购制度适合大型生产企业或流通企业。（   ）
2. 供应链数字化生产是在制造工厂成本控制目标达成之后，在一定的信息技术基础上，逐步开始供应链业务数字化的过程。（   ）
3. 敏捷制造技术实施的目标是最大限度降低生产成本。（   ）
4. 数字营销和数字化供应链可以帮助企业开拓新的商业模式。（   ）
5. 交易规范化与专业化是提高分销效率的最基本的驱动力。（   ）

07 第七章

供应链物流管理

学习目标

素养目标
- 充分认识物流业是支撑国民经济发展基础性、战略性、先导性产业的定位和作用
- 树立由物流大国向物流强国迈进的信心与使命担当

知识目标
- 熟悉供应链物流管理的内容和目标
- 熟悉供应链物流管理的主要特点和任务
- 了解数字化供应链物流的主要特点和内容
- 熟悉第三方物流的特点和企业类型
- 熟悉第四方物流的功能和运作模式

技能目标
- 能够分析确定供应链管理中物流管理的主要任务和目标
- 能够合理选择第三方物流和第四方物流
- 能够根据自身需求与条件进行物流外包决策

思维导图

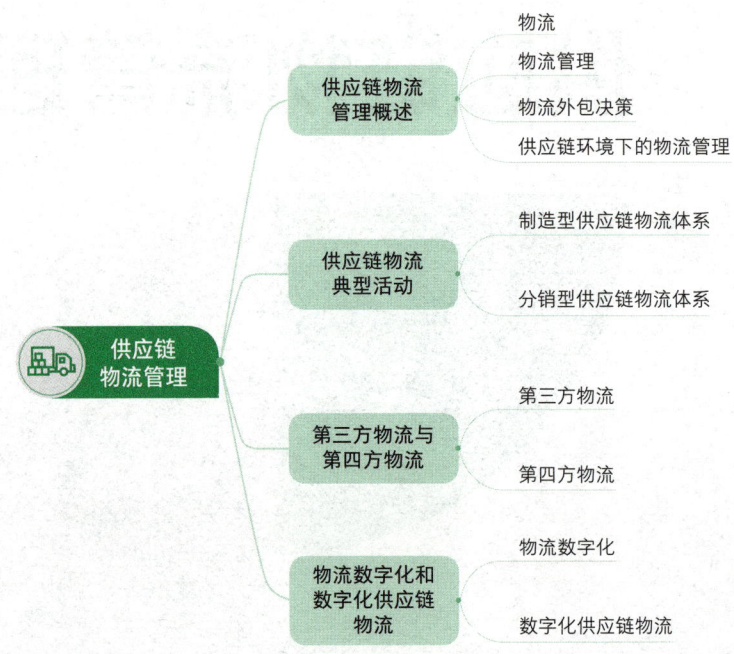

学习计划

◢ 素养提升计划

◢ 知识学习计划

◢ 技能训练计划

引导案例

智慧仓储赋能高水平智能制造供应链生产性服务

新一轮科技革命和产业变革正在重构全球创新版图、重塑全球经济结构。积极培育未来产业、加快形成新质生产力，将成为增强国际竞争力和激发全球经济增长新动能的重要举措。

新质生产力首先离不开"智能制造"。21世纪的竞争已不再是企业和企业之间的竞争，而是供应链和供应链之间的竞争。智能制造正在重构供应链，推动供应链朝着更细分、更专业、更成熟的方向发展。

智能制造技术高度集成的"灯塔工厂"已成为制造业发展的新趋势和风向标。然而，"灯塔工厂"主要采用大规模定制生产模式，生产批次多、频率高，想要维持其高效运转，不仅对与之配套的供应链服务设施提出了"严丝合缝"的高标准，对供应链管理解决方案也提出了前所未有的高要求。

日日顺供应链科技股份有限公司（以下简称"日日顺"）通过创新技术及设备应用，不断提升供应链管理服务智能制造的能力与水平，在全国范围内开展智慧仓储建设，赋能行业客户供应链高效平稳运行。青岛中德生态园区的智能无人仓项目是其为智能制造提供的解决方案之一。

这个国内首个兼容"零部件＋全品类成品"管理的智能无人仓，集合了管理模式、管理系统、智能技术装备研发和集成应用等诸多创新于一身。

在管理模式上，日日顺中德仓采取了"供应商库存VMI[①]前置集中化管理，根据生产订单拉动进行JIT精准化供给，根据成品订单进行云仓智能化分拨"的综合一体化先进管理模式。该模式能够根据工厂需要提供前置齐套、前置检测、前置组装等多项增值服务，以及全国无盲区和全球范围内的精准送达。

在管理系统上，日日顺中德仓还构建起全域全程数字孪生可视化管理系统，能够对数以百计的传感器和设备数据进行实时智能调度，驱动管理多个仓储作业区的几百台智能设备集群高效协同运作。

日日顺自主研发的数字化信息系统，已在全国范围内的21个VMI仓中完成迭代，高效赋能海尔、卡萨帝等品牌商，打造VMI全流程供应链解决方案，实现了发货准确率、成品装车效率、原材料入库齐套率达到99%以上，生产能力得到全面提升。

在技术装备创新方面，日日顺中德仓综合运用了"动态DWS[②]扫描技术"，行业首个AGV[③]＋机械手双机协同分拣作业模式，利用拆垛关节机械手3D视觉＋人工智能，实现自动分拣等多种人工智能先进技术，可实现全程无人和24小时不间断黑灯作业。

注：① VMI是指vendor managed inventory，供应商管理库存。
② DWS是指dimension（体积）、weight（称重）、scanning（扫码）的简称，是一种可以一体化完成货物自动体积测量、称重、扫码等工作的智能设备。
③ AGV是指automated guided vehicle，自动导引车。

> **引思明理**
>
> 党的二十大报告指出,要"建设现代化产业体系""推动制造业高端化、智能化、绿色化发展"。随着新一代信息技术与制造业的持续深度融合,以高端化、智能化、绿色化为目标,为工业创新赋能既是大势所趋,又任重道远。众多物流与供应链企业通过科技创新、模式创新打造数字化、智能化、一体化的柔性供应链,不仅为自身注入了数字化强劲动力,而且在与制造业的融合发展中加速形成了新质生产力,推动产业链供应链高质量发展。

第一节 供应链物流管理概述

一、物流

(一)物流的概念

中华人民共和国国家标准《物流术语》(GB/T 18354—2021)将物流(logistics)定义为:根据实际需要,将运输、储存、装卸、搬运、包装、流通加工、配送、信息处理等基本功能实施有机结合,使物品从供应地向接收地进行实体流动的过程。

物流是社会经济大系统中的一个重要子系统,与社会经济发展的关系极为密切。物流对社会生产和生活的作用主要表现为创造时间效用和空间效用。物流创造时间效用可以通过缩短时间、弥补时间差、延长时间差等形式获得。物流创造空间效用的具体形式有从集中生产场所流入分散需求场所创造价值;从分散生产场所流入集中需求场所创造价值;在低价值地生产流入高价值地需求场所创造价值。典型的物流过程如图7-1所示。

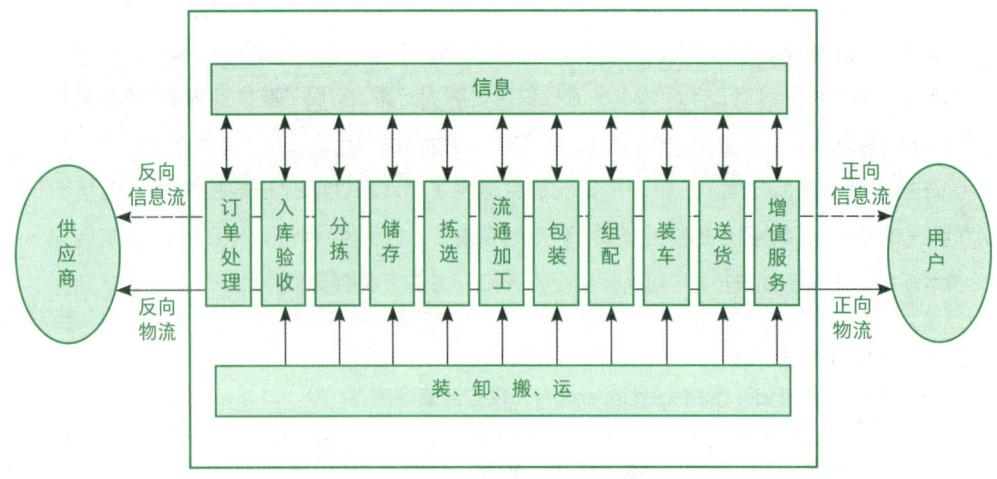

图7-1 典型的物流过程

（二）物流的类型

在不同的领域和条件下，物流的表现形态、基本结构、技术特征和运作方式等都存在诸多差异。从物流系统的性质、物流活动的空间范围和流程等不同角度可以将物流分成不同的类型，如图7-2所示。本书根据中华人民共和国国家标准《物流术语》（GB/T 18354—2021）着重介绍按照物流活动的流程分类的物流。

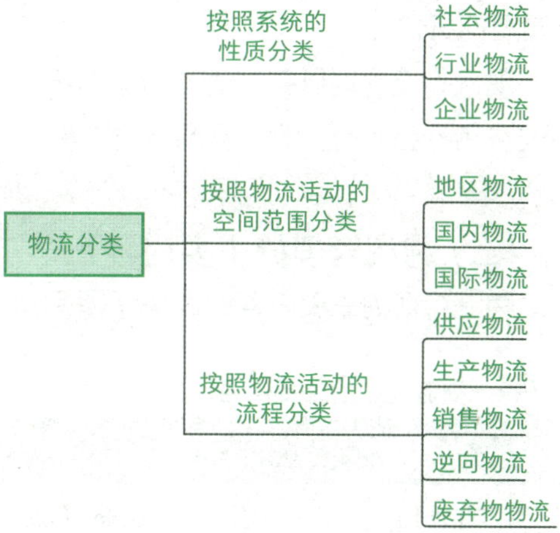

图7-2　物流分类

1. 供应物流

供应物流（supply logistics）是指为生产企业提供原材料、零部件或其他物料时所发生的物流活动。

2. 生产物流

生产物流（production logistics）是指生产企业内部进行的涉及原材料、在制品、半成品、产成品等的物流活动。

3. 销售物流

销售物流（distribution logistics）是指企业在销售商品过程中所发生的物流活动。

4. 逆向物流

逆向物流（reverse logistics）是指为恢复物品价值，循环利用和合理处置，对原材料、零部件、在制品及产成品从供应链下游节点向上游节点反向流动，或按特定的渠道或方式归集到指定地点所进行的物流活动。

5. 废弃物物流

废弃物物流（wasta logistics）是指将经济活动或人民生活中失去原有使用价值的物品，根据实际需要进行收集、分类、加工、包装、搬运、储存等，并分送到专门处理场所的物流活动。

二、物流管理

（一）物流管理的概念

中华人民共和国国家标准《物流术语》（GB/T 18354—2021）将物流管理（logistics management）定义为：为达到既定的目标，从物流全过程出发，对相关物流活动进行的计划、组织、协调与控制。

物流管理是规划、调节、控制实物（原材料、在制品、产成品、商品）在企业内外流动的过程。它使实物在包装、搬运、保管、库存、流通加工、运输、配送等活动过程中，使成

> **即学即练**
> 调研一家生产加工企业，了解其生产物流的状况，分析总结其优缺点，提出改进建议。

> **即学即问**
> 你认为校园中的哪些事物可以进行逆向物流管理？

本最小化；效益最大化；企业通过物流管理活动，使消费者能够在正确的时间、地点获得所需要的货物。

现代物流管理以实现客户满意为第一目标，以物流系统运作整体最优为目标，重视环保效益和社会效益，积极发展绿色物流。

（二）物流管理的主要内容

物流管理的主要内容如表 7-1 所示。

表 7-1　物流管理的主要内容

管理活动	管理内容
物流作业管理	仓储、运输、配送、包装、装卸搬运、流通加工
物流战略管理	客户服务、渠道设计、网络规划、功能运作、基础保障
物流成本管理	成本核算、成本计划、成本决策、成本分析、成本控制
物流质量管理	物流产品质量、物流服务质量、物流工作质量、物流工程质量
物流要素管理	六要素：人、财、物、设备、方法、信息

（三）物流管理战略

物流管理战略可分为全局性战略、结构性战略、功能性战略、基础性战略四个层次，如图 7-3 所示。

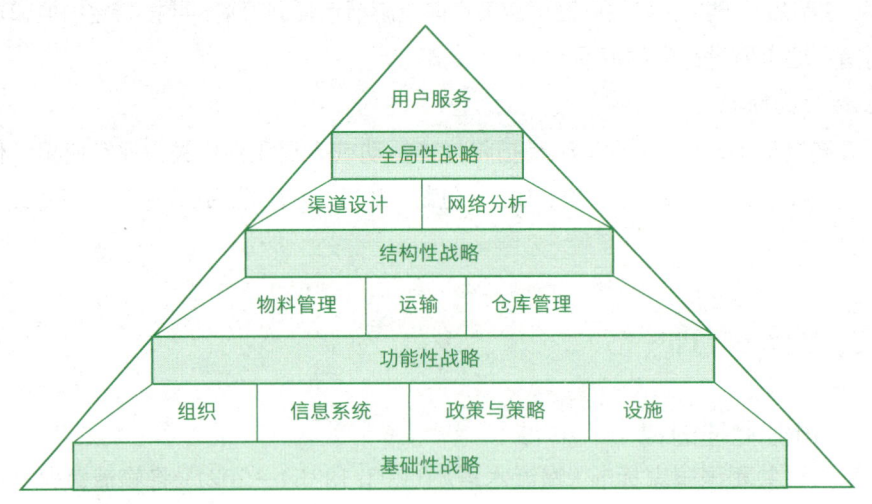

图 7-3　物流管理战略结构图

1. 全局性战略

物流管理的最终目标是满足客户需求，因此客户服务应该成为全局性战略的目标。对全局性战略建立用户服务的评价指标体系,实施用户满意工程,是物流战略实施的关键措施。

2. 结构性战略

结构性战略包括渠道设计与网络分析两方面的内容。

(1) 渠道设计。通过渠道设计,优化确定供应链中的制造主厂、分销中心、仓库等设施的位置和数量,使物流系统合理化,可提高物流系统的敏捷性和适应性,使供应链成员企业降低物流成本。

(2) 网络分析。主要通过库存分析、用户调查、运输方式分析、信息及其系统状况分析、合作伙伴绩效评价等为优化物流系统提供参考。其目的在于改进库存管理,提高服务水平,增强信息交流与传递效率。

3. 功能性战略

功能性战略主要指通过加强物流管理、运输管理、仓储管理等物流功能环节的管理,实现物流过程适时、适量、适地的高效运作。其主要内容有运输工具的使用与调度优化、采购与供应方法策略的采用、库存控制及其仓储管理。

4. 基础性战略

基础性战略主要是为保证物流系统正常运行提供基础性保障,其内容包括组织系统管理、信息系统管理、政策与策略管理、基础设施管理等。

(四) 物流管理与供应链管理的关系

1. 物流管理与供应链管理的联系

从物流管理的角度分析,物流管理是供应链管理的一个子系统,是供应链管理的核心内容。物流贯穿于整个供应链,是供应链的重要载体、具体形态和表现形式,是衔接供应链中各个企业的纽带。

从供应链管理的角度分析,供应链管理是物流一体化管理的延伸。供应链管理要求企业不仅关注物流活动的优化,而且关注其他企业职能的优化,包括需求、采购、制造、销售、财务等;从企业内部管理转向外部集成和跨企业的业务职能管理,以扩展企业模式,扩大竞争空间,创造市场价值。

2. 物流管理与供应链管理的区别

物流管理与供应链管理的区别见表 7-2。

表 7-2　物流管理与供应链管理的区别

比较项目	物流管理	供应链管理
管理模式	职能化管理:企业内部物流管理或企业间物流管理	流程化的价值链管理:不是多个企业的简单集合管理,而是跨企业的业务流程重组与管理

续表

比较项目	物流管理	供应链管理
导向目标	以最低的成本产出最优质的物流服务	提升客户价值和客户满意度,获取供应链整体竞争优势
管理层次	运作层次:仓储、运输、配送等具体业务的实施与管理	战略层次:设计、整合与重构关键业务流程;作出战略决策,包括战略伙伴关系、信息共享、合作与协调等
管理手段	行政指令或指导:运用战术决策和计划协调和管理各物流活动	合同与协议:建立战略伙伴关系,运用现代信息技术,实施流程化管理

三、物流外包决策

采用自营物流还是寻找其他管理方式取决于下列两个因素的平衡:物流对于企业的重要程度与企业经营物流的能力。物流外包决策矩阵如图7-4所示。

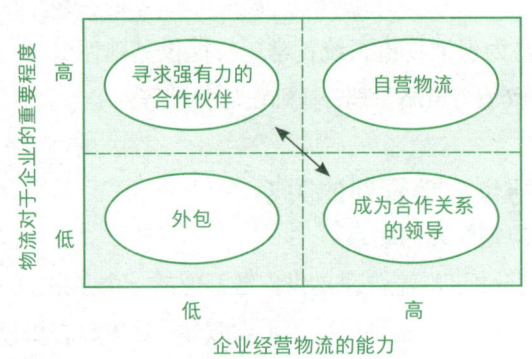

图7-4　物流外包决策矩阵图

如果企业对客户服务要求高,物流成本占总成本的比重大,且已经有高素质的人员对物流运作进行有效管理,那么该企业就不应该将物流活动外包出去,而应当自营。如果对于一家企业来说,物流并不是其核心战略,企业内部物流管理水平也不高,那么将物流活动外包给第三方物流供应商就有利于降低成本,提高客户服务质量。

企业在进行物流模式的决策时,应根据自己的需要和资源条件,综合考虑各方面的因素,慎重选择适当的物流模式。物流外包决策的方式主要有以下几种:

(一)基于企业核心能力的决策方式

非物流企业或多或少都存在物流需求,那么对于本企业物流模式的选择,可采用基于企业核心能力的决策流程,如图7-5所示。具体实施时,首先考虑物流功能子系统的战略重要性,以及物流功能子系统是否构成企业的核心能力。只有当物流是企业的核心能力时，企业才应该选择自营物流；如果物流不是企业的核心能力，则可以通过整合利用外部资源，选择第三方物流进行外包。

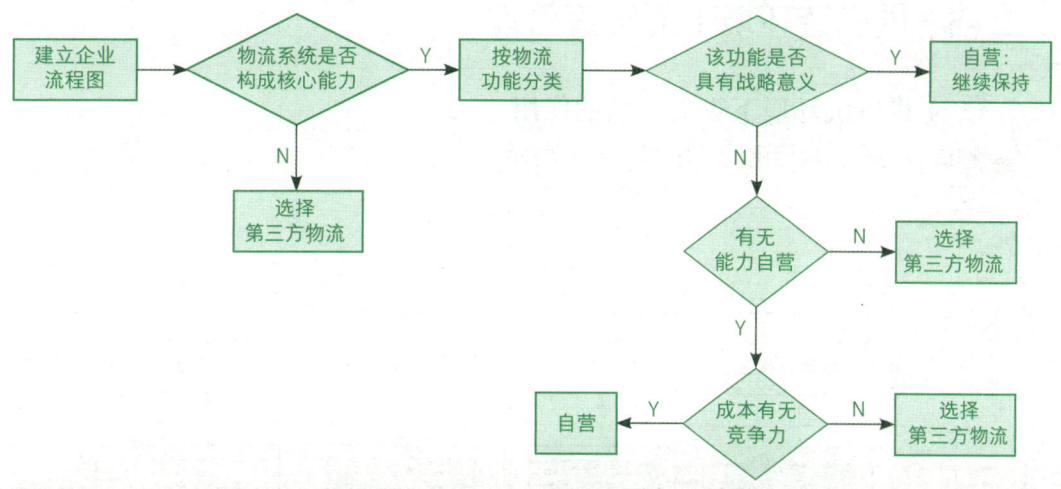

图 7-5　基于企业核心能力的决策流程图

该决策方式的优劣一般可以从以下几个方面判断：它们是否高度影响企业的业务流程？它们是否需要相对先进的技术？采用此种技术能否使企业在行业中领先？它们在短期内能否不被其他企业模仿？如果答案都是肯定的，那么就可以判断物流功能系统在战略上处于重要地位。

（二）基于物流成本的决策模式

降低物流成本是企业降本增收的重要手段之一，物流成本是由支持物流过程的活动所造成的，是指从原材料供应开始一直到将商品送达顾客手中所发生的全部物流费用。这些成本之间存在二律背反现象：减少仓库数量时，可降低保管费用，但会带来运输距离和次数的增加，从而导致运输费用的增加。如果运输费用的增加部分超过了保管费用的减少部分，总的物流成本反而增大。在决策的最后一步，在对自营还是外包成本进行比较分析时，只要企业在单位时间内所负担的外包费用不大于自营物流时的成本，该企业就可以选择第三方物流外包，反之则自营。

（三）基于企业发展战略的决策方式

企业发展战略具有明显的全局性、谋略性和相对稳定性，它是企业的方向性、根本性的问题，一般由企业高层宏观把握统筹。物流是企业的一项业务活动，服务于企业的发展战略。物流外包或自营决策首先要思考物流外包是否符合企业的发展战略。若物流外包偏离了企业的发展战略，就会打乱企业的长远部署，影响企业其他业务的顺利展开，进而给企业的长远发展带来不利影响。从战略目标实现的角度看,有些企业实施自营物流也能够有力推动企业战略目标的实现。

四、供应链环境下的物流管理

(一) 供应链环境下物流管理的作用

物流管理在供应链中的作用如图 7-6 所示。

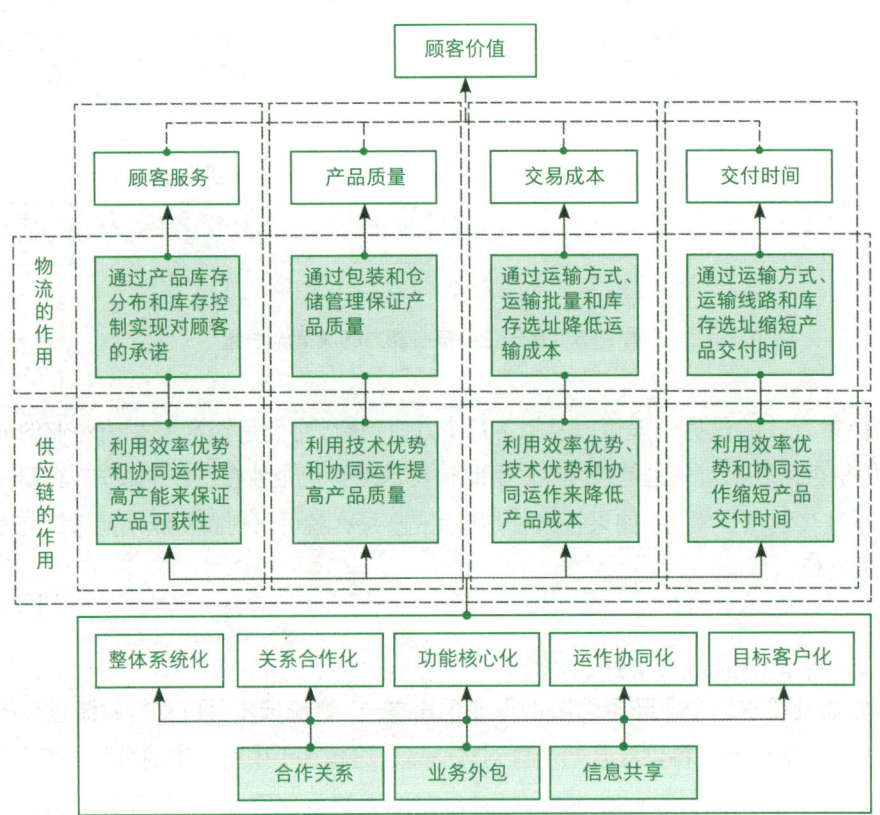

图 7-6　物流管理在供应链中的作用

(二) 供应链环境下物流管理的特点

1. 信息化

从原材料供应商到商品的最终消费者,整个流通过程都要保障信息的透明度和沟通的畅通无阻,供给和需求信息、储存信息、运输信息、货物实时状态信息等各种必要的信息都要及时、有效地传播,现代信息技术为此提供了物质基础保证。

2. 系统化

供应链环境下物流活动所涉及的范围和环节更广、更多。一方面,物流本身是一个系统,有着独立运行的规律;另一方面,物流系统又从属于更大的系统——供应链系统,要在更大的系统中开展运作。供应链环境下的物流活动更加强调系统性。

3. 合作化

供应链上各个组成部分，包括供应商、采购商、生产商、分销商等经营主体，要彼此紧密合作，共同作为供应链上的组成部分，需要保持稳定性和长久性，而这种稳定性和长久性必然要求供应链中的各企业保持良好的合作关系。

4. 便捷化

既然供应链是一个长期合作的整体，各个成员之间的合作渠道可以实现最优化、服务便捷化，及时供货，快速响应，以最大限度地提高供应链的运作效率，降低彼此的交易成本。

（三）供应链环境下物流管理的主要任务

1. 供应链物流系统合理化

供应链物流系统合理化的目标是低成本、高效率。在管理理念上，不仅要将物流管理战略纳入企业发展战略一体化的范围内，而且要与企业整体战略目标相一致。

2. 一体化供应链物流管理

对供应链运作的全过程进行一体化物流管理。供应链中的订单处理、库存、运输、物料处理及包装、设施网络等环节形成了相互关联的链条，在设计供应链物流管理系统时，要具有一体化物流的观念，保持供应链系统运作的协同性。

3. 客户满意度管理

供应链物流管理的最终目标是满足客户的期望和要求。因此，要了解、理解客户期望，提升增值服务水平，加强物流运作绩效管理。可以设定不同的物流运作绩效评价指标，如运作速度、运作灵活性及可靠性、故障补救等。

和合自主铸链兴企

中外运物流打造低碳物流行业标杆

中外运物流有限公司是中国外运股份有限公司的子公司，是中国最具规模的合同物流企业之一，公司实施"双碳"战略，聚焦各行业客户的绿色物流需求，持续应用低碳物流技术，参与低碳能源变革，推进低碳运营模式的升级。

中外运物流基于客户需求提供低碳解决方案，以数智化技术应用助力低碳运营，实现供应链全过程低碳化管理。

中外运物流低碳运营实施框架如图7-7所示。

以能源行业客户为例，中外运物流为企业提供碳数据管理、绿色运力和仓内绿能解决方案。一是根据客户总部标准，建立资源级、项目级的减碳数据管理体系，将运营过程中仓储、一次运输和二次运输货物的CO_2排放量纳入计算、监控、考核体系，阶段性回顾和识别重点减排举措，持续优化运营减碳指标；二是投入LNG[①]车辆用于工厂仓库短驳与区域配送服务，投入新能源电动卡车用于中短途运输服务，推进氢能源燃料卡车区域运输试点，构建绿色运力网络；三是在国内主要仓库逐步应用光伏太阳能屋顶绿电仓库资源，已覆盖全国主要仓库，共计57 000 m^2，实现仓内光伏清洁电力应用。

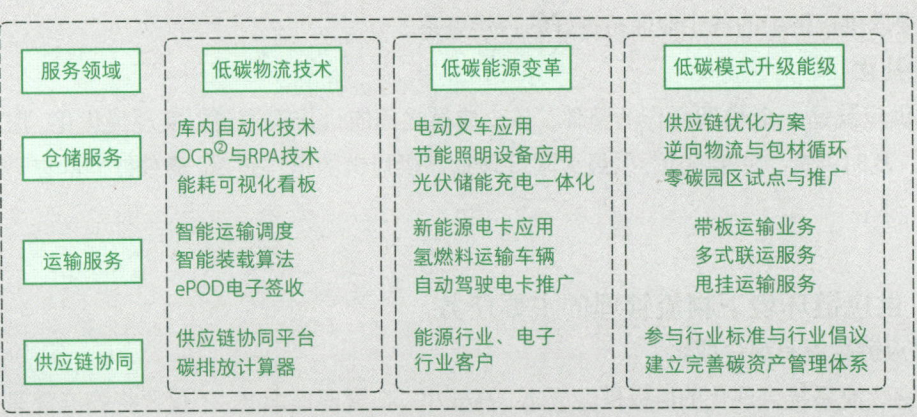

图7-7　中外运物流低碳运营实施框架

第二节　供应链物流典型活动

一、制造型供应链物流体系

（一）制造型供应链物流体系的含义

制造型供应链物流体系以原料合理交付到产线为目标，对于链条的响应要求较高。敏捷性越高的链条，物流资源会得到更合理的利用，同时对链条中的主导企业要求较高，供应链主导企业需要不断迭代其敏捷化程度。提高物流的敏捷性需要从制造供应链中所涉及的各个物流活动去考虑，并且控制物流的成本维持在合理范围内。

微课：
制造型供应链物流模式

（二）制造型供应链物流体系的主要构成

1. 货物类型

由BOM串联的原料与成品。

（1）原料是指所聚焦行业中，构成不同产品的成千上万种零部件。

注：① LNG是指liquefied natural gas，液化天然气。
　　② OCR是指optical character recognition，光学字符识别。

（2）成品是指所聚焦行业中，销售给分销商、零售商或者消费者的产成品。

2. 物流体系中的角色

由制造商主导，原料供应商和物流商配合。

（1）制造商是供应链主导方，负责发起物流需求。

（2）供应商是按生产节拍供应，以小批量多批次为主。

（3）物流商是指部分或者全部运输与仓储等物流作业的参与方。

3. 物流体系中的资源

原料仓和成品仓在不同功能定位下的仓储设备。

（1）原料仓用来存储原料，存储周期很短，根据生产节拍进行小批量、多批次的补货。

（2）成品仓用来存储产成品，根据销售订单需求进行仓储作业，有一定的存储周期。

（3）仓储设备。原料仓以快速备料为主，然后通过 AGV 等搬运设备配送上线。成品仓以立体库存仓储为主，批量化进行存储与出库作业。

4. 物流活动

物流活动包括原料供应与上线活动，成品下线与仓储活动。

（1）原料供应与上线活动包括供应商备料、发运、收货、理货、上架、存储、拣料、备料、生产配送。

（2）成品下线与仓储活动包括成品下线、入库、存储、拣选、复核、出库、发运。

制造型供应链物流以生产计划为驱动，在供应环节，供应商快速响应，保证物料交付；在物流环节，设置合理的原料仓储节点，提高物流作业的均衡性，做到物流成本可控。同时，在原料仓、生产配送以及成品仓中，需要配置相应的物流管理系统和自动化物流设备，仓储区与生产车间均应进行合理的设施功能区布局，并制定标准化的作业程序，以保证物料供应与生产工序的有序衔接与高效协同。

（三）制造型供应链物流模式

1. 循环取货

循环取货（Milk Run）通常由制造商或者物流公司根据确定的取货路线、频次、时间窗到若干个供应商处依次取货，最后汇集并送到区域配送中心或者总装配企业车间，在此过程中，还配合完成空容器的流转，即在上门取货前将空容器装车，到达供应商处先将对应空容器卸下再取货。制造业物流中的循环取货如图 7-8 所示。

循环取货的根本特点在于"小批量、多频次、确定的时间窗"。运用该物流模式，不仅能保证物料的及时供给，而且能有效降低库存水平并减少空车。循环取货模式形成一个经优化的物流网络，以高效率、低成本实现了物料和容器的快速流通，其优点是提高空容器流转效率；作业流程标准化；提高车辆容积率；降低运输成本；准时性，计划合理性；降低库存水平。循环取货的典型应用是在汽车零部件物流行业。

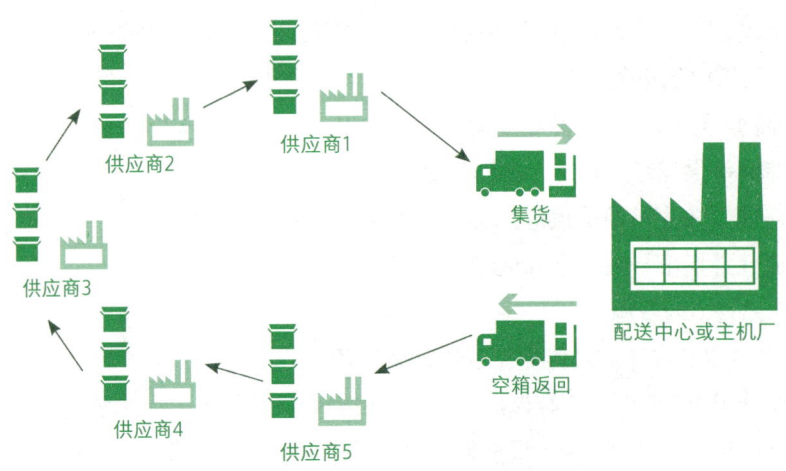

图 7-8　制造业物流中的循环取货

2. 看板补货

看板补货(kanban)是一种拉式物流模式，是指在车间或装配线边设置物料存储区域，并对每种物料设置最高库存和最低库存，低于最低库存水平时看板拉动实现补货，主要应用在小体积的通用性物料。看板补货又可分为单一看板补货和双看板补货。单一看板补货是指只有一个环节的看板补货，即从供应商直接补货到车间。双看板补货是指从供应商到配送中心再到车间两个环节的补货。最高库存和最低库存根据物料需求信息及相关分析来设定。

看板补货的优点是根据需求拉动，可以降低库存水平；缺点是占用车间或装配线的空间较多。

3. 直送上线

直送上线(ship to line)是指根据车间装配线的需求从供应商或者配送中心直接将指定物料配送到装配线的工位。

直送上线包括两种模式：JIT (just in time) 和 JIS (just in sequence)。JIT 是指及时配送，根据装配线的生产计划和实时情况，从供应商或配送中心提前备货，以保证在车间装配线需要该物料的时候刚好送到指定位置。JIS 是在 JIT 模式的基础上发展而来的，在及时配送的基础上再确定所有配送物料的顺序，即在备货时候考虑物料在装配流水线上的顺序，按照顺序拣选并配送物料，效率更高，更加密切配合装配线的均衡生产。直送上线主要考虑物料的备货提前期和装配线的节拍，以此来设定一个固定的配送频率或者配送时间点。

直送上线的优点是降低车间库存水平，提高物料流通速度，配送及时，消除过程等待的浪费，降低成本；缺点是如果装配过程中出现突发情况（如质量问题）需要紧急补货，对供应商的依赖性较高。

4. 台套配送

台套配送(kitting、SPS)是在直送上线模式基础上进一步发展形成的一种物流模式，其主要是以工位为中心。台套配送可分为单工位多台套和多工位单台套，一个台套即一个工位几个节拍时间内装配所需的物料，或者几个固定工位一个装配单位几个生产节拍所需的物料。台套配送体现在拣货、配送的容器上，对于某些工位，需要为零部件设计专门的容器。如果几个工位乃至一条线所有零部件物料都存放在一个容器里，该容器会随着装配线工位的移动而移动，即在第一个工位装配完毕后，容器随产品一起流到第二个工位，依次移动直到完成装配。

二、分销型供应链物流体系

（一）分销型供应链物流体系的含义

分销型企业处于供应链的下游，它们首先直接采购商品并将其放入配送中心存储，再通过分销送至门店或者直销至消费者，这样的企业物流为销售物流。其产品聚焦在自身的行业内，物流运作也是基于这个行业产品生产与销售渠道的特征而定的。在分销型供应链物流体系中，需要关注的核心因素是，随着销售量带来的物流量增加以及渠道或产品类型的变化带来的交付时效要求的提高，需要构建企业物流的成本结构，然后建立分销业务场景中的物流运作逻辑和时效约束，最终选择一种既达到物流交付时效要求，又能控制物流成本的方案。

（二）分销型物流体系的主要构成

1. 货物类型

分销商销售的商品。

（1）采购的货物。由分销商直接向供应商采购的商品。

（2）生产的货物：分销商自有工厂生产或者贴牌生产的商品。

2. 物流体系中的角色

由分销商主导，供应商/制造商和物流商配合。

（1）分销商。供应链主导方，管理整个链条中的物流运作。

（2）消费者/客户。物流需求发起方，发起订单交付需求。

（3）供应商/制造商。接收采购订单，向分销商供应产品，参与采购物流环节。

（4）物流商。部分或者全部运输与仓储等物流作业的参与方。

3. 物流体系中的资源。 销售物流网络中的 CDC 和 RDC。

（1）中央配送中心（central distribution center，CDC）。覆盖全国多个大区的配送中心，以存储为主、配送为辅，存储周期较长。

（2）区域配送中心（regional distribution center，RDC）。全国各个大区或者省域配送中心，以向客户进行配送为主，存储周期较短。

（3）仓储设备。需要较高的自动化水平满足存储与配送作业，如立体货架存储，自动分拣线，AGV 自动搬运等。

4. 物流活动。不同层级下仓储的内部收发存作业以及从仓库到客户端的运输作业。

（三）分销型供应链物流模式

消费属性和商品属性共同决定了商品的 SKU 和渠道特征，进而决定了供应链分销物流模式的差异。分销渠道的销售主导一般有四类：品牌商/制造商（B）、经销商（D）、批发市场（W）和电商卖家（E）。商品类型按保质期和使用周期长短分为 0 至 7 天的短保类、1 周至 1 年的快消类、超过 1 年的耐用类。根据销售主导和商品类型两个维度，可以归纳出分销型供应链物流模式，如图 7-9 所示。

图 7-9　分销型供应链物流模式

1. 电商物流配送模式（E2C）

电商物流配送是指通过互联网平台销售商品，并通过物流渠道进行配送，物流流程分为三个环节：订单处理、仓储和配送。订单处理包括顾客下单、付款、订单确认和管理等环节。仓储主要包括存储、理货和库存等环节。配送主要包括快运、快递、分拨等环节。电商物流配送一般分为两个阶段：第一阶段是长线运输，是将货物从中心仓运送至消费者所在区域的分拨仓或者配送服务站；第二阶段是短线配送，将货物送达消费者手上。

2. 批发市场城配模式（W2B）

批发市场城配模式主要服务于各类批发市场，其中，短保类的蔬菜、海鲜等商品，通过整车运输的方式将它们送到农产品市场。对于快消类和耐用类小商品、五金、建材等商品，由原产地通过全网快运、专线等物流模式配送到专业市场。

在这种模式下，由于末端城配订单的需求多是即时性的，因此，这种订单配送被称为即时配送。即时配送通常依托于同城货运平台或本地生活服务平台，运用数字技术和人力众包等社会物流资源，为即时购物及应急需求等线上消费活动，提供点对点、无中转、即需即送的快捷配送服务。货运平台整合了原本零散的社会运力，并根据不同车型匹配不同商品，是共享经济在物流中的应用，发展迅速，现已成为服务于社会和消费者的重要物流服务形式。

3. 经销商分销城配模式（D2B）

经销商分销城配模式主要应用于传统分销渠道，由生产商或品牌商通过整车或专线的物流模式将商品配送到经销商仓库，再由经销商进行城市配送。在这种模式下，货权发生了转移，末端物流由经销商、分销商等独自负责，通常由经销商自购车辆进行配送。

在快消品行业中，这种模式下业务人员的职责不仅局限于配送，而且包括维护客情、上架等任务。由于各个经销商所代理的商品品类有限，配送大多是单品配送。随着电商渠道和新零售渠道的产生，传统的 D2B 经销商分销城配模式已经无法满足消费者的更高需求。因此，许多快消类品牌商开始将经销商端的物流承接下来，外包或自营来做末端物流配送。

4. 品牌商城配模式（B2B）

随着消费升级，品牌商逐渐开始直管渠道，品牌商城配模式应运而生。末端物流链条环节相对较少，不经过多个经销商中转，直接由品牌商仓配送到零售终端。

短期类商品由于时效性要求较高，覆盖范围有限，通常由品牌商仓直接配送到零售终端；快消类和耐用类商品则通过专线或整车运输到区域仓，再由区域仓配送到零售终端。

生鲜制品生产企业通常成立自己的物流公司，负责货主的"仓、干、配"的物流需求。在渠道多元化、线上线下深度融合的背景下，品牌商需要考虑如何以最短线路、最快速度、最小损耗送到最小分销单元，并以最小库存量实现价值匹配。

企业城配业务通常是单边业务，末端城配业务是纯成本支出项，不能创造利润。随着社会化分工越来越明确，品牌商的物流部门逐渐独立出来承接物流业务或外包给第三方物流。

> **创新驱动强链强国**
>
> **"5G+SLAM"智慧物流提升新能源汽车生产柔性与产能**
>
> 某新能源汽车总装基地为保障近乎翻倍的生产节拍、混线生产所带来的型号繁杂与匹配协同问题，以及提质降本、智造转型等内在需求，与合作伙伴中兴通讯共同基于5G工业自然导航AGV，积极推进5G全连接工厂建设，将5G与智能制造逐步融合，打造总装车间"5G+SLAM"（Simultaneous Localization and Mapping，同步定位与地图构建）智慧物流配送解决方案，大大提升了车间的生产柔性。
>
> 中兴通讯AGV调度系统与车企集团多系统配合协同，实现了物流全域管理。SPS（Set Parts Supply，零部件成套供应）及排序件在整体物料使用中的占比提升至95%以上，按需供货及时可靠的同时，保证线边无冗存，真正实现精准配送；车企物流效率提升33%，周转器具遗失率下降至千分之一，年均节省物流成本140万元；通过使用5G工业自主导航AGV及云化调度系统进行统一调度管理，消除物流节拍瓶颈，提升配送精准度，满足汽车基地全天候、高生产节拍的生产诉求，使得年产能提升约10万台，生产效率提升约67%。

第三节 第三方物流与第四方物流

一、第三方物流

(一) 第三方物流的基本概念

中华人民共和国国家标准《物流术语》(GB/T 18354—2021)规定：第三方物流 (third party logistics，TPL 或 3PL) 是指由独立于物流服务供需双方之外且以物流服务为主营业务的组织提供物流服务的模式。它是生产经营企业为集中精力做好主业，把原来属于自己处理的物流活动，以合同形式委托给专业物流服务企业，同时通过信息系统与物流服务商保持密切联系，以达到对物流活动全过程管理和控制的一种现代物流作业方式。第三方物流服务系统如图 7-10 所示。第三方物流与传统物流的区别如表 7-3 所示。

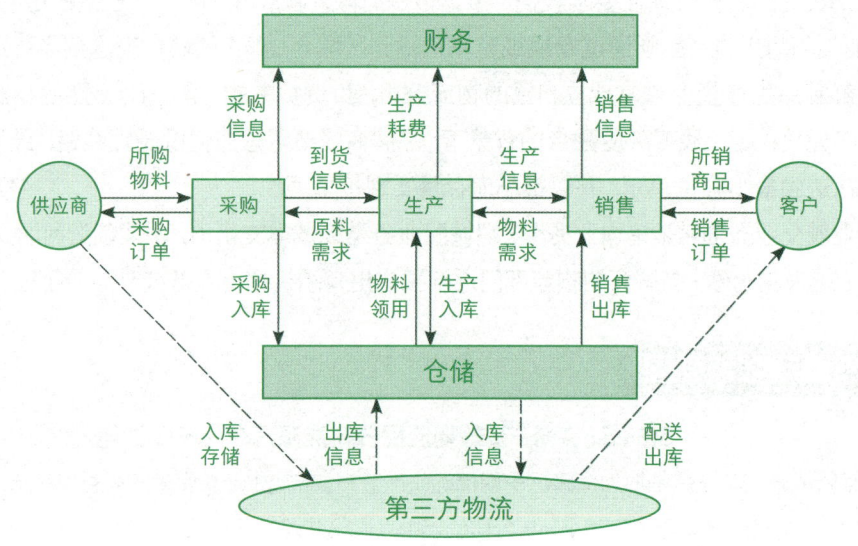

图 7-10　第三方物流服务系统

表 7-3　第三方物流与传统物流的区别

项目	第三方物流	传统物流
服务功能	提供功能完备的全方位、一体化物流服务	仓储或运输单功能服务
物流成本	由于具有规模经济性、先进的管理方法和技术等，物流成本较低	资源利用率低，管理方法落后，物流成本较高
增值服务	可以提供订单处理、库存管理、流通加工等增值服务	较少提供增值服务

续表

项目	第三方物流	传统物流
客户关系	客户的战略同盟者，长期的契约关系	临时的买卖关系
运营风险	需要较大的投资，运营风险大	运营风险小
利润来源	与客户一起在物流领域创造新价值	客户的成本性支出
信息共享程度	每个环节的物流信息都能透明地与其他环节进行交流与共享，共享程度高	信息的利用率低，没有共享有关的需求资源

（二）第三方物流的特征

1. 关系合同化

第三方物流是通过契约形式来规范物流经营者与物流消费者之间的关系的。物流经营者根据契约规定，提供多功能直至全方位一体化的物流服务，并以契约来管理所有提供的物流服务的活动及过程。

2. 服务个性化

第三方物流可根据不同物流消费者在企业形象、业务流程、产品特征、顾客需求特征、竞争需要等方面的不同要求，提供有针对性的个性化物流服务和增值服务。第三方物流自身也因市场竞争、物流资源与能力的影响需要而形成核心业务，不断强化物流服务的个性化和特色化，以增强物流市场的竞争能力。

3. 功能专业化

第三方物流所提供的是专业的物流服务。从物流设计、物流操作过程、物流技术工具、物流设施到物流管理，必须体现专门化和专业水平，这既是物流消费者的需要，也是第三方物流自身发展的基本要求。

4. 管理系统化

第三方物流应具有系统的物流功能，这是第三方物流产生和发展的基本要求。第三方物流只有建立现代管理系统，才能满足运行和发展的基本要求。

5. 信息网络化

信息技术是第三方物流发展的基础。在物流服务过程中，实现了信息的实时共享，促进了物流管理的科学化，极大地提高了物流效率和物流效益。

第三方物流的服务内容如表 7-4 所示。

表 7-4 第三方物流的服务内容

一般服务	增值服务
设计和开发物流策略/系统	咨询服务、金融服务
信息管理	库存管理

续表

一般服务	增值服务
提供管理和服务水平的监测报告	组装、维修及包装
货物集运	退换货处理和维修
货运代理、海关代理	海外分销和采购
运输与配送	货物跟踪
仓储服务	进出口许可证协助和业务操作、海关通关
运费清算及支付	信用证审证和制单

（三）第三方物流企业的分类

第三方物流企业的分类如图 7-11 所示。

1. 按资源整合的方式分类

按资源整合的方式分类，第三方物流企业主要有以下两种：

（1）非资产型物流企业。非资产型物流企业仅拥有少数必要的设备设施，基本上不进行大规模的固定资产投资，主要通过整合社会资源提供物流服务。轻资产公司可以把不可控的部分外包出去，利用合作伙伴关系大大缩短企业进入市场的过程，同时减少资金投入和运行风险，更注重品牌提升和市场拓展，把资金和精力专注于核心业务。

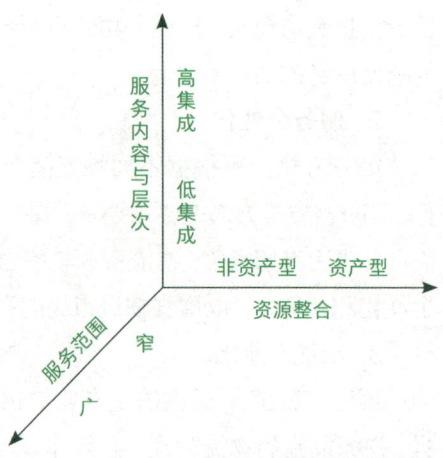

图 7-11 第三方物流企业的分类

（2）资产型物流企业。资产型物流企业采取的方式是自行投资建设物流设施并购买装备，此外，还可以通过兼并重组或者建立战略联盟的方式获得或利用资源。虽然需要较大的投入，但拥有自己的网络与装备，有利于更好地控制物流服务过程，其柔性化能力和整体服务质量也有保证。

2. 按服务内容与层次分类

在服务内容上，第三方物流企业可以提供四个层次的物流服务：集成度较低的功能型物流服务和增值型物流服务，以及集成度较高的综合集成服务和系统咨询设计服务。

集成度最低的是功能型物流服务。这类企业提供诸如货代、运输、仓储与配送中的某一项或某几项服务。它们的竞争力在于在充分有效地利用自有资源的基础上提高功能型物流服务的经营效率，达到比自营物流更高效、更低成本的运作，传统的运输、仓储企业实际上就是提供这种服务的。增值型物流服务是在保证能够提供高水平功能型物流服务的基础上，附加一些增值服务，替客户分担更多的非核心业务。增值服务没有固定的组成要素，不同的行业所需的增值服务也不尽相同。

提供综合集成服务的物流企业能够把供应链上的一段（如分销物流）或者整个供应链的物流活动高度集成，有效衔接，并进行运作、管理和优化。它们为客户提供一种长期、专业、高效的物流服务。提供系统咨询与设计的物流企业不仅具备运营和管理整个供应链的能力，而且能够利用专业、科学的物流知识，为客户量身打造物流体系的规划、设计、整合和改进，全面提升客户的运作效率与效益，提高客户服务水平和快速反应能力，更好地支持和服务于客户的可持续发展战略。

3. 按服务范围的大小分类

服务范围主要是指第三方物流企业所服务的行业范围。有些企业的服务范围相对较窄、较集中，仅为单一或者少数行业提供服务；有些企业的服务范围很广，可以为多个行业提供服务。在成熟的物流市场上，第三方物流企业为了建立自己的竞争优势，一般将主营业务定位在特定的一个或几个行业，因为不同的行业其物流运作模式是不同的，专注于特定行业可以形成行业优势，增强自身的竞争能力。

（四）第三方物流的运作模式

1. 项目物流服务模式

项目物流是指为具体的项目提供全程物流服务的模式。这类需求主要集中在一些重大的基础设施建设项目和综合性展会、运动会中，如港珠澳大桥、国家体育馆、奥运会、世博会等大宗商品的运输物流服务。实施这种模式的物流企业必须具备丰富的物流运作经验和强大的企业实力。

2. 行业物流服务模式

行业物流服务模式是通过运用现代技术手段和专业化的经营管理方式，在拥有丰富的目标行业经验和对客户需求深度理解的基础上，在某一行业领域内提供全程或部分专业化的物流服务模式，如冷链物流、医药物流、汽车物流等。行业物流具有巨大的发展空间和市场潜力。

3. 定制式物流服务模式

定制式物流服务是指将物流服务提供至某个具体的客户，为该客户提供从原材料采购到产成品销售过程中各个环节的全程物流服务模式，涉及储存、运输、加工、包装、配送、咨询等全部业务，提供包括订单管理、库存管理、供应商协调等在内的增值服务。采用定制式物流服务模式不仅能保证物流企业拥有稳定的业务，而且能为其所服务的企业节省运营成本。

4. 物流管理输出模式

物流管理输出模式是指物流企业在拓展市场时，强调自己为客户企业提供物流管理与运作的技术指导，由物流企业接管客户企业的物流设施或者成立合资公司承担物流具体运作任务的服务模式。它又可分为以下两种方式：

（1）系统接管客户物流资产。如果客户在某地区已有车辆、设施、员工等物流资产，而物流企业在该地区又需要建立物流系统,则可以依据合同接管客户的物流资产、物流系统甚至员工。接管后,物流系统可以在为该客户提供服务的同时为其他客户提供服务,通过资源共享改进利用率并分担管理成本。

(2) 与客户合资成立物流公司。物流企业采取与客户共建合资物流公司的方式,既让客户保留物流设施的部分产权,在物流作业中保持参与,以加强对物流过程的有效控制;又注入了专业物流公司的资本和技能,使物流企业在物流服务市场的竞争中处于有利地位。

二、第四方物流

(一) 第四方物流的概念

第四方物流(fourth party logistics, 4PL)供应商是一个供应链的集成商,对公司内部和具有互补性的服务供应商所拥有的资源、能力和技术进行整合和管理,并提供一整套供应链解决方案。第四方物流运作流程如图7-12所示。

> **即学即练**
> 请调研两家国内外知名的第四方物流企业,比较它们各自的服务内容和运营模式。

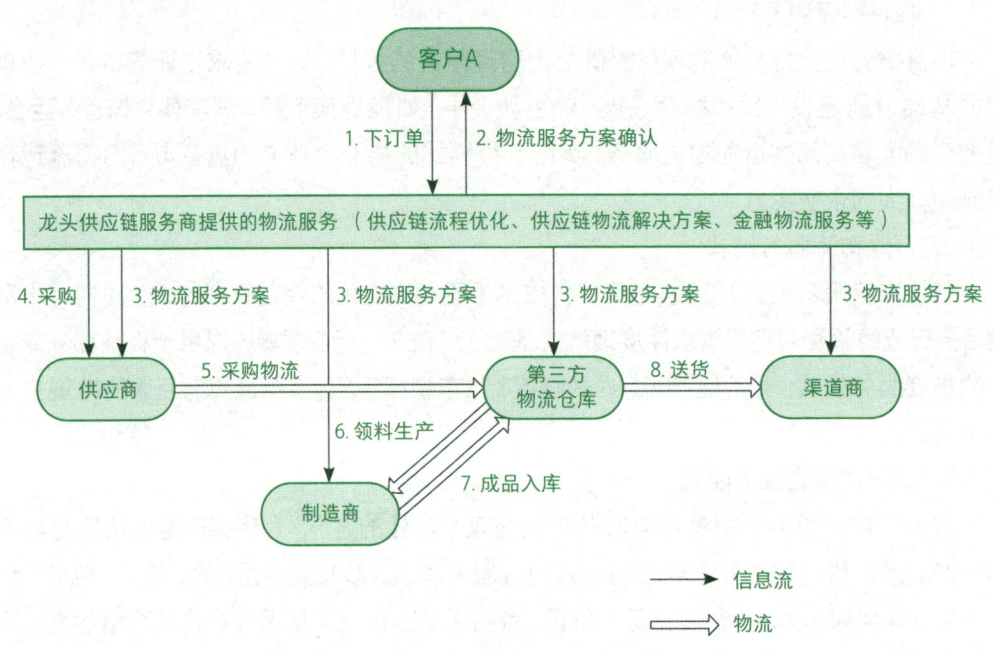

图 7-12 第四方物流运作流程

> **即学即问**
> 第四方物流提供商有的是大型物流企业,有的是专业的供应链服务企业,请对比它们有什么不同。

(二) 第四方物流的功能

1. 供应链管理的功能

4PL作为供应链管理的一种模式,它的出现是市场对物流外包的必然产物。4PL在复杂的供应链管理中担负着重要任务,是供应链外部协作的重要组成部分。它对供应链物流进行整体上的计划和规划,并监督和评估物流的具体行为和活动效果。4PL 是对包括 4PL 服务商及其客户在内的一切与交易有关的伙伴的资源和能力的统一。4PL 集成了管理咨询和 3PL 服务商的能力。

2. 一体化物流的功能

一体化物流(integrated logistics)是指不同职能部门或不同企业之间通过物流上的合作,达到提高物流效率、降低物流成本的效果。一体化物流包括三种形式:垂直一体化物流、水平一体化物流和物流网络。4PL 向用户提供更加全面的供应链解决方案,使上下游产业连接起来,并通过 3PL 企业、信息技术企业和咨询企业的协同化作业来实现,使物流的集成化一跃成为供应链一体化。

3. 供应链流程再造及整合上下游产业的功能

4PL 最高层次的方案就是流程再造。供应链过程真正的显著改善要么是通过各个环节计划和运作的协调一致来实现的,要么是通过各个参与方的通力协作来实现的。流程再造过程就是使公司的业务策略和供应链策略协调一致的过程,同时整合和优化了供应链内部和与之交叉的供应链运作。流程再造集中在改善某一具体的供应链职能上,包括销售和运作计划、分销管理、采购策略和客户支持等。现代信息技术与人工智能技术,加上战略思维、流程再造和卓越的组织变革管理,共同形成最佳方案,对供应链活动和流程进行整合和改善。

(三) 第四方物流的运作模式

第四方物流组织具有较大的柔性,它能够根据成员组织的约定和目标,适应不同的组织,反过来也能被行业结构与行为所塑造,形成灵活的运作模式。

1. 协同运作模式

由第四方物流为第三方物流提供其缺少的资源,如信息技术、管理技术等,制定供应链策略和战略规划方案,并与第三方物流共同开发市场。具体的物流业务实施则在第四方物流指导下由第三方物流完成,它们之间一般采取商业合同或战略联盟的合作方式。在这种模式中,第四方物流为实力雄厚的第三方物流服务商提供供应链战略方案、技术和专门的项目管理等补充功能,并主要通过第三方物流为多个客户提供全面的物流服务和最优的解决方案。协同运作模式如图 7-13 所示。

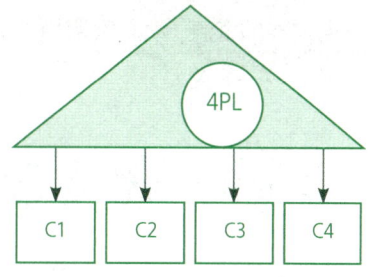

图 7-13 协同运作模式

2. 方案集成模式

由第四方物流为客户提供整条供应链运作和管理的解决方案,为客户提供全面、集成的供应链管理服务。在这种模式中,第四方物流作为一个联盟的核心成员和枢纽,集成多个服务供应商的资源,重点为一个主要客户服务。这种运作模式一般在同一行业范围内采用,供应链成员处于供应链上下游和相关业务范围内,彼此之间业务熟悉且联系紧密,具有一定的依赖性。第四方物流以服务主要客户为龙头,带动其他成员企业发展。方案集成模式如图7-14所示。

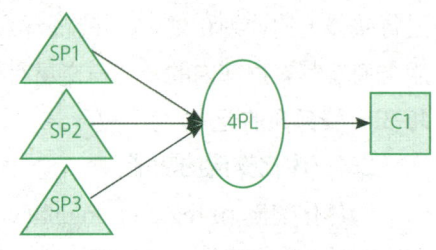

图7-14 方案集成模式

3. 行业创新模式

第四方物流通过与具有各种资源、技术和能力的服务商协作,为多个行业的客户提供供应链解决方案。它以整合供应链的职能为重点,以各行业的特殊性为依据,领导整个行业供应链实现创新,给整个行业带来变革与最大化的利益。这种模式以4PL为主导,联合第三方物流及其他服务供应商,提供运输、仓储、配送等全方位的高效服务,为多个行业客户制定供应链解决方案。行业创新模式如图7-15所示。

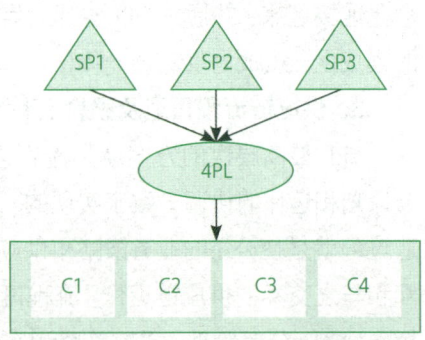

图7-15 行业创新模式

4. 动态联盟模式

这种模式是一些相对独立的服务商和客户受市场机会驱动,通过信息技术相连接,在某个时期内结成的供应链管理联盟。这些企业在设计、供应、制造、分销等领域分别为联盟贡献自己的核心能力,以实现利润共享和风险分担。它们除了具有一般企业的特征外,还具有基于公共网络环境的全球化伙伴关系及企业合作、经营过程优化的组织、可再造重组的敏捷性等特征。一个企业可同时以不同的角色加入多个第四方物流联盟,在贡献资源的同时得到自己所需要的资源。动态联盟模式如图7-16所示。

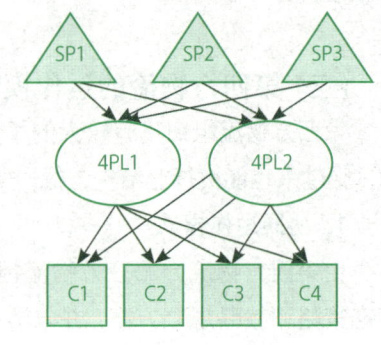

图7-16 动态联盟模式

即学即问
第三方物流和第四方物流最大的区别是什么呢?

第四节 物流数字化和数字化供应链物流

一、物流数字化

(一)物流数字化转型层级

物流数字化转型有三个层级:
第一层级,物流业务数字化。

物流业务数字化是要解决数据有无的问题。借助各种先进的信息技术手段，采集物流过程中的各种信息，实现物流环节中人员、车辆、货物、装备、场站、门店等不同物流要素的充分物联网化。在以上物流要素充分物联网化的基础上，再结合物流企业的具体业务场景，实现物流各个业务主体、不同物流网络的互联互通和物流业务数字化。

第二层级，物流数据业务化。

物流业务数字化会产生大量的物流数据，对这些物流数据的挖掘和利用，又会催生新的业务，这就是物流数据业务化。这些业务包括但不限于物流业务优化服务、以数据为基础的调度服务、物流业务数据模拟服务、物流供应链金融服务、宏观经济分析服务等。

第三层级，物流系统智能化。

物流数字化的最终目标是实现物流系统智能化。在物流网络中引入人工智能和机器学习技术，使物流系统能够自动学习、自动适应和自动规划。这样可以使物流系统的效率和准确度进一步提升，从而满足客户需求并提高企业的竞争力。

（二）物流数字化平台

实现物流数字化需要建立一个信息平台，它可以为数据交换、数据共享和决策提供各种功能。需要使用开放式架构和标准化技术来搭建平台，这样可以为不同企业、行业之间的数据交换提供支持。同时，也要提供安全可靠的系统维护和管理服务，以保护数据的安全性和完整性。物流数字化平台如图 7-17 所示。

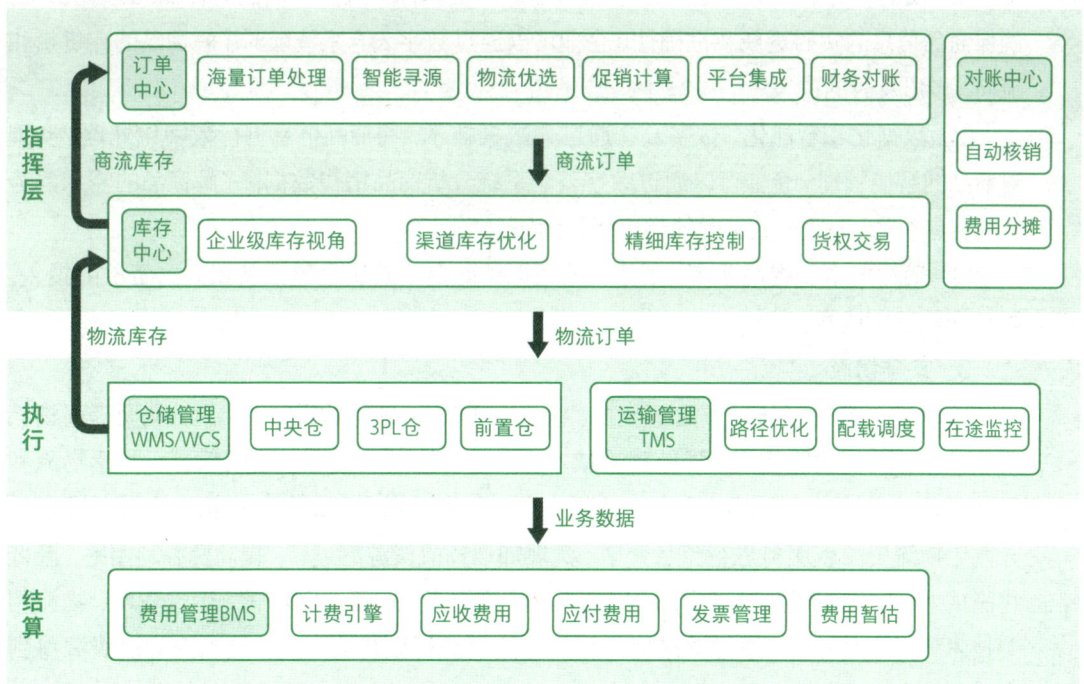

图 7-17　物流数字化平台

（三）物流数字化发展趋势

我国《"十四五"现代物流发展规划》明确提出"稳步发展网络货运、共享物流、无人配送、智慧航运等新业态""推进物流智慧化改造""鼓励智慧物流技术与模式创新，促进创新成果转化，拓展智慧物流商业化应用场景，促进自动化、无人化、智慧化物流技术装备以及自动感知、自动控制、智慧决策等智慧管理技术应用"。

1. 网络货运

网络货运是在利用互联网技术开发的车货匹配平台的基础上发展起来的，通过互联网平台和数字化技术应用，在大数据介入下，促使货运全网互联互通，借助智慧物流模式进行行业升级。

网络货运运用数字化能力解决传统物流行业匹配效率不高、上下游供应链链条冗杂、优质运力难以整合等痛点。它将货运的整个链条数字化，即从货主到物流企业再到司机，将货运的每个环节都进行数字化，达到全流程可追踪、可记录。

2. 数字云仓

数字云仓通过运用云计算、大数据、物联网等技术手段，将实体仓库中的商品信息数字化，从而实现商品信息的实时、精准管理。

数字云仓具有以下鲜明特点：

（1）灵活性和扩展性。数字云仓可以根据企业的需求进行灵活调整和扩展。无论是存储容量还是配送能力，都可以根据实际情况进行调整，从而满足不同规模企业的需求。

（2）实时性和精准性。数字云仓利用物联网技术，实时监控商品的存储和运输情况，确保商品信息的实时更新和准确性。企业可以通过数字云仓系统随时了解商品的存货量和流向，作出及时的决策。

（3）数据化和智能化。数字云仓通过大数据技术，将商品信息进行数字化处理，实现对商品的智能管理。企业可以通过数字云仓系统分析商品销售数据，了解商品的需求趋势和消费者行为，从而优化商品的供应链和销售策略。

（4）节约成本和提高效率。数字云仓可以帮助企业减少仓储设备和人力资源的投入，降低仓储运营成本。

3. 共享物流

共享物流是指通过共享物流资源、统一标准实现物流资源优化配置，从而提高物流系统效率，减少重复建设，降低物流成本，推动物流系统变革的物流模式。共享物流利用互联网信息技术，以相应的物流资源共享平台作为媒介和载体，将社会中暂时闲置的分散化物流资源或服务进行整合分享，实现加速物流资源的运转，提高资源利用率，降低物流成本。在物流行业中，可作为共享交易对象的资源包括仓储空间、运输车辆、物流相关技术、物流设备等。通过共享使闲置的物流资源得到优化配置，过剩的物流资源得到充分利用。

4. 无人配送

无人配送是指物品流通环节没有或是少有人工参与，用机器替代人工或者人机协作的方式进行配送。无人配送技术利用无人机、无人车辆及人形机器人等无人设备来实现配送工作。相比传统的人工配送方式，无人配送技术具有更高的效率、更低的成本和更大的灵活性。其需求场景众多，包括 B2C 零售、生鲜宅配、餐饮配送、C2C 配送需求等。

（1）无人机配送。无人机作为一种新型运输工具，可以在无须人工干预的情况下，将货物运送到指定目的地。无人机配送速度快、灵活性高，能够应对紧急物资的快速配送需求。

（2）无人车配送。相比传统的人工驾驶车辆，无人车具有更高的安全性和运营效率。无人车可以通过激光雷达、摄像头等传感器设备感知周围环境，准确判断交通状况，从而实现自主驾驶。

二、数字化供应链物流

（一）供应链物流数字化转型

微课：
数字化供应链物流

传统的供应链物流存在信息孤岛、流程不透明、效率低下等问题，导致物流成本高、交付周期长、服务质量低下，制约了企业的发展。因此，推动供应链物流数字化转型已成为企业提升竞争力、实现可持续发展的必然选择。

供应链物流数字化转型具体可分为四个发展阶段，如图 7-18 所示。

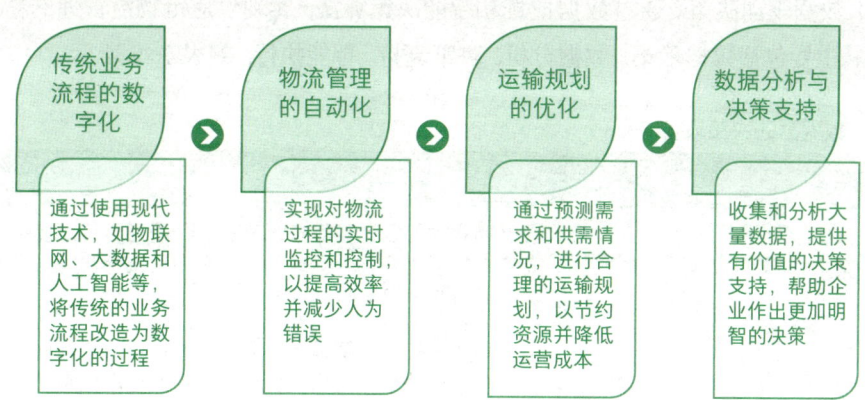

图 7-18　供应链物流数字化转型的发展阶段

（二）数字化供应链物流的含义

数字化供应链物流是指将传统的物流供应链管理模式与现代数字技术相结合，通过信息化、数据化和智能化手段，将整个供应链的各个物流环节连接起来。它涵盖了物流、采购、生产、销售等各个环节的数字化管理和优化，以提高效率、降低成本、提高客户满意度、增强竞争力。

(三)数字化供应链物流的特点

从价值创造过程看,数字化供应链物流源于大数据、人工智能、区块链、5G 等新兴数字技术与供应链上各个环节的融合创新,在多维应用场景中,创造新的价值和增长点。

从主要特征上看,数字化供应链物流以数字化平台为支撑,以供应链上的物、人、信息的全链接为手段,构建一个产品设计、采购、生产、销售、服务等各环节高效协同、快速响应、敏捷柔性、动态智能的生态体系。

从发展趋势上看,数字化供应链物流顺应数字经济时代消费的个性化、多元化的发展趋势,适应消费者更优体验、更高效率的要求,驱动生产以消费为中心,由大规模制造向柔性制造、准时制造和精益制造演化。

(四)数字化供应链物流的内容

数字化供应链物流包括以下内容:

(1)信息共享。通过物联网和云计算等技术,实现供应链上各物流环节的信息实时共享。

(2)实时监控。通过大数据和人工智能,对供应链物流的运行状态进行实时监控。

(3)自动化控制。通过机器学习和人工智能,实现供应链物流环节自动化控制,减少人工干预。

(4)预测性维护。通过数据分析和预测模型,提前发现并解决可能影响供应链物流运营的问题。

(5)数据驱动决策。通过数据挖掘和智能决策算法,实现供应链物流管理的精准化和个性化,主要包括数据采集、数据分析、决策支持、智能执行,如表 7-5 所示。

表 7-5 数据驱动决策表

项目	内容
数据采集	通过物联网和云计算等技术支撑,利用各种传感器和设备收集货物的状态信息、运输路径、客户反馈等数据,实现供应链各环节的信息实时共享
数据分析	通过大数据和人工智能,对供应链运行状态下实时监控的物流数据进行处理和分析,从而发现物流活动中存在的问题和机会,并提供决策支持
决策支持	基于数据分析结果,为企业的运营决策提供支持。例如,优化运输路线,调整库存策略等
智能执行	在一定程度上实现物流过程的自动化和智能化,例如自动调度车辆、无人仓库管理等

调查研究与善作善成

中欧班列助力跨境电商

一、调研背景

中欧班列开行以来，规模不断扩大、数量快速攀升、货品不断丰富，为优化贸易结构、促进中欧经贸往来发挥了积极支撑作用。数字经济时代跨境电商"买卖全球"成为国际贸易发展新动能，其"小额、多批、快速"的通关物流需求特点与快速高效、全天候运输、安全稳定的中欧班列擦出了新的"火花"，尤其是在复杂的国际环境下，中欧班列作为稳定的铁路物流运输方式，为跨境电商提供了传统海运、空运以外新的国际物流选择。

二、调研要求

1. 调研中欧班列的主要开行线路、可以到达的国家及班列适合的商品品类

（1）收集并整理中欧班列的主要运行线路，包括起点、途经城市和终点等信息。

（2）分析中欧班列能够覆盖的"一带一路"国家，评估不同线路的市场潜力和可到达性。

（3）调研中欧班列适合运输的商品品类，分析中欧班列运输的适用性和优势。

2. 分析中欧班列的优势和在国际供应链中的地位与作用

（1）深入探讨中欧班列相对于传统海运和空运在运输时间、成本、稳定性等方面的优势。

（2）分析中欧班列在国际供应链中的地位，包括其作为连接亚欧大陆桥的重要角色，以及在"一带一路"倡议中的战略意义。

（3）评估中欧班列对跨境电商企业国际物流布局和供应链优化的影响。

3. 调研本地中欧班列的业务开展情况，设计多式联运方案

（1）了解本地中欧班列的运营情况，包括班次频率、运输能力、服务水平等。

（2）尝试为本地跨境电商企业设计一条或多条以中欧班列为主要运输方式的多式联运路线。

自测习题

一、单项选择题

1. 现代物流管理以实现（　　）为第一目标，以物流系统运作整体最优为目标，重视环保效益和社会效益，积极发展绿色物流。
   A. 成本最低　　　　　　B. 速度最快
   C. 客户满意　　　　　　D. 以上都是

2. 减少仓库数量时，可降低保管费用，但会带来运输距离和次数的增加，从而导致（　　）费用的增加。
   A. 库存　　　　　　　　B. 运输
   C. 装卸　　　　　　　　D. 采购

3. （　　）是指不同职能部门或不同企业之间通过物流上的合作，达到提高物流效率、降低物流成本的效果。
   A. 专业化物流　　　　　B. 一体化物流
   C. 联盟式物流　　　　　D. 供应链物流

4. 通过（　　）和云计算等技术，实现供应链上各物流环节的信息实时共享。
   A. 大数据分析　　　　　B. 机器学习
   C. 物联网　　　　　　　D. 数据挖掘

5. 第四方物流最高层次的方案就是（　　）。
   A. 战略规划　　　　　　B. 流程再造
   C. 网络设计　　　　　　D. 一体化服务

二、多项选择题

1. 我国《"十四五"现代物流发展规划》明确提出"稳步发展（　　）等新业态"。
   A. 网络货运　　　　　　B. 共享物流
   C. 无人配送　　　　　　D. 智慧航运

2. 以下属于物流功能性战略的有（　　）。
   A. 仓储管理　　　　　　B. 运输管理
   C. 物流管理　　　　　　D. 信息系统

3. 以下适合采用项目化物流管理模式的有（　　）。
   A. 港珠澳大桥　　　　　B. 国家体育馆
   C. 世博会　　　　　　　D. 社区配送

4. 在物流行业中，可作为共享交易对象的资源包括（　　）等。
   A. 仓储空间　　　　　　B. 运输车辆
   C. 物流相关技术　　　　D. 物流设备

5. 第四方物流的运作模式包括（　　　　）。
   A. 协同运作模式　　　　　B. 方案集成模式
   C. 行业创新模式　　　　　D. 动态联盟模式

三、判断题

1. 物流管理是供应链管理的一个子系统，供应链管理是物流一体化管理的延伸。（　　）
2. 增值服务没有固定的组成要素，不同的行业所需的增值服务也不尽相同。（　　）
3. 以第四方物流为主导，联合第三方物流及其他服务供应商，提供运输、仓储、配送等全方位的高端服务，为多个行业客户制定供应链解决方案。（　　）
4. 循环取货的典型应用是在零售连锁行业。（　　）
5. 数字化供应链物流是指由大数据驱动和互联网链接的平台物流模式。（　　）

08 第八章

供应链绩效管理

学习目标

素养目标
- 培养供应链管理中的成本意识、效率意识和质量意识
- 充分认识以高标准供应链绩效评价促进产业链高质量发展的重要意义

知识目标
- 理解供应链绩效管理的含义和目的
- 熟悉供应链绩效评估的内容和影响因素
- 熟悉供应链绩效指标的类型和指标体系
- 了解供应链运作参考模型的整体结构和主要性能指标
- 了解供应链可视化功能及其在绩效分析方面的应用

技能目标
- 能够设计供应链绩效管理指标体系
- 能够选择合适的方法进行供应链绩效评估
- 能够运用可视化数据进行供应链绩效分析

思维导图

- **供应链绩效管理**
  - 供应链绩效评估
    - 绩效管理
    - 供应链绩效评估
  - 供应链绩效指标
    - 供应链绩效指标的内涵
    - 供应链绩效指标的原则
    - 供应链绩效指标的类型
    - 供应链绩效指标体系
    - 供应链可持续发展绩效指标
  - 供应链绩效评估方法
    - 平衡计分卡法
    - 供应链运作参考模型评价方法
    - 供应链成熟度模型评价方法
  - 数字化供应链绩效管理
    - 供应链可视化的概念与价值
    - 供应链可视化对供应链绩效的影响
    - 供应链可视化的功能
    - 供应链可视化的应用
    - 供应链可视化绩效分析
    - 供应链绩效监控的方法和工具

学习计划

▰ 素养提升计划

_____
_____

▰ 知识学习计划

_____
_____

▰ 技能训练计划

_____
_____

引导案例

<h2 style="text-align:center">中国移动创新国有企业供应链管理成熟度评估模型</h2>

2023年，国资委在《关于中央企业在建设世界一流企业中加强供应链管理的指导意见》中明确了供应链管理的重要性，一是加强企业管理体系和管理能力建设，二是推动企业高质量发展的必要手段，三是建设世界一流企业的重要基础和保障。国有企业需要基于建设世界一流企业的要求，打造供应链核心能力，建设与世界一流企业相适应的供应链管理体系。因此，国有企业应自觉评估自身的供应链管理水平，并及时调整和改进，为此需要有一套评价标准和方案。

中国移动通信集团公司（以下简称"中国移动"）全面梳理和借鉴了国内外权威评估模型，结合中国移动及其他国有企业供应链管理工作实际，创新性地研制出适用于国有企业的供应链管理成熟度评估模型（supply chain maturity assessment model，SCMAM），可根据评估结果确定被评估单位正处于哪个供应链发展阶段。

供应链管理成熟度评估模型由13个一级指标（战略管理、组织与人员、绩效与SLA管理[①]、供应链风险管理、需求与计划管理、采购实施管理、采购执行管理、物流管理、供应商与质量管理、标准化管理、制度与流程管理、信息系统管理、数据与运营分析管理）、32个二级指标和49个三级指标构成。具体指标体系以需求与计划管理、采购实施管理两个模块为例，见表8-1。

表8-1 供应链管理成熟度指标体系（部分）

一级指标	二级指标	三级指标
需求与计划管理	需求预测与计划管理	需求预测
		滚动需求计划
		需求预测方法
		突发需求响应
	需求准确度	需求准确度分析
	需求管理	需求感知
	供需计划管理	供应计划制订
		供应计划协同
		协同管理信息化水平
采购实施管理	采购策略	供应商寻源
		品类管理
	采购实施	阳光采购
		专家管理

注：① SLA管理是指服级级别协议，英文全称为service level agreement。

虽然通过供应链管理成熟度评估模型的应用，中国移动取得了供应链管理水平提升的明显成效，多次荣获国际供应链领域大奖，逐步跻身全球供应链管理先进企业行列。但是，随着时间推移和外部环境的变化，国有企业供应链管理面临新形势、新趋势。因此，2023年中国移动对供应链管理成熟度评估模型进行了优化升级。

1. 增加供应链韧性和安全指标

为全面、客观评价被评企业的供应链韧性表现，考察在受到外来各种不利因素影响时，供应链自主恢复以及保障供应稳定的能力，在战略管理模块中，增加供应链韧性指标；在供应链风险管理模块中，增加供应链安全指标。

2. 优化供应链数字化能力模块

将供应链信息化、数据与运营分析管理两个模块合并，更改为供应链数智化能力。同时，全面更新该模块中评估指标五个阶段的表现以及三级指标的目标值，使之与供应链数智化转型充分契合，引导企业加快数智化转型进程。

3. 增加绿色供应链管理模块

增加绿色供应链管理模块，增加绿色供应商、绿色采购、绿色回收三个二级指标。同时，将绿色物流从物流管理模块移动至绿色供应链模块，形成贯穿供应链管理全流程的完整的绿色供应链评价指标体系。

> **引思明理**
>
> 中国移动通过供应链管理成熟度评估模型优化升级，调整合并后设立绿色供应链和供应链数智化能力两个一级指标，在原有战略管理和供应链风险管理两个一级指标项下增加供应链韧性、供应链安全二级指标，并相应更新三级指标。这样的修改充分体现了党的二十大精神，即着力"提升产业链供应链韧性和安全水平""加快发展方式绿色转型"，将绿色环保作为新的增长引擎，确保完成"碳达峰""碳中和"目标，同时，充分体现了国有企业在加快构建新发展格局、推动高质量发展中的责任担当。

第一节　供应链绩效评估

一、绩效管理

由企业跨组织合作关系所形成的供应链需要通过控制管理实现供应链的合作目标并争取最大利益。管理控制机制最主要的内容就是绩效管理，组织运营需要绩效管理，供应链的跨组织合作更需要绩效管理。

(一) 绩效的概念

绩效是指对未来目标所期望呈现的结果，这种结果既可以是具体而容易衡量的实际产出，也可以是抽象间接的衡量数据，用以表达不易具体衡量的绩效指标。绩效通常是个人或组织为实现其目标而展现在不同时间、不同层面的实际成果，包括个人绩效和组织绩效两个方面。一个组织的绩效往往是通过组织内部个人绩效的实现累积而成的，但是个人绩效的实现却不必然保证组织绩效有相对的成果。如果组织绩效按一定的逻辑关系被层层分解到每个工作岗位或每个人，只要每个人达成了组织的要求，组织的绩效就实现了。因此，绩效管理被视为结合个人绩效与组织绩效的管理流程。

(二) 绩效管理的内涵

绩效管理是指各级管理者和员工为了达到组织目标所进行的管理作业流程。实施绩效管理的目的是持续提升个人、部门和组织的绩效，绩效管理的内涵是组织与员工共同参与绩效制定、绩效沟通、绩效考核、绩效应用、绩效提升（激励机制）的持续循环过程，因此，绩效管理的过程通常被看作一个循环，如图 8-1 所示。

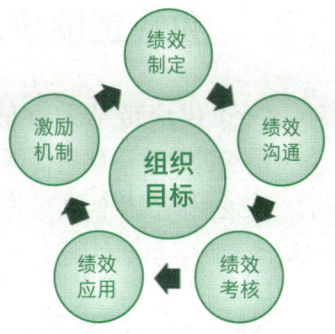

图 8-1　绩效管理流程图

1. 绩效制定

绩效制定是绩效管理的基础环节，不能制订合理的绩效计划就谈不上绩效管理。过高的绩效目标不易达成，容易造成组织员工的挫折感；相反，过低的绩效目标缺乏挑战性，容易使组织丧失成长的机会。所以绩效制定必须审慎规划，细心研拟，让组织与个人都可以借由绩效管理过程，达到个人与组织的双重目标。

2. 绩效沟通

绩效沟通是绩效管理的重要环节，这个环节工作不到位，绩效管理就不能落到实处。沟通的目的在于传递组织的未来目标，沟通的本质在于协助员工了解组织对个人的期望。沟通的方式可以是正式的，如年度运营战略会议，每季度的工作业绩考核会议，或是每天内部组织的小型管理会议；也可以是非正式的，在各种场合的交流都可以。

3. 绩效考核

绩效考核是绩效管理的核心环节。如果这个环节工作出现问题，绩效管理就会受到严重的负面影响。通常绩效考核的方式与内容，都会在绩效制定与沟通的过程中完成必要的考核流程与作业内容。因此，绩效考核是绩效管理最重要的落实阶段，也是个人与组织绩效目标达成的重要环节。该阶段需要关注绩效考核的指标选定与衡量方式。

4. 绩效应用

绩效应用是绩效管理成效应用的关键。绩效是显示个人或组织在过去组织运行过程中的最终结果，也是员工个人执行任务结果的具体体现。因此，对于绩效成果的最终应用，组织与员工都会异常关注，这也是体现组织目标与奖励制度是否契合的关键点。

5. 绩效提升

绩效提升又称激励机制，是通过激励手段提升个人或组织绩效的过程。绩效管理的消极目标是对既有绩效的管控与监督；积极目标是通过激励手段的运用，弥补既有绩效与未来绩效之间的落差。

绩效管理强调组织目标和个人目标的一致性，强调组织和个人同步成长，期望达成组织、团队与个人多赢的局面；绩效管理体现以人为本的思想，在绩效管理的各个环节中都需要管理者和员工共同参与。

二、供应链绩效评估

（一）供应链绩效评估的定义

供应链绩效评估是指围绕供应链目标，供应链上下游合作企业针对供应链运营过程以及该过程所产生的结果进行全面性、科学性、持续性、系统性的绩效指标设计、收集、分析、评估与建议。基于供应链业务流程的绩效评估如图8-2所示。

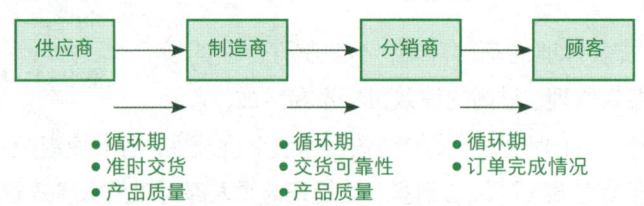

图 8-2　基于供应链业务流程的绩效评估

（二）供应链绩效评估的目的

实施供应链绩效评估是为了确保供应链运营符合联盟成员的最大利益。在这个前提下，联盟成员所设计的供应链绩效评估机制必须具备明确的目的性。

1. 满足最终消费者的需求

企业的存在是为了满足顾客的需求，企业的所有运营目标都必须以消费者的需求为出发点。所以，供应链运营体系更应该以顾客需求为首要目标。

2. 建立合作关系的共同目标

合作关系形成供应链联盟最重要的前提是彼此有高度共识的供应链运营目标。

3. 确保联盟目标与企业目标一致

企业运营虽然依赖供应链合作，但最终运营绩效成果还是要回归到个别企业的绩效表现。因此，必须检视绩效评估指标是否与企业运营的战略目标一致，以避免绩效目标不一致造成内部与外部的绩效冲突。

（三）供应链绩效评估的作用

供应链运营的绩效评估不同于企业个别运营模式，因此，供应链绩效评估所能产生的作用有以下两点：

1. 了解目前供应链整体的运行成果

借助绩效评估指标的设计、数据收集分析与评估，供应链成员可以进一步了解合作伙伴的运营绩效，以作为进一步修正运营合作模式的参考。

2. 了解目前供应链成员之间的关系质量

由于供应链是由上下游产业结盟形成的合作关系，所以供应链绩效评估除了可以了解运营状况之外，还可以间接了解合作伙伴之间的关系质量。

> **即学即问**
> 如果你是一个连锁便利店的运营者，你希望通过供应链绩效评估达到什么样的效果？

（四）供应链绩效评估的内容

1. 内部绩效衡量

质量指标是全过程评价最主要的指标，用来确定一系列活动的效率。可靠性对应的完美订单比率是大部分企业认同的供应链运作质量的最佳评价标准。完美订货代表着理想的绩效。供应链实现完美订货必须符合下列标准：

（1）圆满完成所有的配送。
（2）订发货周期短，发货偏差控制在小范围之内。
（3）精确无误地完成所有文件、票据，包括标签、提货单及发票等。
（4）状态良好。如安装无误、外形无损等。

2. 外部绩效衡量

外部绩效衡量主要是对供应链上企业之间运行状况的评价。外部绩效衡量的主要指标有：

（1）用户满意程度。这种评价可使供应链绩效评价迈向最高层。这种评价可由企业或行业协会组织调查或者系统的订货跟踪。主要是询问供应链企业与竞争者的绩效，如可靠性、订发货周期、信息的可用性、问题的解决和产品的支撑等。

（2）最佳实施基准。实施基准是综合绩效评价的一个重要方面，最佳实施基准集中在对比组织指标上的实施和程序。将最佳实施基准作为企业与相关行业或非相关行业竞争对手的比较视作一种管理技术。一些核心企业常在重要的战略领域将实施基准作为检验供应链运作的工具。

3. 综合绩效衡量

（1）顾客服务。顾客服务的衡量指标包括完美订货、用户满意程度和产品质量。它衡量供应链企业所能实现的总的客户满意程度。

> **即学即问**
> 请选出三个你认为最重要的绩效评估内容，并说明理由。

(2) 时间。主要测量对用户要求的反应能力。即从顾客订货开始到顾客收到产品为止的时间，包括装运时间、送达运输时间和顾客接受时间。

(3) 成本。供应链总成本包括订货完成成本、原材料取得成本、总的库存运输成本、与物流有关的财务和管理信息系统成本、制造劳动力和库存的间接成本等。

(4) 资产。资产评价主要测定资金周转时间、库存周转天数、销售额与总资产的比率等资产绩效。

（五）影响供应链绩效评估的因素

1. 影响供应链绩效评估的外部因素

(1) 行业特征。行业特征使得供应链绩效评估的考虑角度差异较大。制造业供应链管理的重点侧重于采购及物料管理。作为一个基本战略，其管理的逻辑是扩展传统内部行为至外部，达到和战略合作伙伴的共同优化。仓储零售业的供应链管理侧重于运输和物流管理，它将供应链物流部门的狭隘定义扩展为从供应商到客户的物流价值链，关注有效的实物分销和物流活动。

(2) 竞争者。竞争者的技术优势、产品以及流程革新、人力资源的整合都成为影响供应链绩效的长期驱动力。企业很难从模拟或分析中得出竞争者的优势所在，可以利用标杆法对供应链中的非增值行为进行分析，找出竞争者在可能的领域内对供应链的潜在威胁和机遇。

(3) 技术。技术的作用在产品、服务和信息流通上产生了绩效影响力。不断涌现的先进设计技术对于产品设计的快捷影响十分显著。先进管理技术的不断推进使得供应链管理不断提高，供应链伙伴之间的信息集成也将信息的滞后和变异问题降到最低。技术的不断推进使得以往实践中难以实施的供应链绩效评估变得可行。

(4) 客户。客户作为供应链的市场导向和利润来源，成为供应链绩效的主要驱动。客户不断变化的个性化要求和消费偏好增加了供应链在运作成本和提前期上的压力。同时，产品的质量、计划的柔性不能有丝毫下降。客户对产品为自身带来的价值增值或成本节约的注重，使得供应链在其中的每个环节都要重视客户理念的作用。

(5) 经济及社会环境。经济及社会环境包括世界范围内普遍的经济前景。经济压力通常会迫使供应链国内成本降低以面对世界范围的竞争，而良好的供应链管理可以帮助企业降低成本。社会的变化对于形成与供应商的伙伴关系产生了重要影响。尤其是跨国供应链会受到不同国家或地区的工业结构、经济发展阶段、客户要求等变化的影响。

2. 影响供应链绩效评估的内部因素

(1) 供应链结构。供应链结构设计的差异会影响供应链绩效评估的内涵。由于不同类型的供应链会产生不同类型的核心企业，因此，在绩效评估中所关注的重点自然会有差异。

(2) 流程机制。供应链运作流程因为产品、服务和市场的分布，在业务流程上是分散采购集中制造还是集中采购分散制造，都由所提供的产品或服务所决定，而市场层面的不同也会使业务流程在设置上有相当的差异。供应链绩效所关注的内容也因流程的差异而有所不同。

（3）合作伙伴。合作伙伴关系的长期稳定在降低价格、JIT供货、库存管理绩效上作出巨大贡献。传统的交易对象之间的关系被视为"零和博弈"。一个"零和博弈"是一方的收益与另一方的损失相当，两方面所得相加为零。供应链管理必须将这种"零和博弈"转变为所有部分之间双赢的战略，从而使整个供应链获利更大，并且使处于供应链核心的合作者之间的利润分配更均匀。

（4）供应链战略。供应链绩效是战略执行的结果，供应链绩效评价要与供应链战略相一致，并反馈战略的执行。供应链战略因为供应链发展集成的层次阶段以及供应链经营方式的不同对绩效提出了不同的要求。

（5）企业在供应链中所处的上下游位置。企业在整个供应链运作中的不同层次上对各种运作绩效的要求也不一样，供应链伙伴中供应商可能更注重质量，地区分销商更注重产品种类和价格，而当地分销商注重产品送货和服务水平。

> **和合自主铸链兴企**
>
> **粮食供应链应该耕好"无形粮田"稳产保供**
>
> "粮安则天下安"，确保粮食安全是保障我国社会稳定、国泰民安的重大战略问题，党的二十大报告明确要全方位夯实粮食安全根基。
>
> 受生产条件、技术水平、消费意识等影响，我国粮食损失与浪费在生产、储存、运输、加工、消费等各个环节都不同程度地存在。如果能够从生产、储存、运输、加工、消费等全链条、多环节开展节粮减损行动，则不仅能增加粮食供应，而且能节地节水、节肥节药，促进农业可持续发展。因此，在粮食供应链管理绩效评估中，针对全链条、全方位的粮食减损进行评估，不仅能提升粮食供应链的管理水平，更重要的是能增强我国粮食安全保障。
>
> 据《中国农业产业发展报告（2023）》测算，到2035年，若我国粮食收获、储藏、加工和消费环节损失率分别减少1个至3个百分点，实现三大主粮损失率减少40%，可降低三大主粮损失约1 100亿斤[①]，相当于粮食减损再造一个千亿斤增产行动。由此可见，做好大宗粮食供应链每一个环节的优化与保障，增强减损意识和能力，就相当于耕好"无形粮田"，不仅可以实现节粮减损，而且可以进一步提升我国粮食供应链的韧性，确保粮食安全。

第二节 供应链绩效指标

一、供应链绩效指标的内涵

根据供应链管理运行机制的基本特征和目标，供应链绩效指标应该能够恰当地反映

注：① 斤为非法定计量单位，1斤=0.5千克。

供应链的整体运营状况和上下节点企业之间的运营关系，而不是孤立地评价某一供应商的运营情况。评价供应链运行的绩效指标，不仅要评价该节点企业的运营绩效，而且要考虑该节点企业的运营绩效对其上层节点企业或整个供应链的影响。

供应链绩效指标是具体落实供应链评价机制的主要工具，也是绩效管理流程中绩效制定的主要内容，是供应链绩效管理流程中的重中之重。虽然供应链运行机制因产业与供应链设计差异而有不同的类型与目标，但是供应链绩效指标的选取应该具有以下共同的内涵：

1. 供应链绩效指标是具体反馈供应链运营成果的信息

供应链绩效指标可以从最上游的原料件供应商开始一直往下延伸到消费者的服务品质，从这一连串的供应链流程中，可以根据每个阶段的运营绩效，选出适合的绩效指标，充分体现出供应链的整体运营效果。

2. 供应链绩效指标是真实反映供应链成员合作关系的质量信息

除了整体供应链绩效指标外，供应链各节点企业之间的关系质量也是供应链运行绩效的重要指标，这些指标可以充分显示出在不同节点成员之间，供应链成员彼此合作运行的成果，尤其是关乎供应链合作联盟最重要的信任关系，绩效指标也应适时反馈。

3. 供应链绩效指标是实时提供最新运营成果的动态信息

由于市场瞬息万变，因此，供应链绩效指标的选取必须能够时时体现动态演变的最新指标数据。供应链绩效指标的呈现除了要考量横断面水平绩效与纵断面合作关系的质量，还要注意指标测量的时间点必须足以反映即时性的动态变化。

二、供应链绩效指标的原则

供应链运营的绩效评价不同于企业个别运营的绩效评价模式，主要原因是供应链模式不同于以往企业内部的组织管理，前者需要考量合作伙伴的条件与限制因素，后者只需要运用组织管理的手段以达到企业个体的利益最大化。因此，供应链绩效指标体系的建立必须在科学、客观的前提下，寻求供应链合作伙伴都能接受的绩效标准。绩效指标体系的制定应遵循以下原则：

（1）对关键绩效指标进行重点分析。

（2）采用能够反映供应链业务流程的绩效指标体系。

（3）绩效指标能够反映整个供应链的运营情况，而不是仅反映单个节点企业的运营情况。

即学即问
供应链运营的绩效指标每次都一样吗？为什么？

（4）采用实时评价与分析的方法，把绩效评价范围扩大到能反映供应链实时运营的信息上去，这样比先做事后分析有价值。

（5）采用能够反映供应商、制造商、分销商及用户之间关系的绩效指标，把评价对象扩大到供应链上的相关企业。

三、供应链绩效指标的类型

1. 反映整个供应链业务流程的指标

(1) 产销率。指在一定时内,已销售的产品数量与已生产的产品数量之间的比率。产销率的计算公式如下:

$$产销率 = \frac{一定时间内已售出的产品数量}{一定时间内生产的产品数量} \times 100\%$$

产销率可以反映供应链在一定时期内的产销经营状况,在一定程度上反映供应链企业生产的产品是否适销对路。其时间单位可以是年、月、日。随着供应链管理水平的提高,可以选择越来越短的单位时间,比如以天为单位。

(2) 产需率。产需率是指在一定时期内,节点企业已生产的产品数量与其上层节点企业(或用户)对该产品需求量的比率。该指标反映了供应链节点企业或核心企业满足用户需求的程度。产需率的计算公式如下:

$$供应链节点企业的产需率 = \frac{一定时间内节点企业已生产的产品数量}{一定时间内上层节点企业对该产品的需求量} \times 100\%$$

该指标反映了上下层节点企业之间的供需关系。如果产需率接近100%,说明上下节点企业之间的供需关系协调,准时交货率高;反之,说明准时交货率低或者企业的综合管理水平较低。

(3) 平均产销绝对偏差指标。

$$平均产销绝对偏差 = \sum_{i=1}^{n} |P_i - S_i| / n$$

式中:n 表示供应链节点企业的个数;

P_i 表示第 i 个节点企业在一定时间内生产产品的数量;

S_i 表示第 i 个节点企业在一定时间内已生产的产品中销售出去的数量。

该指标反映了在一定时间内供应链总体的库存水平,其值越大,说明供应链成品库存量越大,库存费用越高;反之,说明供应链成品库存量越小,库存费用越低。

(4) 供应链产品产出循环期指标或节拍指标。当供应链节点企业生产的产品为单一品种时,供应链产品产出循环期是指产品的产出节拍;当供应链节点企业生产的产品品种较多时,供应链产品产出循环期是指混流生产线上同一种产品的产出间隔。

(5) 供应链运营成本。它反映了供应链的运营效率。供应链运营成本主要包括供应链通信成本、供应链运输费用和供应链总库存费用。

① 供应链通信成本,包括各节点企业之间的通信费用,如EDI的建设和使用费用、供应链信息系统开发和维护费等。

② 供应链运输费用,等于供应链所有节点企业之间运输费用的总和。

③ 供应链总库存费用，包括各节点企业在制品库存和成品库存费用、各节点之间的在途库存费用。

(6) 供应链核心企业产品成本指标。供应链核心企业产品成本是供应链管理水平的综合体现。根据核心企业产品在市场上的价格确定该产品的目标成本，再向上游追溯到各供应商，确定出相应的原材料、配套件的目标成本。只有当目标成本小于市场价格时，各企业才能获得利润，供应链才能得以发展。

(7) 供应链产品质量指标。供应链产品质量是指供应链各节点企业（包括核心企业）生产的产品或零部件的质量，主要包括合格率、废品率、退货率、破损率、破损物价值等指标。

2. 反映供应链上下节点企业之间关系的指标

供应链是由若干节点企业所组成的一种网络结构，因而可以采用相邻层节点企业的评价方法，通过上层节点企业来评价下层节点企业，这样更直接、更客观，依次递推可覆盖供应链企业群体，从而可对供应链的运营绩效进行有效评价。满意度是综合反映供应链上下层节点企业之间关系的重要绩效评价指标。

满意度指标是指在一定时间内，上层供应商 i 对其下层供应商 j 的综合满意度 C_{ij}。其公式如下：

$$C_{ij}=\alpha_j \cdot H+\beta_j \cdot I+\lambda_j \cdot L$$

式中：H——供应商准时交货率；

I——供应商成本利润率；

L——供应商产品质量合格率；

α_j、β_j、λ_j——权数，$\alpha_j+\beta_j+\lambda_j=1$。

(1) 准时交货率是指下层供应商在一定时间内准时交货的次数占其总交货次数的百分比。即：

$$准时交货率=\frac{下层供应商一定时间内准时交货次数}{一定时间内的总交货次数}\times100\%$$

供应商准时交货率低，说明其协作配套的生产能力达不到要求，或者对生产过程的组织管理跟不上供应链运行的要求；供应商准时交货率高，说明其生产能力强，生产管理水平高。

(2) 成本利润率是指单位产品净利润占单位产品总成本的百分比。即：

$$成本利润率=\frac{单位产品净利润}{单位产品总成本}\times100\%$$

该指标反映了供应商所提供的产品的盈利能力和竞争能力。在市场经济条件下，产品价格是由市场决定的。因此，在市场供需关系基本平衡的情况下，可以将供应商生产的产品价格看作一个不变的量。按成本加成定价的基本思想，产品价格等于成本加利润。因此，产品成本利润率越高，说明供应商的盈利能力越强，企业的综合管理水平越高。在这种情况下，由于供应商在市场价格水平下能获得较大的利润，其合作积极性必然增强，必然对企业的有关设施设备进行投资和改造，以提高生产率。

（3）产品质量合格率是指质量合格的产品数量占产品总产量的百分比。即：

$$产品质量合格率 = \frac{质量合格的产品数量}{产品总产量} \times 100\%$$

该指标反映了供应商提供货物的质量水平。产品质量合格率越低，说明供应商提供的产品质量不稳定或较差，供应商必须承担对不合格产品进行返修或报废的损失，这样就增加了供应商的总成本，降低了其成本利润率。因此，产品质量合格率指标与成本利润率和准时交货率密切相关。因为产品质量合格率越低，就会使产品返修工作量越大，必然会延长产品交货期，使得准时交货率降低。

3. 供应链分销渠道的绩效指标

一般情况下，采用企业目标市场顾客的满意程度来评价分销渠道绩效。包括评价产品在分销渠道中的可获得性；评价顾客服务是否充分；评价企业品牌形象的优势等。分销渠道绩效指标如表 8-2 所示。

表 8-2　分销渠道绩效指标

顾客服务	宏观生产率	微观生产率
库存补充速度	物流成本占销售额的百分比	每单位的仓库成本
订单完成百分率	运输成本占销售额的百分比	库存破损
运送提前期	累计库存成本	运输成本/吨千米
订单、运单、票据出错率	定期补充的库存量	回程空载率

四、供应链绩效指标体系

供应链绩效指标体系法是指根据各个具体的单项绩效指标在指标体系中所包含的信息量以及所反映的指标体系的重要程度，先采用各种评分法或者分析法确定各个指标的权重系数，再用算术平均法或几何平均法对规范化后的各个指标进行加权计算，从而得到其综合指数值，以此来综合评价某一时期某一供应链在运营绩效方面的总体水平。

表 8-3 是供应链绩效指标体系的一个简单范例，此范例的指标与权重代码，可以进一步计算出整体供应链绩效成果 P，其计算公式如下：

$$P = P_1 \times (W_1 \times W_{11}) + P_2 \times (W_1 \times W_{12}) + P_3 \times (W_1 \times W_{13}) + P_4 \times (W_1 \times W_{14}) + \cdots + P_{10} \times (W_3 \times W_{32})$$

即学即问

传统产业与高科技产业在供应链评价指标体系中可能存在哪些差异？

此外，绩效评价也可以个别针对不同层级的指标体系做进一步的区别评价。例如，如果想关注非财务性绩效成果，那么只需要计算二级指标中属于非财务性指标的绩效与权重。其计算公式如下：

$$N = P_1 \times W_{11} + P_2 \times W_{12} + P_3 \times W_{13} + P_4 \times W_{14} + P_5 \times W_{15} + \cdots$$

表 8-3　供应链绩效指标体系

供应链绩效	一级指标		权重	二级指标	权重
P	量化指标 Q_1	非财务性指标 N	W_1	订单满足率 P_1	W_{11}
				准时交货率 P_2	W_{12}
				发运错误率 P_3	W_{13}
				退货率 P_4	W_{14}
				产需率 P_5	W_{15}
		财务性指标 F	W_2	销售利润率 P_6	W_{21}
				成本利润率 P_7	W_{22}
				净资产利润率 P_8	W_{23}
	定性指标 Q_2		W_3	顾客满意度 P_9	W_{31}
				产品质量 P_{10}	W_{32}

五、供应链可持续发展绩效指标

随着全球经济的发展和环境问题的日益凸显，实现供应链的可持续发展目标变得尤为重要。供应链的可持续发展是指在经济、环境和社会三个方面实现平衡，以满足当前需求而不损害后代利益的发展。这意味着企业需要在创造经济价值的同时，也要考虑环境保护和社会责任，实现可持续发展。

制定和执行科学、全面的供应链可持续性绩效考核标准对企业和整个供应链系统都有着积极影响。首先，这将促使企业更加关注可持续发展，推动其采取更加环保、全社会负责的运营策略。其次，科学的绩效考核标准可以帮助企业识别潜在风险和机遇，及时作出相应的应对和调整。最后，供应链中各个环节的合作和协同也将因为共同的绩效考核标准而更加紧密，提升供应链整体的效率和品质。

1. 经济绩效评价

供应链可持续发展的经济绩效评价是评估企业在供应链中实现经济效益的能力。其中，可利用的指标包括供应链成本、供应链效率和供应链风险管理。

供应链成本包括采购、生产、物流、库存等方面的成本，通过比较不同供应链成本的变化趋势，可以评估供应链管理的效率。供应链效率则通过供应链上下游之间的协同和响应速度等指标来衡量,如供应和需求匹配度、交货准时率等。供应链风险管理是评估供应链对外部风险的应对能力,包括供应商信用风险、市场需求波动性、自然灾害等。

2. 环境绩效评价

供应链可持续发展的环境绩效评价是评估企业对环境的影响和环境风险管理的能力。常用的指标包括资源利用效率、废物产生、碳排放等。

资源利用效率是评估供应链的节能能力,包括供应链中使用的能源种类、能源使用效率和原材料利用率。废物产生则评估供应链对环境的废物负荷,如废水、废气和固体废弃物的处理方式。碳排放是评估供应链的温室气体排放量,通过衡量二氧化碳等温室气体的排放量,来评估供应链对气候变化的影响。

3. 社会绩效评价

供应链可持续发展的社会绩效评价是评价企业对员工福利、社区和利益相关者责任的履行程度。常用的指标包括员工满意度、供应链伦理、供应链透明度等。

员工满意度是评估企业对员工福利关心程度的指标,包括薪酬福利、工作环境和员工发展机会等。供应链伦理是指企业在与供应商、合作伙伴的合作过程中遵循的道德准则。企业应该确保所有供应商和合作伙伴都遵循合法的商业行为和社会伦理。此外,企业还应该关注供应链透明度,将供应链中的信息公开,确保消费者对购买产品的信息有充分的了解。

> **制度保障稳链为民**
>
> **ESG 可持续发展的中国国有企业实践**
>
> 2004年在联合国发布的《在乎者赢:连接金融市场与变化中的世界》中首次正式提到"ESG"概念,指出"E、S、G"三大要素紧密联系、相互影响,呼吁各国政府和监管机构应主动推动企业的ESG信息披露,倡导商界加强履行责任,将ESG纳入未来的投资决策中。
>
> ESG是指环境、社会责任和公司治理(environmental,social and governance,ESG)。具体来看,E包含了应对气候变化、节约资源能源、污染防治、生物多样性等议题;S包含了产品与客户责任、员工责任、供应链责任、社区责任等;G包含了防范商业贿赂、董事会结构、税务透明度、社会环境议题的治理机制等方面。
>
> ESG所倡导的发展可持续、环境资源友好、社会公平正义等理念与我国高质量发展、共同富裕、"双碳"目标愿景和生态文明建设的方向相一致,与党的二十大报告提出的"坚持可持续发展""加快发展方式绿色转型"等一系列重要论述高度契合。实践表明,提高ESG表现有助于改进公司治理质量、运营质量和创新质量,促进技术革新,提高市场认可度和美誉度,降低经营风险和市场风险,推动企业可持续发展并获得优质融资机会,提升企业的核心竞争力和市场影响力。
>
> 随着国内经济增长模式的转变和"双碳"战略的稳步推进,我国企业,特别是国有企业进一步以ESG为抓手,深入贯彻落实习近平总书记提出的"企业经济责任、法律责任、社会责任和道德责任",积极把握转型机遇,平滑转型风险,提升发展质量。2016年,国资委发布《关于国有企业更好履行社会责任的指导意见》,明确要求国有企业建立健全社会责任报告制度。2019年,国资委印发《关于中央企业社会责任报告发

布工作有关事项的通知》，明确要求中央企业集团必须发布社会责任报告。2020年，国资委成立社会责任局，明确社会责任局的重点工作任务是围绕推进"双碳"工作、安全环保工作以及践行ESG理念等。国资央企在ESG工作中深入探索实践，取得了明显成效，在2023年6月发布的《年度ESG行动报告》中国有企业数量约占六成，领跑ESG发展，在可持续发展和社会责任方面切实发挥了"国家队"的中流砥柱作用。

第三节 供应链绩效评估方法

随着供应链管理理论的不断发展和供应链实践的不断深入，为了科学、客观地反映供应链的运营情况，需要相适应的供应链绩效评价方法，常用的方法主要有平衡计分卡法、供应链运作参考模型评价方法和供应链成熟度模型评价方法。

一、平衡计分卡法

平衡计分卡法以组织的共同愿景与战略为内核，将企业的愿景与战略转化为在财务、市场与客户、内部流程、学习与成长等方面的一系列具体目标，形成一套综合绩效评价体系，如图8-3所示。平衡计分卡法打破了传统的只注重财务指标的业绩管理方法，反映了财务与非财务衡量方法之间的平衡，长期目标与短期目标之间的平衡，外部和内部的平衡，结果和过程的平衡，管理业绩和经营业绩的平衡等多个方面。因此，它能够反映企业的综合经营状况，使绩效评价趋于平衡和完善，利于长期发展。

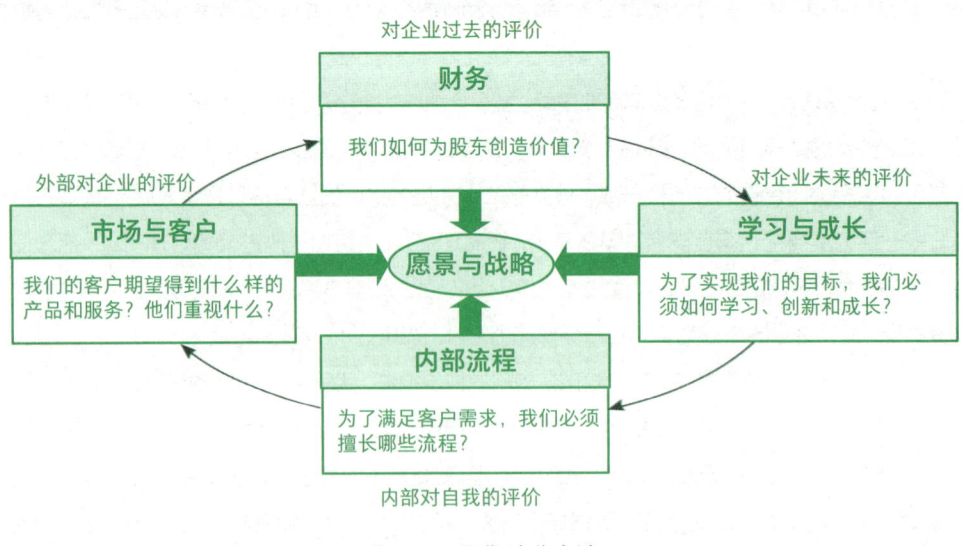

图8-3 平衡计分卡法

平衡计分卡中的每一项指标都是一系列因果关系中的一环，既是结果又是驱动因素，通过它们把相关部门的目标同组织战略联系在一起。员工的技术素养和管理素养决定了产品质量和销售业绩等；产品/服务质量决定顾客满意度和忠诚度；顾客满意度和忠诚度及产品/服务质量等决定财务状况和市场份额。为了提高经营成果，必须使产品或服务赢得顾客的信赖；要使顾客信赖，必须提供顾客满意的产品，为此改进内部流程；改进内部流程，必须对员工进行培训，开发新的信息系统。

二、供应链运作参考模型评价方法

（一）供应链运作参考模型的含义

供应链运作参考模型（supply-chain operations reference model，SCOR 模型）是一个供应链的诊断工具，它适用于不同行业领域的供应链运作绩效评价。SCOR 模型是建立在计划（plan）、采购（source）、生产（make）、配送（deliver）和退货（return）五个不同的流程环节基础上，供应链运作参考模型结构如图 8-4 所示。供应链运作就是不断重复这五个环节，每一个成员企业在供应链中都会有一个相应的位置和功能，通过协同合作完成上述各环节的活动，以保持供应链稳定和畅通。

SCOR 模型使企业间能够准确地交流供应链问题，客观地评测其性能，确定性能改进的目标，并影响后续供应链管理软件的开发。流程参考模型通常包括一整套流程定义、测量指标和比较基准，以帮助企业开发流程改进的策略。

SCOR 模型分为最高层、配置层、要素层和实施层四个层次，每一层次的描述、示意图及含义如表 8-4 所示。

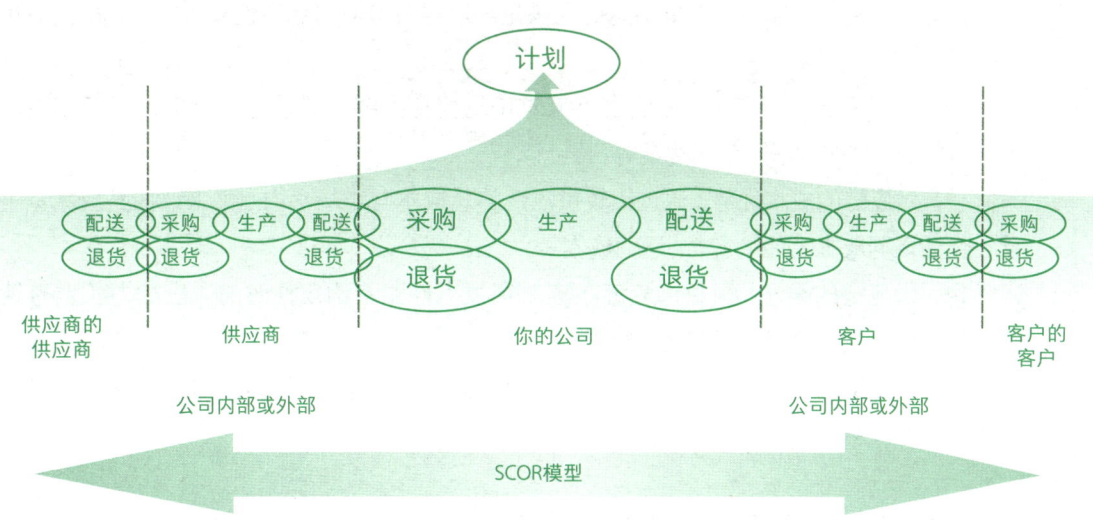

图 8-4　供应链运作参考模型结构图

表 8-4　SCOR 各层的描述、示意图及含义

	层次	描述	示意图	含义
供应链参考模型 / 项目范围	1	最高层（流程类型）	计划、采购、制造、交货、退货	第一层定义了 SCOR 模型的范围和内容。此处设立了竞争目标的基础
	2	配置层（流程目录）		一个企业可以从 26 种流程类型中选择构造自己的供应链，据此实施运作战略
	3	要素层（流程分解）		企业微调建立的运作战略。第三层定义了企业在选定市场上成功竞争的能力，包括： ● 流程要素的定义 ● 流程要素的信息输入与输出 ● 标杆应用 ● 最佳实施方案 ● 支持实施方案的系统能力
不在项目范围内	4	实施层（流程要素分解）		企业实施特定的供应链管理系统。第四层定义了取得竞争优势和适应企业变化条件的方案

（二）供应链运作参考模型的绩效指标

SCOR 模型规划了五个维度的绩效指标，用于全面评估供应链运作绩效。

（1）供应链的可靠性。衡量供应链在满足客户需求方面的稳定性和可靠性，包括订单履行率、按时交货率等。

（2）供应链的反应能力。评估供应链对市场变化和客户需求变化的响应速度和灵活性，包括订单响应时间、生产周期等。

（3）供应链的成本优势。通过比较供应链的总成本与市场平均水平来评估其成本竞争力，包括采购成本、库存成本、运输成本等。

（4）供应链的柔性。衡量供应链在应对突发事件和不确定性时的适应能力和调整速度，包括生产换线速度、库存周转率等。

（5）供应链的资产利用率。评估供应链资产的使用效率和价值创造能力，包括资产周转率、库存周转率等。

三、供应链成熟度模型评价方法

供应链成熟度模型是一种评估企业供应链绩效的工具。它通过评估企业在供应链规

划、采购、生产、物流等方面的成熟度，来确定企业的绩效水平和发展方向。下面介绍一种针对供应链数字化转型进行评价的成熟度模型——DSCMM（Digital Supply Chain Maturity Model）成熟度模型。

2023年，由工业和信息化部信息技术发展司指导研制，基于我国数字化供应链国家标准研制的数字化供应链国际标准《数字化供应链成熟度模型》在国际电信联盟（ITU）正式发布。该模型的发布是向国际社会共享我国供应链数字化转型实践成果、贡献数字化供应链"中国方案"的重要突破，对于提升我国数字化转型领域标准的国际影响力具有重要意义。

《数字化供应链成熟度模型》由五个成熟度等级和四个评价域构成，可帮助企业综合评价数字化供应链的水平与能力，或根据业务需求选择若干评价域进行专项评价如图8-5所示。同时，也可以帮助各级政府、有关行业组织等摸清供应链数字化水平，锁定供应链薄弱环节，逐级打造数字化供应链体系，服务实体经济高质量发展。

微课：数字化供应链成熟度模型

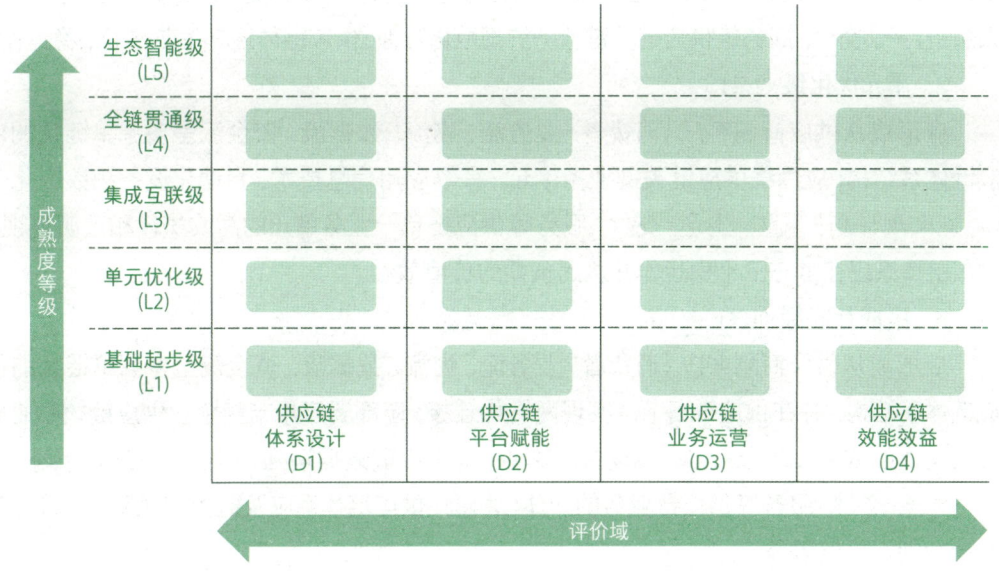

图8-5 数字化供应链成熟度模型构成

（一）数字化供应链成熟度模型的构建原则

1. 科学性

对企业数字化供应链关键能力特征和运营水平进行精准描述、客观评价，以有效支持数字化供应链水平与能力的评价、分析、诊断和改进。

2. 实效性

充分吸收当前供应链数字化转型的优秀成果和最佳实践，通过评价为企业指明数字化供应链的实践方法和提升路径，以有效引导企业逐级提升面向数字化转型的供应链水平与能力，实现供应链效率和效益的最大化。

3. 融合性

全面评价信息技术在计划、采购、生产、交付、服务等场景中的融合程度以及信息技术对于供应链结构、业务、性能和绩效的优化效果，体现数字化供应链各业务单元之间的业务融合、业务与技术的融合、内部和外部的生态融合，以促进数字化供应链的持续改进。

4. 前瞻性

充分体现供应链数字化转型的发展阶段和演进方向，以支持数字化供应链体系的持续升级和迭代优化，引导打造共创、共利、共赢、共享的数字化供应链开放生态。

（二）数字化供应链成熟度等级

1. 基础起步级（L1）

应形成从供应商到客户（消费者）业务流、物流、数据流、资金流直线串行的链状供应链体系结构；应围绕供应链部分业务单元，规范应用信息技术和数字化工具；应开展计划、采购、生产、交付、服务等供应链关键业务的规范化管理；供应链体系应在常态下平稳运作。

2. 单元优化级（L2）

应形成从供应商到客户（消费者）业务流、物流、数据流、资金流呈多源单链状的供应链体系结构；应围绕供应链关键业务单元，有效应用信息技术、自动化设备和数字化工具；应实现计划、采购、生产、交付、服务等供应链单一业务单元的高效执行和透明可视；供应链体系应在常态下平稳运作并达到预期的价值效益。

3. 集成互联级（L3）

应形成从供应商到客户（消费者）业务流、物流、数据流、资金流呈多源单链状的供应链体系结构，并在供应链各节点实现网络化连接；应部署应用支撑企业供应链核心业务集成运作的数字化平台和自动化设备，实现企业供应链数据端到端集成；应开展计划、采购、生产、交付、服务等供应链业务的一体化协同；供应链体系应及时控制风险、连续运作并持续创造价值效益。

4. 全链贯通级（L4）

应形成以客户（消费者）为中心，与供应商、制造商、经销商、服务商等合作伙伴业务流、物流、数据流、资金流多源并行的网状供应链体系结构；应部署应用支撑供应链全链条业务协同的数字化平台和自动化设备，构建供应链知识库和模型库，具备供应链全链条数据分析建模能力；应开展跨供应链合作伙伴间的业务在线感知、实时分析、动态决策和精准执行；供应链体系应在不确定性环境下连续运作、柔性调整并创造附加价值。

5. 生态智能级（L5）

应形成以客户（消费者）为中心，与供应链合作伙伴和外部利益相关方建立全面业务连接、数据连接、价值连接的供应链生态体系；应部署应用支撑供应链生态运营的数字化平台和自动化设备，构建供应链生态体系的数字孪生体，实现供应链生态场景数字化、资源模块化和业务智能化；应实现供应链生态合作伙伴之间的业务自感知、自执行、自学习、自优化；供应链生态体系应具备高度的韧性和柔性，能根据内外部环境变化实现自适应调整并持续创造附加价值。

第四节 数字化供应链绩效管理

随着供应链的复杂性和分散性增加，通过可视化技术来监控和分析供应链已成为数字化供应链的重要能力之一，而对越来越大量的复杂数据进行分析，以评价供应链运作关键绩效指标是科学决策，提升供应链效率与质量的重要手段。

一、供应链可视化的概念与价值

供应链可视化是指通过使用各种信息技术和数据分析工具，将企业供应链系统中各个环节的数据和信息以图表、仪表盘等形式进行可视化展示，并实时监控供应链的运作情况。这种可视化手段能够帮助企业更好地了解供应链各个环节的关联和运作情况，及时发现问题并进行调整和优化。

供应链可视化的应用能够为企业带来多重价值。首先，它能够帮助企业实时了解供应链的运作情况，快速定位和解决问题，提高工作效率。其次，通过可视化展现供应链数据和信息，企业能够更好地进行数据分析和决策，实现供应链的优化和改进。最后，供应链可视化能够提高对客户进行可视化报告的能力，提升客户满意度，增强企业的竞争力。

二、供应链可视化对供应链绩效的影响

（一）提高供应链的透明度

供应链可视化不仅适用于内部业务操作，也适用于外部合作伙伴。它跟踪原材料从生产、组装到成品，一直到最终客户。

（二）加强供应链的敏捷性

通过供应链可视化，企业能够在供应链中实时获取数据和信息，并及时进行调整和优化。这样的敏捷性能够使企业更好地适应市场需求的变化，提高供应链的灵活性和响应速度。

（三）优化供应链的成本和效率

供应链可视化能够帮助企业及时发现和解决供应链中存在的问题，减少库存和运营成本。通过数据分析和决策支持，企业可以对供应链进行优化，提高供应链的效率，降低成本。

（四）提升客户满意度

供应链可视化能够提供对客户进行可视化报告的能力，使客户能够实时了解订单状态和交货情况。这样的可视化展示能够提升客户的满意度，增强企业的品牌价值和竞争力。

三、供应链可视化的功能

（一）实时监控和运营控制

通过可视化技术，企业能够实时监控供应链中的各个环节，掌握供应链的运行情况，并能够进行实时调整和优化。例如，通过可视化仪表盘，企业可以实时了解供应商的交货情况、物流的运输时间和客户的需求情况，从而及时采取措施，保证供应链的顺畅运作。

（二）数据分析和决策支持

供应链可视化的应用能够将供应链中的大量数据和信息进行集中管理和可视化展示，使企业能够更好地进行数据分析和决策支持。通过对供应链数据和信息的可视化展现，企业可以更准确地了解供应链中的瓶颈问题，并根据数据分析结果进行优化决策，提高供应链的绩效。

（三）供应链协作和沟通

供应链可视化的应用可以促进不同环节供应链合作伙伴之间的协作和沟通。通过共享供应链可视化平台，各个环节的供应链合作伙伴能够实时了解供应链中的情况，并及时进行沟通和协作。这样的协作和沟通能够减少信息的延迟和失真，提高整个供应链的响应速度和灵活性。

四、供应链可视化的应用

（一）订单可视化

订单可视化包括对订单执行状态（如订单预测、订单确认、发货、收货、发票、付款等）进行实时监控，对订单完成情况进行分析与统计。在信息系统中，该部分内容可以分为订单发送流程、订单确认流程、发货流程、收货流程、发票流程，以及付款流程。每个子流程的执行都会改变订单的状态，这些状态数据将被记录在可视化平台的数据库当中。

（二）物流可视化

物流可视化包括对物流运输的全过程监控，例如，对车船位置的监控，对货物装卸状态的监控，以及对物流运输效率的分析与统计。在信息系统中，该部分内容包括供货方仓库提货流程，提货后入库暂存流程，提货后货物配送到需求方，运输路线管理和运输费用管理这五个部分内容。

(三) 库存可视化

库存可视化包括对现有库存量、在途库存量、缺货量的实时监控，以及对库存缺货率、库存过量、库存不足等状态的统计分析等。在信息系统中，该部分内容包括供应商管理库存、客户管理库存、多地库存管理、库存优化等内容。

五、供应链可视化绩效分析

(一) 分布分析

数据分布可以理解为"数据的形状"。一个"完美"的数据分布，会将所有可能的数据点都囊括其中，因此数据的分布表征了不同数据之间的本质区别。

表示数据分布的常用方法是直方图，这种图用于展示各个值出现的频数或概率。频数指的是数据集中一个值出现的次数，频数除以 n 即可把频数转换成概率，这称为归一化。归一化之后的直方图称为概率质量函数 (Probability Mass Function, PMF)，如图8-6所示。

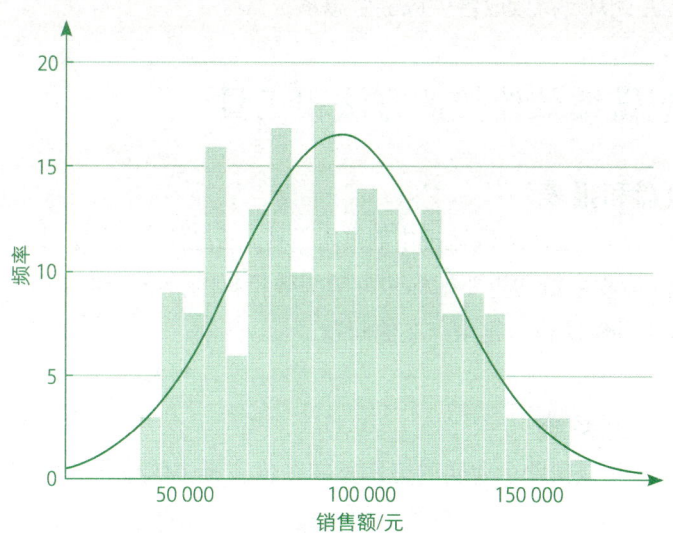

图8-6 直方图销售数据分析示例

(二) 趋势分析

趋势分析就是看绩效指标随时间变化的趋势。进行趋势分析的前提是时间必须稳定，只有这样绩效指标才可管理、可预测，否则无法准确判断。

对于制造类流程，绩效指标越稳定越好，不应该有大的变化。但是对于有些管理类指标，如利润率、市场占有率，则是期望趋势越变越好，这类数据通常将之放在时间轴后，先看发展趋势，再看波动大小。如果是向好发展，分析是采取了哪些方法使指标向好发展，还是向好发展只是"机会"下的正常波动，以利于确定采取哪些应对措施。

（三）能力分析

能力分析除了要看合格率，更要看波动大小，即标准差，其数学上的定义为与平均值的平均距离。在管理中，因为绩效不可能是一成不变的，都会有些波动，因此，除了要关注平均绩效，还要关注特殊情况，如是在高位运行还是在低位运行，还是极其不稳定。

在六西格玛管理中，就是用统计方法构建流程的整体波动范围，比如用 $\pm 3\sigma$ 来表示整体的波动范围，它包括了 99.73% 的数据，用这个整体波动范围和管理要求或者客户规格进行比较就可以得到能力水平。

（四）规律分析

规律分析主要是利用大数据分析方法分析外界条件变化是否影响以及如何影响绩效指标。

在分析中要将结果指标和过程指标成对进行收集，同时还应注意一个结果指标也可能有多个过程指标对应，这样才能准确分析它们之间的关系与影响。通过大数据分析找到相互的影响或者规律之后，就可以了解偏差产生的原因并实施恰当的改善措施，促成绩效完成，形成 PDCA 闭环，持续改善供应链生态系统。

六、供应链绩效监控的方法和工具

（一）仪表盘和报表

仪表盘和报表是供应链绩效监控中的常用工具。通过仪表盘和报表，供应链管理人员可以一目了然地了解供应链的重要指标和关键绩效指标的情况。他们可以通过设定阈值和警戒线，及时发现并解决供应链中存在的问题。

（二）物流追踪系统

物流追踪系统可以帮助企业实时追踪货物在供应链中的位置和状态。通过物流追踪系统，供应链管理人员可以及时获得货物的位置信息和配送状态，从而更好地协调供应链中的各个环节。

（三）数据分析工具

数据分析工具在供应链绩效监控中扮演着重要角色。通过数据分析工具，供应链管理人员可以对供应链中的各项数据进行分析和挖掘，发现其中的规律与问题，这有助于他们及时作出决策并改进供应链的运作效果。

> 调查研究与善作善成

供应链数字化成熟度评估与方案设计

一、调研背景

随着科技的不断进步和产业结构的升级,供应链创新在产业发展中占据了越来越重要的地位。有效的供应链管理模式不仅能够提升产业链的整体竞争力,而且对实现可持续发展目标起到了关键作用。

随着大数据、云计算、物联网等新一代信息技术的快速发展,数字化转型已经成为提升供应链管理水平的关键手段。通过数字化转型,企业能够实现供应链的智能化、可视化、协同化,提高供应链的响应速度和灵活性,进一步提升企业的竞争力。实施供应链数字化转型,构建数字化供应链,是数字经济与数字社会发展的必然选择。

二、调研要求

在本地区支柱产业内选择一个龙头企业开展调研,完成以下任务:

1. 调研企业供应链运营的基本情况和数字化发展现状

(1)分析这些企业的供应链管理模式和流程,了解其在供应链管理方面的优势和不足。

(2)调研这些企业的数字化发展现状,包括在供应链管理中应用的信息技术和数字化平台等。

2. 依据我国工信部发布的《数字化供应链成熟度模型》评估所调研企业的供应链成熟度。

(1)基础建设。评估企业在信息技术、数据管理、网络安全等方面的基础设施建设情况。

(2)业务运营。分析企业在采购、生产、物流、销售等供应链各环节的业务运营情况。

(3)协同管理。考察企业在供应链协同、信息共享、风险管理等方面的能力。

(4)创新发展。评估企业在供应链创新、数字化转型、可持续发展等方面的战略规划和实践情况。

3. 根据供应链数字化成熟度评估结果,结合企业实际情况,设计供应链数字化转型升级的建议报告

报告应包括以下内容:

(1)转型或升级的目标和愿景。明确企业供应链数字化转型升级的战略目标和未来愿景。

(2)具体实施方案。提出针对企业现有问题的具体解决方案和实施步骤,包括技术选型、平台搭建、流程优化等。

(3)预期效果评估。预测转型或升级后可能带来的效益和成果,包括成本降低、效率提升、竞争力增强等。

(4)风险与应对措施。分析转型升级过程中可能面临的风险和挑战,并提出相应的措施。

自测习题

一、单项选择题

1. 表示数据分布的常用方法是（　　），这种图用于展示各个值出现的频数或概率。
   A. 曲线图　　　　　　　B. 箱形图
   C. 饼状图　　　　　　　D. 直方图

2. （　　）是综合反映供应链上下层节点企业之间关系的重要绩效评价指标。
   A. 产品质量　　　　　　B. 运营成本
   C. 反应速度　　　　　　D. 满意度

3. 供应链（　　）是具体落实供应链评价机制的主要工具，也是绩效管理流程中绩效制定的主要内容，是供应链绩效管理流程中的重中之重。
   A. 绩效考核　　　　　　B. 绩效沟通
   C. 绩效指标　　　　　　D. 绩效提升

4. （　　）是指单位产品净利润占单位产品总成本的百分比。
   A. 单位利润率　　　　　B. 成本利润率
   C. 产品利润率　　　　　D. 成本百分率

5. （　　）指在一定时间内，已销售的产品数量与已生产的产品数量之间的比率。
   A. 产销率　　　　　　　B. 产需率
   C. 产能利用率　　　　　D. 销售利润率

二、多项选择题

1. 供应链产品质量是指供应链各节点企业（包括核心企业）生产的产品或零部件的质量，主要包括（　　）等指标。
   A. 合格率　　　　　　　B. 废品率
   C. 破损率　　　　　　　D. 退货率

2. 供应链绩效评估的目的是（　　）。
   A. 满足最终消费者的需求
   B. 建立合作关系的共同目标
   C. 确保联盟目标与企业目标的一致
   D. 提供个别企业内部员工绩效制定的参考依据

3. 供应链社会绩效评价常用的指标包括（　　）。
   A. 员工满意度　　　　　B. 供应链伦理
   C. 供应链透明度　　　　D. 资源利用率

4. 平衡计分卡方法将企业的愿景与战略转化为在（　　　　）等方面的一系列具体目标，从而形成一套综合绩效评价体系。

   A. 财务　　　　　　　　B. 市场与客户

   C. 内部流程　　　　　　D. 学习与成长

5. 供应链可视化对供应链绩效的影响体现在（　　　　）。

   A. 提高供应链的透明度　　B. 加强供应链的敏捷性

   C. 优化供应链的成本和效率　D. 提升客户满意度

三、判断题

1. 评价供应链运行的绩效指标就是评价供应链上每一个节点企业的运营绩效。（　　）
2. 供应链结构设计的差异对供应链绩效评估影响不大。（　　）
3. 绩效管理体现以人为本的思想，在绩效管理的各个环节中都需要管理者和员工共同参与。（　　）
4. 利用供应链运作参考模型，每一种产品或产品型号都可以构建自己的供应链。（　　）
5. 供应链可视化不仅适用于内部业务操作，也适用于外部合作伙伴，它跟踪原材料从生产、组装到成品，一直到最终用户。（　　）

09 第九章

供应链风险管理

Chapter

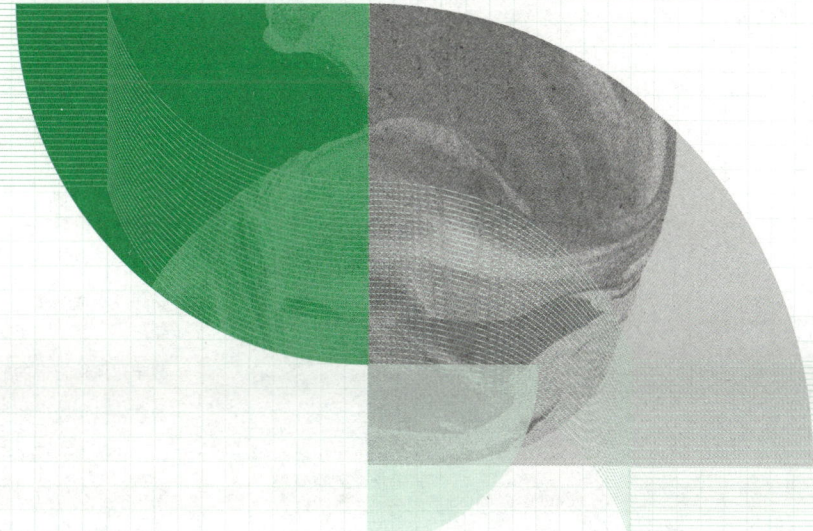

学习目标

素养目标
- 充分理解"着力提升产业链供应链韧性和安全水平"的重要性,增强提升供应链运营技能的使命感和责任感
- 培养危机意识、忧患意识和安全意识,提升灵活应变和应急处理能力

知识目标
- 了解供应链风险的含义和类型
- 熟悉供应链风险管理的步骤与内容
- 熟悉供应链风险处理策略
- 掌握供应链风险应急管理策略的特点和适用范围
- 了解数字化技术对供应链风险管理的影响

技能目标
- 能够识别、评估和处理常见的供应链风险
- 能够制定供应链应急管理预案
- 能够设计、构建弹性供应链方案
- 能够提出构建数字化供应链风险预警体系的初步方案

思维导图

- **供应链风险管理**
  - 供应链风险概述
    - 供应链风险的含义
    - 供应链风险的特点
    - 供应链风险的类型
    - 供应链风险管理的主要环节
  - 供应链风险识别、评估和处理
    - 供应链风险识别
    - 供应链风险评估
    - 供应链风险处理
  - 供应链应急管理
    - 供应链应急管理的含义和特点
    - 供应链应急策略
    - 构建供应链弹性
  - 数字化供应链风险管理
    - 数字化风险管理的形式
    - 数字化风险管理的价值
    - 数字化风险管理体系的构建
    - 数字技术对供应链风险管理的影响
    - 数字化供应链风险预警体系的构建

学习计划

素养提升计划

知识学习计划

技能训练计划

引导案例

着力提升我国产业链供应链韧性和安全水平

面对新变局、新挑战，着力提升产业链供应链韧性和安全水平，形成具有自主可控、稳定畅通、安全可靠、抗击能力的产业链供应链，既是我国实现高质量发展、建设现代化产业体系和构建新发展格局的根本路径，也是增强我国产业国际竞争力、应对风险挑战和维护经济安全的必然要求。

基于当前形势，应多措并举地加快提升我国产业链供应链韧性和安全水平：

一是整合科技力量，联合攻克关键核心技术和"卡脖子"技术。加快构建关键核心技术攻关新型举国体制，把政府、市场、社会有机结合起来，营造优良的科研与创新生态，有效防范产业链关键环节风险。加强前瞻技术和未来产业战略性研究，推动颠覆性技术创新和早期市场培育，建立"产学研"协同创新的新机制。

二是培育具有核心竞争力的"链主"企业。实施产业链"链长"行动计划，培育一批具有全球竞争力的产业链"链主"领军企业，加强对产业链关键环节的控制力，引导中小型创业企业积极参与产业链分工协作，在产业链重要环节打造一批细分行业和细分市场的专精特新"小巨人""单项冠军""隐形冠军""独角兽"企业，促进大中小企业融通发展、内外联动。

三是提升产业链供应链数字化水平。提高产业链供应链在时空上的数字化协同和集成能力，增强产业链供应链的灵活性。积极布局数字经济产业链新基建，构建以新一代信息技术和数字化为核心的新型基础设施。加快推动产业数字化和数字产业化，培育壮大人工智能、大数据、区块链、云计算、网络安全等新兴数字产业，提升通信设备、核心电子元器件、关键软件等产业水平。

四是推进产业链供应链绿色低碳转型。适应"双碳"目标要求，更加注重资源节约和环境保护，切实把"零碳化"理念融入产业链供应链发展全过程和各环节。推动产业结构优化升级，推进重点行业和领域碳达峰实施方案，全面推行清洁生产，推动工业绿色升级，深入推进能源革命，大力实施可再生能源替代，加快构建清洁、低碳、安全、高效的能源体系。

五是加强产业链供应链安全国际合作。加快实现由商品和要素流动型开放向规则、规制、管理、标准等制度型开放转变，提高应对外部挑战的能力。深度参与全球产业分工合作，维护多元稳定的国际经济格局和经贸关系，积极探索国际合作新模式。围绕打造世界级产业集群，深化产业链供应链全球合作，不断提升我国产业的全球影响力、竞争力和治理能力。

引思明理

产业链供应链是现代经济的重要形态，其韧性和安全水平反映了一国经济抵抗风险能力的大小，对现代化经济体系运行具有重要影响。虽然我国工业体系及相关产业构成相当完备，交通物流仓储等基础设施比较完善，但如果产业链供应链存在短板，缺乏韧性，经济运行和增长的稳定性就会受到影响，产业结构优化升级就会受到阻碍，经济发展效率和质量就难以有效提高。因此，党的十八大以来，习近平总书记多次对产业链供应链安全稳定作出重要指示，强调"要把增强产业链韧性和竞争力放在更加重要的位置，着力构建自主可控、安全高效的产业链供应链"。党的二十大报告又明确提出"着力提升产业链供应链韧性和安全水平"。

第一节 供应链风险概述

一、供应链风险的含义

党的二十大报告指出："加强重点领域安全能力建设，确保粮食、能源资源、重要产业链供应链安全"。现代供应链越来越复杂，有很多横向和纵向的关系。在供应链运作过程中，由于大量不确定性因素存在，风险始终与供应链中的各个节点企业相伴，往往在某个风险出现的时候，就有整个供应链中断的危险，造成整个供应链运作的脆弱性，如图9-1所示。中断风险是供应链的一项固有属性，虽然完全避免是不可能的，但可以通过分析各类风险，采取相应措施避免风险，或将风险造成的损失降到最低。

即学即问
精益生产风行和外包趋势为什么会造成供应链运作的脆弱性？

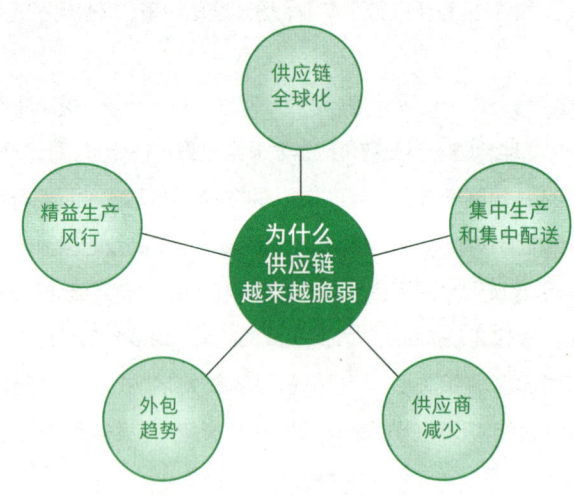

图9-1 供应链运作的脆弱性

供应链风险是指所有影响和破坏供应链安全运行，使之达不到供应链管理预期目标，造成供应链效率下降、成本增加，导致供应链网络失败和解体的不确定性因素和意外事件。

二、供应链风险的特点

1. 供应链风险具有客观性和必然性

无论是自然界中的各种灾害,还是社会领域中的冲突、战争、过失及其他意外事故,都不以人们的主观意志为转移,它们的存在和发生就整体而言是一种必然的现象。所以,供应链风险的发生也是客观和必然的。供应链风险发生的范围、程度、频率、形式、时间等都可能表现各异,但它总会以独特的方式表明自己的存在,是一种必然出现的事件。

2. 供应链风险具有博弈性与合作性

供应链内部风险主要来自组成供应链系统各环节之间的关系,它由各环节之间潜在的互动博弈与合作造成。供应链中各成员企业作为独立的市场主体,有各自不同的利益取向,相互之间因为信息不完全、不对称,又缺乏有效监督机制,因此为了争夺系统资源,追求自身利益最大化而展开激烈博弈。在争取个体利益的同时,供应链中的企业也在部分信息公开、资源共享的基础上展开一定程度的合作,以谋求单一企业所不能实现的经济利益。

3. 供应链风险具有"牛鞭效应"

由于供应链各节点企业之间需求的信息相对保守,造成链上企业对需求信息的曲解,使信息沿着下游向上游逐级放大的现象出现,出现"牛鞭效应"。在经营实践中,供应链源头和终端需求之间总会存在时间上的延迟,这种延迟会导致反馈误解。由于供应链上的企业多依据相邻企业的需求信息决策,而并不能够充分把握其他成员的需求信息,造成这种曲解从一点微小差异最终传递到源头时出现不可思议的放大。供应链越长,供应链中间的流程越多,"牛鞭效应"越严重,供应链风险的出现概率及危害越大。

4. 供应链风险具有相关性和传递性

由于供应链从产品开发、生产到流通过程由多个节点企业共同参与,因此风险因素可以通过供应链流程在各个企业间传递和累积,并显著影响整个供应链的风险水平。根据供应链的时间顺序和运作流程,各节点企业的工作形成了串行和并行混合的网络结构。其中,某项工作既可能由一个企业完成,也可能由多个企业共同完成。供应链整体的效率、成本、质量指标取决于节点指标。由于各节点均存在风险,供应链整体风险由各节点风险传递而成。

5. 供应链风险具有多样性和复杂性

供应链从诞生之日起就面对许多风险。它不仅要面对单个企业所要面对的系统风险、非系统风险、实质资产风险、责任暴露风险、财务资产风险、人力资产风险、危害性风险与财务性风险,还要面对由于供应链的特有结构决定的企业之间的合作风险、技术与信息资源传递风险、合作利润在不同企业中分配的风险、市场风险等。由于供应链由链上多个伙伴企业组成,供应链风险管理的核心在于对供应链伙伴关系、合作关系的管理、监督与控制,供应链越长,供应链流程越多,供应链涉及的合作伙伴越多,供应链风险管理就越复杂。

三、供应链风险的类型

供应链风险类型见表 9-1。

表 9-1 供应链风险类型

风险类型	风险来源	具体表现
供应链外部风险	自然风险	如地震、暴风雪、水灾、海啸、火灾等
	政治风险	如战争、政变、恐怖袭击等
	经济风险	如通货膨胀、金融危机、贸易争端等
	法律风险	不同国家的不同法律环境,法律法规的调整、修订等
	社会风险	社会冲突,如罢工、抵制活动等;新型疾病,如SARS、新冠病毒等
	信用风险	如社会信用机制缺失、恶意违约等
	市场风险	市场需求具有不确定性,如消费者偏好变化
	政策风险	如产业政策、金融投资政策、环保升级等
供应链内部风险	技术风险	如基础技术革新对企业现有技术的冲击
	运营风险	运营过程中的财务、采购、生产、销售、运输、信息系统等各种风险
	人力风险	如工人操作失误、人员技能不达标、人力资源缺乏等
	设备风险	如设备故障、设备配件缺失、维修不及时等
	战略风险	如职能战略与总体战略不匹配
	道德风险	为了短期利益的欺诈行为和失信行为,如偷工减料、以次充好、单方面更改合约等
	信息风险	如信息传递不畅、信息不对称、信息扭曲等
供应链合作风险	文化风险	如价值观不同导致目标差异,影响工作效率
	信任风险	以自身利益为中心,缺乏信任而导致隐瞒信息
	成员风险	如独家供应商的退出导致原料供给中断
	能力风险	供应链成员相关功能不匹配带来的风险,如生产能力风险、管理能力风险
	不平衡风险	企业在发展规模、发展潜力、管理水平等方面存在很大差异,供应链存在薄弱环节
	利益分配风险	成员企业的利益分配是此消彼长的,利益分配的影响因素很多,分配不合理容易引起矛盾

（一）供应链外部风险

供应链外部风险是指由外部环境的不确定性对整个供应链系统产生的不利影响，主要是指宏观环境对供应链管理的影响。此类风险一般是企业无法控制的，但是可以用预警系统适当规避。

（二）供应链内部风险

供应链内部风险更多是由于供应链管理运作过程中制度缺失、内部控制不健全等产生的。例如，由于采购过程不科学导致无法及时满足客户的需求，由于需求预测不可靠造成存货积压，由于无法有效应对技术进步导致生产率低于市场平均水平等而产生的风险。

（三）供应链合作风险

供应链合作风险是供应链系统中各节点企业在运行过程中，由于相互独立决策、企业文化差异、信息不对称、利益分配等与合作有关的不确定性所产生的风险。

> **即学即问**
> 请分别举出政治风险、法律风险、运营风险的具体实例，并总结其发生的原因和避免的措施。

四、供应链风险管理的主要环节

供应链风险管理分为风险识别、风险评估及风险管理与控制三个环节，其基本框架如图9-2所示。

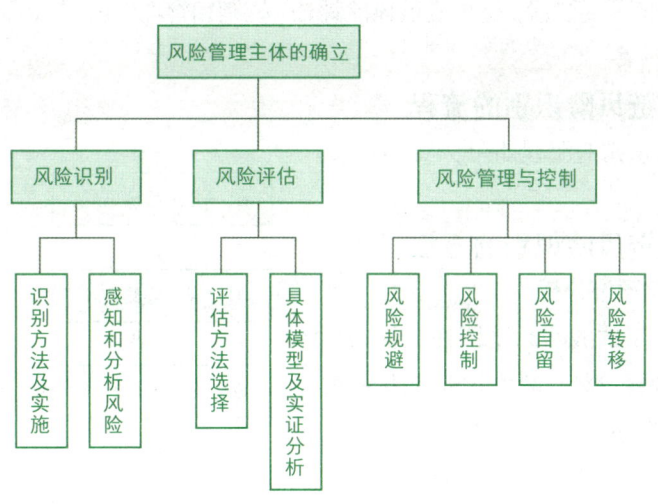

图9-2　供应链风险管理基本框架

（一）风险识别

风险识别是对企业供应链面临的各种潜在风险进行归类分析，从而加以认识和辨别。这是供应链风险管理中最重要也是最难的部分。任何对风险评估、风险管理与控制的正确行动都是基于正确的风险识别。

(二) 风险评估

风险评估是对特定风险发生的可能性和损失范围及程度进行估计与度量，即分析判断供应链风险发生的概率和风险发生造成损失的程度。

(三) 风险管理与控制

风险管理与控制是供应链风险管理的核心，即根据风险管理目标，选择恰当的风险管理工具，不断反馈、检查、调整、修正、优化组合，规避、转移、降低风险。

第二节 供应链风险识别、评估和处理

一、供应链风险识别

(一) 供应链风险识别的概念

供应链风险识别是对供应链中各个过程环节、每个参与主体及其所处环境的信息、资料、数据、现象等进行系统的了解分析，找出可能导致供应链风险产生的因素并识别风险源，掌握每个风险事件的特征、原因、相互关系和潜在后果。供应链风险识别是有效进行供应链风险管理的首要阶段，是供应链风险评估、控制和管理的前提。

(二) 供应链风险识别的流程

供应链风险识别的流程如图 9-3 所示。

(三) 供应链风险识别的方法

1. 关键事件预警分析

进行从上至下的战略风险评估，通常需要采用关键事件预警分析。这种分析方法通常需要通过一系列头脑风暴法来识别可能对企业业绩产生影响的关键经济、技术、文化因素，然后对这些相关因素的未来状态进行估计，并一一列举出来，综合起来就形成了现实和潜在的风险因素组合。关键事件预警分析在识别战略层面的风险上较为有效，尤其是由于新技术的出现、经济以及产业结构的变动所产生的风险。此外，这种方法同样应用于战术方面，并且在对现

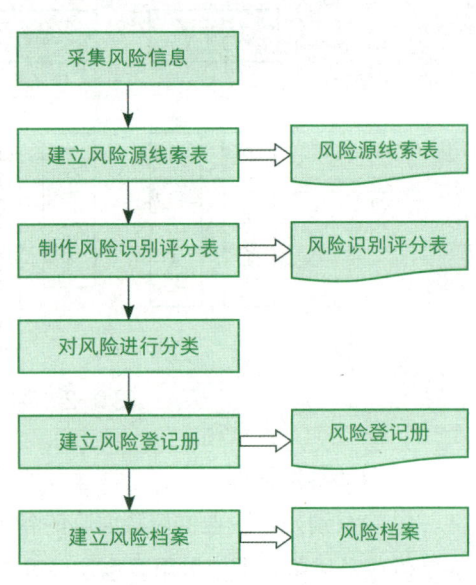

图 9-3 供应链风险识别的流程

> **即学即问**
> 供应链中处于上下游不同节点的企业面临的风险有什么不同？

存的风险以及各种风险彼此之间的互动效果分析的过程中经常使用。

2. 历史数据分析

通过历史数据分析，可以在识别未来风险方面得到一些启示，以便及时发觉可能产生重大负面效应的事件。历史数据分析的缺陷，一方面是它只能对曾经发生过的风险因素进行识别，这可能使得未来发生的新型重大风险被忽略；另一方面是重要的风险事件通常并不经常发生，这可能使企业对风险事件类型的认识受到限制。为此，需要将在同类型企业中曾经发生的风险事件尽可能包含在本企业的历史数据之中。该方法比较适合识别供应链运营方面的风险。在对市场风险以及事件风险的识别方面，历史数据分析法有它独特的优势。

3. 全景描述

全景描述是通过创建一个完整的业务流程图，并将不同业务功能单元予以组合，进行可视化集成展示。全景描述可以综合性地将一个组织或者供应链进行从头至尾的解析与展示，并对此过程中的每一个步骤都提供详细的信息，包括目标、如何操作、谁来执行、出现突发事件如何应对等。一个完整的全景描述可以将需要控制的误差、潜在风险点，以及薄弱环节一一暴露出来，尤其是对那种在组织以及部门间会相互动态转移的风险，具有较强的识别能力。全景描述对于识别由于执行不力带来的风险比较有效。与历史数据分析不同，全景描述可以在实际损失产生之前，从全程的、整体的角度对可能存在的风险及其影响进行分析，比较适合识别供应链运营方面的风险。

二、供应链风险评估

（一）供应链风险评估的含义

供应链风险评估是将风险分析过程中确定的供应链风险等级与明确供应链环境信息时设定的风险准则进行比较，从而产生评价结果的过程。

供应链风险评估的目的是对风险产生的原因及其影响进行周期性估计，以便能及时采取措施预防。它主要包括两个方面的内容：一是对影响供应链运作的主要因素及其后果进行预测，如经济波动和产业政策波动评估，供应商评估鉴定，自然灾害、战争和突发事件发生概率的预测等；二是对供应链本身抵御风险的能力进行评估，如供应商的供应能力评估、物流企业的运输能力评估、生产和销售企业的库存能力评估等。

（二）供应链风险评估的流程

供应链风险评估的流程如图 9-4 所示。

> **即学即问**
> 如果在供应商选择阶段需要进行风险评估，你认为在国际供应链背景下，对海外供应商应设置哪些风险评估指标？

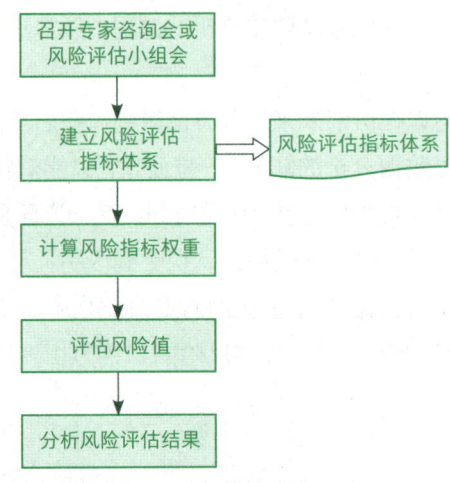

图 9-4 供应链风险评估的流程

(三) 风险评估的方法

1. 定性分析方法

通过定性分析方法确认如下事项:

(1) 风险的性质。定性描述风险。

(2) 后果。定性描述潜在的损失和获利。

(3) 可能性。主观确定风险是否会现实发生。

(4) 范围。风险发生的影响对象,如供应商、交付、成本、服务等。

(5) 责任。风险发生的职能部门以及承担控制风险的责任方。

(6) 利益相关者。受风险影响的人员以及他们的预期。

(7) 目标。通过风险管理希望达到的目标。

(8) 相关。与其他风险的关联性。

(9) 运作活动的改变。缓和风险带来的影响。

(10) 企业现有风险管理的方法以及成功的程度。

(11) 提出风险管理的建议和对策。

2. 定量分析方法

定量分析方法有两个基本因素:风险事件发生的概率和当风险事件发生所造成的后果,如表 9-2 和表 9-3 所示。

表 9-2 风险概率描述表

概率描述	概率的近似值	解释
不可能	0	永远不会发生
低	0~0.25	不可能发生

续表

概率描述	概率的近似值	解释
中等	0.25~0.75	发生/不发生机会均等
高	0.75~1	可能发生
肯定的	1	永远会发生

表 9-3　风险事件发生所造成的后果

等级	影响程度	后果表现
等级 1	忽略	对供应链的影响微不足道
等级 2	较小	部分供应链的运作引起些许不便、轻微的损毁、延迟和成本增加，但不影响大多数运作活动
等级 3	中等	导致一部分供应链运作产生故障，但主要功能符合要求
等级 4	严重	对供应链重要运作活动产生严重影响，引起严重的延迟和高恢复成本
等级 5	危险	整条供应链在一段时间内停止运作，完全恢复需要付出高成本和高投入
等级 6	灾难	对整条供应链甚至整个组织产生不可挽回的损失

风险评估的结果就是最终形成一份按照优先次序排列的风险目录，列在目录首位的是最具影响力、最重要的风险，排在末位的则是最不重要的风险。

三、供应链风险处理

（一）供应链风险处理的含义

供应链风险处理是针对项目目标，制定提高机会、降低威胁的方案和措施的过程。根据风险评估的结果，作出关于某种风险的对策，并选择和执行改变供应链风险的可能措施。

（二）供应链风险处理的流程

供应链风险处理的流程如图 9-5 所示。

（三）供应链风险处理策略

1. 预防性策略

预防性策略属于概率导向型性质，一般适用于风险发生以前，即降低风险发生的概率，从而使风险可控。常见的有回避策略和预防策略。

> **即学即问**
> 对于因市场不确定性造成的商品滞销和库存积压，你认为应该采取哪些策略分散风险比较合适？为什么？

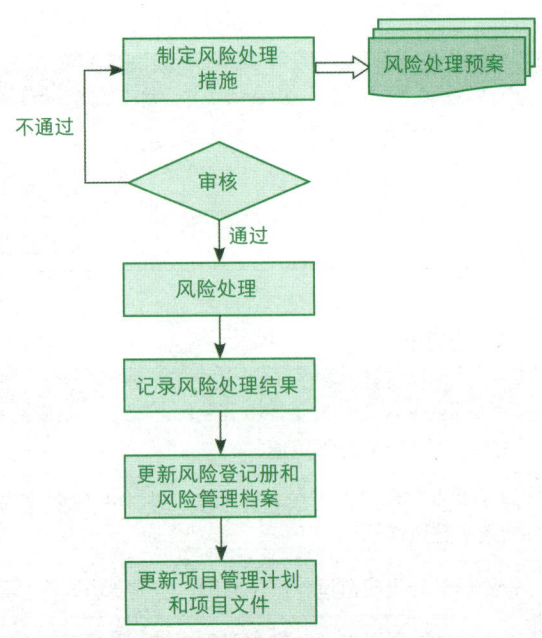

图9-5 供应链风险处理的流程

(1) 回避策略,是指改变原有计划避免风险发生或者风险发生后拒绝承担后果。在供应链环境下,回避策略可以降低甚至消除风险对于供应链中某一个体的影响,但是这种策略往往是牺牲供应链中其他合作伙伴的利益而获得的。如果供应链中处于强势地位的一方一味采取回避策略,给供应链整体造成的损失可能更大。

(2) 预防策略,是指采取预防性措施降低风险发生的概率,从而达到控制风险的目的。预防策略比回避策略更加积极,在供应链风险管理中也更加常见。在实际操作中,预防策略需要分析导致风险发生的根本原因,并针对这些原因采取有针对性的措施,降低风险的发生概率,以达到预防的目的。

2. 防御性策略

防御性策略属于损失导向型性质,是对风险发生后所可能导致的后果的一种管控。企业在实际运营过程中,可以根据自身所处的地位和具体条件选用以下几种常用策略:

(1) 风险分担,是指供应链中多个企业共同承担某种风险所带来的后果,避免风险对供应链中某一环节造成严重损害,确保整个供应链的安全。一般可以按照风险承担能力、损失最大原则或者风险控制能力等原则进行风险分配。

(2) 风险分散,是指通过多源供应或者多地选址来分散供应链外生风险对整个供应链系统的影响。但是这些措施一般会增加供应链的运营成本。因此,在实际运用过程中,需要进行风险评估以达到风险最低与成本最优之间的平衡。

(3) 风险转移,是指将风险转移至其他人或其他组织的一种风险处理策略。比如,通过保险、外包或者委托等方式,将自己可能遇到的风险转嫁给第三方。虽然这种方式可以降低风险对于企业本身的影响,尤其是财务影响,但是并不利于供应链稳定健康发展。

> **和合自主铸链兴企**
>
> **中国能建规划设计公司海外风险防控体系建设**
>
> 中国能建规划设计公司作为我国大型央企集团中国能建旗下的特级核心企业,在中国能建决策部署中发挥着引领作用。该公司在努力推动我国大型工程公司在国际业务中从附加值较低的总承包业务向附加值较高的产业链供应链前后两端延伸的同时,注重海外业务风险管控,围绕政治、经济、社会、法律、环保、劳务、营商、融资、财税、安全十大领域,建立海外业务风险、合规、内控、法律"四位一体"的风险防控体系,有效防控海外业务开展过程中的各类风险。
>
> 一是强化风险防控链条与国际市场开发同步延伸。将风险评估、合规审查、法律审核等风险防控措施融入业务流程,对海外各类风险实施管控;实行国际业务专项风险评估制度,以尽职调查、授权委托等为抓手,深度参与具体项目的开发;在项目合同谈判签约阶段,通过合同法律审查降低项目履约风险;在项目履约阶段,积极参与项目风险排查、变更索赔谈判、纠纷处理等事项,充分防控风险。
>
> 二是强化重点业务和关键环节的风险控制。通过开展国别风险研究分析,编制30余个重点国别风险研究报告,为降低境外经营风险提供支持。针对国际总承包项目风险防控,强化对政策与法律风险、材料和人工价格上涨风险、外汇风险、项目建设条件风险等的识别、评估和应对。
>
> 三是强化国际投资、并购、担保等业务全流程、全生命周期风险管控。充分识别各类复杂交易模式风险,穿透式审查法律合规风险,对重大风险单独出具法律意见书,确保交易安全、风险可控,维护企业利益。通过列出风险清单,分析风险等级,细化防控措施,全面加强风险源头治理。
>
> 四是建立和完善境外风险防控防线。充分发挥业务部门、风控部门和审计监督部门的作用,制定国际化业务"大监督"工作手册,构建各司其职、相互联动的风险防控工作机制,不断增强监督工作的穿透力和精准度。
>
> 五是建立境外应急处置机制。一方面,密切关注国际重大政治经济形势走向,及时作出判断,及时向所属企业和境外人员发出预警,提前做好防范;另一方面,成立境外应急管理领导小组,制定《境外应急管理办法》和《境外突发涉外事件应急预案》,加强应急演练;同时,开展预防性教育,提升境外项目部和员工的安防意识和自我保护能力,并与外交部、境外使领馆及当地政府、社区、安全机构保持定期联络沟通,切实降低危机发生的概率和相应损失。

第三节　供应链应急管理

一、供应链应急管理的含义和特点

党的二十大报告指出:坚持安全第一、预防为主,建立大安全大应急框架,完善公共安全体系,推动公共安全治理模式向事前预防转型。供应链应急管理是指供应链在陷入危机时，为摆脱危机、维持供应链正常运行而采取的一系列处理危机的行动与对策。供应链应急管理实施步骤如图9-6所示。

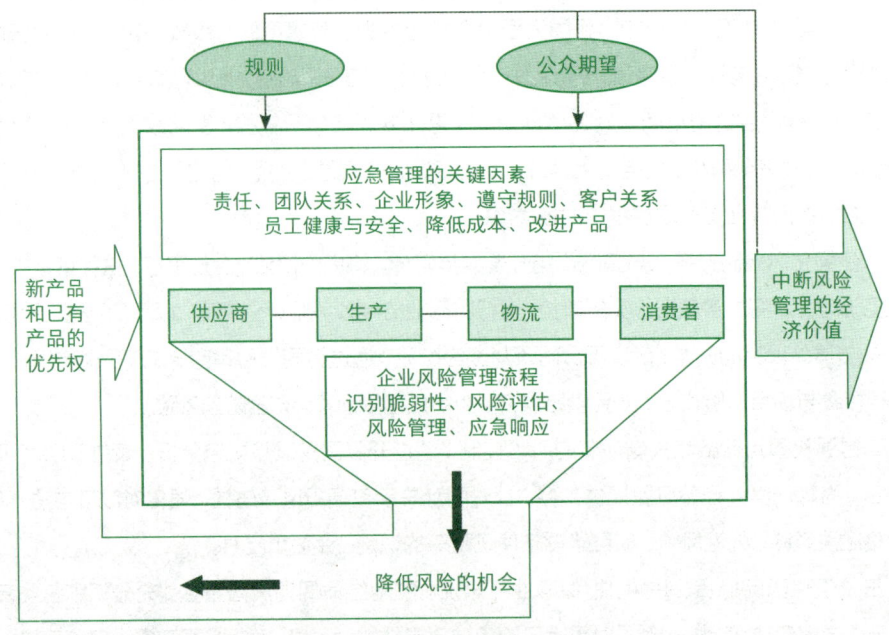

图9-6　供应链应急管理实施步骤

供应链应急管理具有以下特点：

(1) 协作性。供应链作为一种扩展企业，强调每个成员企业都要和其他成员企业合作。因此，应对供应链风险需依靠成员协作来完成。

(2) 紧迫性。供应链的很大一部分风险都是突发的，如火灾等自然灾害的发生、流动资金周转不灵、产品受到大规模投诉等。如果不及时采取措施，就可能导致供应链部分或整体停止运行，甚至解体。

(3) 灵活性。由于供应链是多环节、多通道的一种复杂系统，导致各种供应链风险产生的原因不同，很难找到处理风险的统一方法与固定模式，只能具体情况具体分析，采取灵活多变的方法应对供应链风险。

(4) 预防性。在设计供应链应急管理系统时，必须认识到供应链应急管理的关键在于危机预防。

二、供应链应急策略

供应链应急策略按照策略本身的性质可以分为弹性供应链策略和鲁棒性供应链策略两类。弹性供应链与鲁棒性供应链的特性比较见表9-4。

表 9-4 弹性供应链与鲁棒性供应链的特性比较

弹性供应链	鲁棒性供应链
供应链策略的核心是风险管理	供应链策略的核心是精益思想
风险与质量意识文化	质量意识文化
内外部风险管理	内部质量控制
对突然和重大的输入变化不仅能做出反应,而且能作出持续反应	对输入合理的变化作出反应
供应链加速与减速	供应链速度
在制造、储存空间和流程能力方面,在关键路线上保持备用能力	始终追求备用能力最小化
精益流程与敏捷流程相结合	精益流程
追求效益的流程	追求效率的流程
在持有战略安全库存的同时始终保持低库存水平	
流程稳定且可控	
消除非价值增值活动和流程	
供应链输出变化率最小化	

(一) 弹性供应链策略

弹性指企业的正常运营在受到风险干扰以后,有自动恢复到初始(生产、服务等)状态的能力和速度。

弹性供应链策略的特点是能够对风险作出有针对性的反应,较少增加系统对资源的占用,通过灵活的管理方法来应对各类事件。

弹性供应链策略包括:① 延迟制造计划;② 多种供应、服务模式的组合;③ 灵活的营销策略与销售价格;④ 供应链合作伙伴之间的信息共享与协调;⑤ 组织内部上下级之间合理的决策权力分配;⑥ 组织内部员工之间信息的合理交流与共享等。

(二) 鲁棒性供应链策略

鲁棒是 robust 的音译,即健壮和强壮的意思。鲁棒性指企业受到干扰以后,具有保持原来(生产、服务等)状态的稳定性。

鲁棒性策略的特点是以不变应万变,主要通过增加对资源的占用,例如,通过增加库存和备用供应商数量来实现系统对风险的反应。

鲁棒性供应链策略包括:① 设立或增加战略库存;② 设立或增加备用供应商;③ 采用标准化的产品设计、工厂布局及作业流程;④ 以并行业务流程方案代替顺序业务流程方案等。

> **即学即问**
> 你认为什么样的企业适合选择弹性供应链策略?什么样的企业适合选择鲁棒性供应链策略?

(三) 应急策略的应用

弹性供应链策略和鲁棒性供应链策略各有特点，在构建供应链系统应急策略体系过程中，应该从系统的实际情况出发，在对企业的风险类型和潜在危害进行预测与评估的基础上综合运用。例如，对于以应对原材料供应风险为主的供应链系统，应该设立和增加战略库存、备用供应商和采用多种供应服务模式的组合；对于以应对产品市场需求风险为主的供应链系统，应该采用延迟制造计划、灵活的营销策略与销售价格等；对于以应对产品生产过程中产生的风险为主的供应链系统，应该采用标准化的产品设计、工厂布局及作业流程、并行业务流程方案代替顺序业务流程方案等；供应链伙伴之间的信息共享与协调、组织内部上下级之间合理的决策权力分配、组织内部员工之间信息的合理交流与共享等将全面提高整个供应链系统对风险和突发事件的应对能力。

三、构建供应链弹性

随着经济全球化和产业分工的不断细化，供应链面临着比过去更多的风险，企业必须在风险与成本与效率之间作出权衡，既不损害成本、效率，又不使供应链承受过大的风险。显然，一条仅具鲁棒性的供应链已无法经受信息时代复杂多变环境的考验，只有那些蕴含足够弹性的供应链才有可能真正抵御各种不可预知的风险。弹性供应链成为防范供应链风险的重要手段。

(一) 供应链弹性的含义

供应链弹性是指供应链网络系统在中断风险发生之后恢复到初始状态或理想状态的能力，包括回到正常绩效水平（生产、服务、供应比率等）的速度。

供应链弹性主要受两种因素影响：供应链能力和供应链脆弱性。前者是正向影响，后者是负向影响。构建供应链弹性重要的是提高供应链能力。

供应链能力是指供应链系统应对顾客需求变化的能力。这种能力不仅取决于每个成员所具备的组织能力水平，而且取决于供应链上下游之间信息流、物流和资金流协调的能力水平。供应链弹性框架如图 9-7 所示。

供应链弹性综合能力在风险和资源投入的作用下会形成 3 种潜在状态。两种潜在状态 A 和 C 被认为是不匹配的状态，这对企业来说是不利的。潜在状态 A 由于过度风险使企业暴露于风险之中，供应链中断随时可能发生，并造成严重后果；潜在状态 C 由于存在过度的供应链弹性资源投入，供应链虽然具有极高的弹性，但此时的供应链运作成本过高，很可能被市场淘汰。只有在潜在状态 B 的情况下，企业的供应链弹性资源投入与供应链风险才能匹配，供应链不暴露企业风险又不侵蚀企业利润，最终达到提高企业绩效、获取竞争优势的目的。

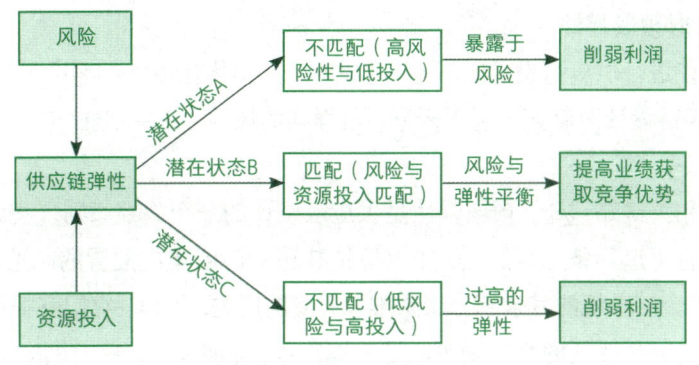

图 9-7 供应链弹性框架

（二）提高供应链弹性的途径

1. 保持适当冗余

保持适当冗余就是通过在供应链上保持超出正常需要的库存和能力的冗余（redundancy），来临时满足对物料或最终产品紧急需求的能力。

保持适当冗余的主要途径包括：一是建立原材料和最终产品的安全储备。一旦中断发生，安全储备便可作为一种缓冲，使企业有时间恢复计划和采取行动；二是保持额外能力（或多点设厂）和作业人员。需求有高峰和低谷，市场有旺季和淡季，保持额外能力和作业人员可使急剧上升的需求得到一定程度的满足，减少缺货损失。

但是，虽然保持适当冗余有利于中断发生后企业继续运营，但一般来说这是一种昂贵的临时性措施，特别是应对规模大而概率小的中断风险时。为了保持冗余，企业必须事先在仓库设施、机械设备、生产能力等方面进行投资，必须为多余的库存、能力、人员付出代价。从成本、效率和质量的角度看，它与精益理念和六西格玛方法是背道而驰的，可能导致成本增加和质量降低。因此，运用时应把握一个适当的度，除非确有需要，否则不需要增加冗余。

2. 增强供应链柔性

供应链柔性即供应链对环境变化和不确定性事件作出反应的能力。增强供应链柔性不仅有助于企业更好地应对日常需求的波动，而且能将供应链意外中断造成的影响减到最小。增强供应链柔性的途径包括：

（1）使产品和流程更加标准化。拥有更多通用的标准部件，使企业能从多个供应源获得供应，并提高与其他地点分担库存的水平，而企业内相似甚至相同的工厂设计和流程有利于企业从一个工厂转向另一个工厂或从一个供应商转向另一个供应商。

（2）采用并行流程。在产品开发和生产、分销等关键领域使用同时进行的而非先后进行的流程可以加快供应链中断后的恢复速度，并且有利于提高对市场的反应能力。

（3）订立柔性合同。柔性合同在内容上提供了许多根据市场变化情况和合同进展情况而定的灵活性选择条款，合同分阶段进行，根据前一阶段的执行情况确定下一阶段的执行条款，一般不采取一次性合同。

> **即学即练**
> 查询资料，了解芯片的结构和部件组成，分析其易产生瓶颈点的地方，并提出弹性供应链方案。

3. 在设计时预嵌弹性

传统企业在进行供应链设计时，往往考虑的是如何优化成本和客户服务，正确的做法应该是，在供应链设计时就充分考虑未来可能面临的风险，并将弹性作为一项设计性能预先嵌入其中。

在瓶颈点和关键路线上，预嵌弹性是供应链设计的一个重要原则。瓶颈点通常是指能力受限或没有可选后备方案的点。如大型集装箱港口或集中配置的制造和配送设施一旦不能工作，就会给系统的其余部分带来难以忍受的压力，所以，它们就很可能是瓶颈点。具有以下一个或多个特征的路线则可能是关键路线：提前期长，单一供应源，节点间的可视性差，可以确认的风险水平高。

供应链设计的另一个关键原则是在成本、效率与风险之间取得平衡。一个成本最低的方案可能恰恰是风险最高的方案。虽然有的方案由于预嵌了弹性而提高了短期成本，但从长期看，则可以实现低成本目标。如能力和库存的富余曾一度只被认为是一种浪费，然而在潜在的瓶颈点上，从战略高度部署额外的能力和库存，对于抵御供应链风险是非常有好处的。

4. 提高供应链敏捷性

供应链敏捷性是指供应链对需求或供应不可预知的变化作出迅速反应的能力及在反应过程中迅速变换行动方向或调整行动策略的能力。许多供应链之所以处于风险之中，是因为它们对需求变化或供应中断作出反应的时间太长。因此，压缩反应时间在提高供应链敏捷性策略中始终处于中心地位。

在其他条件一定的情况下，压缩时间意味着速度与加速度的提高，而缩短产品和物料从供应链的一端移动到另一端的总时间是核心所在。为了压缩总时间，企业必须致力于缩短物料或产品在内部流程和供应链某些阶段停留的时间。具体来说，一是优化流程，即减少所涉及的活动或阶段的数量，平行执行活动而非顺序执行；二是减少非价值增值时间，从客户角度看，花在供应链上的大多数时间都不会增加价值；三是对重要物料或产品采用快速直达的运送方式。

5. 建立全纵深、多层次的弹性防御体系

传统供应链以企业保持安全库存和备用能力作为缓冲来应对供应与需求的波动。但是如果发生意外的频率大大增加，那么这些一线防御能力就会被很快消耗掉，所以还应沿着供应链建立更多道防御线，形成一个多层次的系统，即使某一个层次被突破，它仍然是安全的。这要求供应链上的参与者采取包括低、中、高层次的行动措施。以高层次措施为例，它包括建立应急行动中心和制订应急计划等。如在某些环节或流程中，可以通过制定柔性合同从外界获得平时不常用的人力资源、仓库设施、大型机械设备等备用能力。在紧急阶段，依据柔性合同的规定，以有偿的形式动员使用这些能力。

第四节 数字化供应链风险管理

一、数字化风险管理的形式

数字化风险管理是数字化转型的重要组成部分，它的本质在于运用新技术对传统风险管理架构、流程进行重构，通过大数据和算法建立风险模型，从而提高风控效率，促进企业的精细化运营。数字化风险管理具有三个表现形式。

（一）"线上化+标准化+数字化"的风险管理流程

流程数字化是风险管理数字化的基础。在技术、市场快速变化的环境中，面对风险与创新的矛盾，企业必须具有数字化思维兼具风险控制和鼓励创新的数字风险管理模式。

流程数字化一般以优化客户体验、提高决策效率、降低操作成本为目标。其核心意义在于风险管理的标准化和数字化。只有流程标准化，才能产生有价值的数据。

（二）"信息化+可视化+结构化"的风险管理信息

风险的产生很大程度上来源于信息不对称。在传统模式中，信息形式多样化、来源广泛。随着数字化能力提升，要将风险要素信息化，形成数字标签，结合可视化的数据工具，通过特定的数据逻辑将信息归纳并呈现出来，作为风险决策的依据。

同时，高度分散的 IT 和数据架构无法为数字化风险管理提供具有经济效益的框架。因此，企业还要确定数据愿景，升级风险数据，健全数据治理，增强数据质量和元数据，只有构建正确的数据体系结构，才能更有效地发挥数据的价值。

（三）"量化+模型化+自动化"的风险决策

风险决策自动化是风险管理数字化最高级的表现形式。风险决策自动化往往涉及数据和风险决策模型。而模型需要根据风险控制的结构、流程、数据资源和业务情况，形成风险逻辑并实现量化。

二、数字化风险管理的价值

数字化风险管理的价值体现在三个层面。

（一）呈现风险全貌，提升风控效率

通过技术建立完善的风险指标体系，对企业各板块、各业务中可能产生重大风险及变化情况进行呈现和实时监测，侦测异常信号，监控风险信号，从而对重大风险进行预警，

及时采取事先拟定的风控预案。

（二）支持业务决策，提升收益契机

一方面，企业可以分析以往供应链发生的场景，提炼其特征、形成规则，并将其植入业务审批系统中，当新的供应商进入系统进行审批时，由该系统自动识别风险；另一方面，企业内部审计借助自身的数字化风控经验，打造行业通用的风控系统，不仅能够提升企业内部风险控制的职能价值，而且可以为企业获取外部收益创造契机。

（三）打破信息孤岛，提升反欺诈能力

利用决策引擎、复杂网络、机器学习平台，以及 AaaS（Analytics as a Service，分析即服务）平台等，协助企业有效对前、中、后台进行重塑，形成前、中、后体系化和全周期的生态系统，构建完整的反欺诈体系。

三、数字化风险管理体系的构建

在数字经济时代，在企业发展过程中，各式各样的机遇与挑战接踵而至。同时，随着业务模式的变革，企业防线正不断受到冲击。为了适应新常态、紧跟数字化的发展趋势，企业管理需要借助机器人流程自动化（Robotic Process Automation，RPA）、AI、大数据分析等创新技术及时捕捉业务风险，完善风控管理，强化企业防线，为企业塑造数字化未来保驾护航。具体可以围绕以下两个方面进行。

（一）整合"交易+场景+数据闭环"的基础设施

企业在经营中会持续积累相关产业链中的资金及交易行为，形成海量信息数据，为建立基于垂直产业链的智能风险控制闭环奠定基础。

比如，数据风控和智能现金流预测的起点都是从获取数据开始的，包括企业经营流水、交易数据、订单、合同等数据，以及企业经营环境、客户关系、行业地位、管理层、链条关系等非结构化数据。利用大数据分析技术，对各场景和价值链条的交易数据进行分析和挖掘，并结合场景特点，运用深度学习等算法来分析和预测交易行为，有助于加强企业的流动性管理。

（二）构建"算法+分布式+智能合约"的风控体系

通过基于区块链的支付体系和智能合约，将交易合同中各项条款和支付政策写入智能合约，合约由代码定义并自动强制执行。与此同时，借助历史数据和交易数据，通过机器学习等算法，优化原有的商业政策和风控规则，形成动态、实时的数据库，来迭代原有的智能合约风控措施。

人工智能技术的出现，将有效提升上述算法和模型的精度，提供更加有效的风险评估。比如，在反欺诈方面，人工智能可以自动识别并深度理解文字、数据和影像等信息，发现并发起风险警示；在信用风险管理方面，人工智能可以优化风险模型，并求解各变量之间的量化指标。

四、数字技术对供应链风险管理的影响

数字技术是消除供应链不确定性因素的关键手段。数字化供应链平台通过信息技术实现全链运行可视化、协同化，通过数据分析预测来强化对供应链的整体把控力，消除不确定性因素带来的供应链风险。

微课：
数字技术与
供应链风险
管理

数字技术显著改进了供应链运营效率，降低了各类因素可能产生的潜在风险，增强了供应链韧性。这些技术对供应链风险管理的影响是多方面的，主要包括：

（1）由大数据、云计算驱动的大数据分析能够提升促销质量，使企业更好地实施需求预测，增强供应链透明度，从而降低需求变动，有针对性地采用一些权变计划，应对各种可能的风险，确保供应链高质量稳定运行。

（2）由智能设备、机器人、工业互联网、增强与虚拟现实技术等构成的工业 4.0 能够实现低成本定制化生产，提供个性化产品，实现更高的市场灵活性，缩短交货时间，实现更高效率的产能利用，从而有效组织供应链生产和流程，削减供应链层级，有效缩短供应链运营时间，降低需求风险。

（3）由物联网、5G 等技术驱动的各环节之间的实时联动，能够采集和分享产品和资源的状态数据，动态监测供应链中各个节点的状态，一旦发生问题能够第一时间得到反馈，降低由于物料 / 产品损坏、不及时、停滞等带来的风险。

（4）由增材制造驱动的 3D 打印能够增强供应链柔性，能够有效控制零部件和原材料库存，降低传统采购中的潜在需求或供应风险。

（5）由射频识别、传感器、卫星定位等技术驱动的现代追踪与追溯技术，能够实现实时识别、实时追踪流程状况，增强供应链运营中数据的及时性和真实性，从而降低信息中断导致的风险，更好地协调供应链各参与主体和环节，提升供应链运营效率和及时应对异常的能力。

（6）由区块链技术给供应链安全性带来的革命，实现了不同供应链参与方之间的去中心化协作，数据共享归一且不可篡改，有效避免了供应链中信息泄露和数据错误导致的各种风险，可以帮助企业避免潜在的法律纠纷。

五、数字化供应链风险预警体系的构建

数字化供应链风险管理可以实现随时随地观测、监控、防范任何潜在风险。这种常态

化风险管理的实现来自构建基于事件的供应链风险预警体系。

数字化供应链风险预警体系的基本流程包括四个阶段：

一是数据收集。在风险预警体系中，作为主要信息来源的市场数据需要同时考虑内部和外部数据源，数据摄取需要严格设计，根据行业、地理位置和企业的目标市场监控相关事件。此外，还需要对不同类型的事件及其影响进行评级，以确保数据分析时输入重要数据，并过滤掉冗余数据。

二是数据评价。数据评价主要是在机器学习算法和人工智能的帮助下评估所有来源数据并提供事件影响的预测。例如，预警系统的机器学习算法不断监控市场波动，了解特定事件导致的商品价格波动，以及购买特定商品的合适时机等。

三是预警报告。主要是向主要利益相关者发送警报，以预测评估与之相关的风险。该预警能够让相关方有充足的时间采取措施，最大限度减少风险事件造成的损失。例如，遇到物流故障和质量问题时，可提前通知零售网点和配送中心，安排替代产品发货，确保填补供需缺口，不耽误向客户送货。

四是制订权变计划。风险预警体系不仅应能够提前预知风险的发生和影响，还应当推荐替代计划，对严重的情况立即实施风险缓解措施，对不太紧急的情况提供研究和建议，以确保事件的负面影响最小。

制度保障稳链为民

应急供应链打通"生命线"

2023年12月26日，作为湖北省供应链物流体系建设三年行动方案的重要节点项目，华中区域应急物资供应链与集配中心项目在鄂州市临空区动工，该项目总投资3.17亿元，占地149亩，建设应急物资储备中心、应急救援装备集配中心、应急物资供应链中心、捐赠物资管理平台"三中心一平台"。

该项目距离花湖机场直线距离2千米，距离鄂州火车站6千米，距长江燕矶码头5千米，距离高速公路鄂州出入口4千米，具备"铁、水、公、空"四位一体的应急物资及装备快速投送能力。项目凭借区位优势，依托国内国际多式联运体系，实现1.5个小时应急物资保障覆盖半个中国。

项目全面导入现代供应链管理体系，通过信息化平台整合接入省、市、县三级应急物资实物储备实时信息，应急物资生产企业实物储备和产能储备实时信息，以及物流企业、运输企业、救援队伍等的实时信息，建立应急物资生产、储存、运输一体化的供应链服务，通过智慧管控"一屏尽览、一键直达"，让应急供应链"聪明"起来，"链"接能力更强，有利于第一时间高效调配应急抢救资源。

应急管理部门通过对应急物资生产企业摸底，实行动态管理，明确重点企业、可转产企业，形成有效的保障产能和产能备份，结合灾情需要，确定供应商目录，并通过预留生产线、预储关键原材料、补齐供应链上下游企业能力短板等措施，建立并强化应急物资的产能储备，建立实物储备、协议储备、产能储备等多元化储备模式。

> 调查研究与善作善成

激光雷达供应链风险分析与对策

一、调研背景

激光雷达应用涵盖车载、机器人、智慧城市等领域。其中，汽车是激光雷达最大的应用市场。激光雷达兼具精度高、探测范围广、分辨率高、算法可行性强等优点。随着自动驾驶等级的提升，单车激光雷达搭载数量不断增加。激光雷达市场呈现出快速增长的态势，未来将持续保持高速发展。中国激光雷达企业已占据全球市场份额的一半以上，但是激光雷达上游产业链仍以欧美地区的大企业为主，加之激光雷达的生产涉及多个复杂环节，保持供应链的稳定性和安全性显得尤为重要。

二、调研要求

1. 调研激光雷达主要零部件的供应商情况

（1）收集激光雷达主要零部件的供应商信息，包括部件名称、供应商名称、技术特点等。

（2）分析各供应商的产能规模、生产能力、技术水平，以及市场地位。

（3）了解各供应商所在区域的经济环境、政策环境，以及供应链稳定性等因素。

2. 重点分析可能存在的供应商风险

（1）识别激光雷达供应链中的核心部件和关键技术，分析其对整体供应链的重要性。

（2）针对国外供应商，评估其对国内企业可能带来的风险，包括技术封锁、贸易限制、物流中断等。

3. 制定供应链风险防范预案

（1）制定有针对性的风险防范措施，包括选择多元化供应商，建立备选供应链，加强技术研发，提高自主创新能力，优化物流布局等。

（2）制定供应链应急管理预案，以应对可能出现的突发事件和供应链中断情况。

自测习题

一、单项选择题

1. ( )是供应链系统中各节点企业在运行过程中，由于相互独立决策、企业文化差异、信息不对称、利益分配等与合作有关的不确定性所产生的风险。
   A. 供应链内部风险　　　　B. 供应链外部风险
   C. 供应链合作风险　　　　D. 供应链系统风险

2. ( )是将风险分析过程中确定的供应链风险等级与明确供应链环境信息时设定的风险准则进行比较，从而产生评价结果的过程。
   A. 供应链风险识别　　　　B. 供应链风险评估
   C. 供应链风险管理　　　　D. 供应链风险控制

3. 适合识别供应链运营方面的风险的方法是( )。
   A. 历史数据分析　　　　　B. 全景描述
   C. 关键事件预警分析　　　D. 头脑风暴

4. ( )在识别战略层面的风险上较为有效，尤其是由于新技术的出现、经济以及产业结构的变动所产生的风险。
   A. 历史数据分析　　　　　B. 全景描述
   C. 关键事件预警分析　　　D. 头脑风暴

5. 导致一部分供应链运作产生故障，但主要功能符合要求，这种后果的风险影响属于( )。
   A. 忽略　　　　　　　　　B. 较小
   C. 中等　　　　　　　　　D. 危险

二、多项选择题

1. 供应链风险管理分为三个环节，即( )。
   A. 风险识别　　　　　　　B. 风险评估
   C. 风险预防　　　　　　　D. 风险管理与控制

2. 防御性策略属于损失导向型性质，是对风险发生后所可能导致的后果的一种管控。常见的策略有( )。
   A. 风险规避　　　　　　　B. 风险分担
   C. 风险分散　　　　　　　D. 风险转移

3. 以下属于供应链合作风险的是( )。
   A. 技术风险　　　　　　　B. 文化风险
   C. 信任风险　　　　　　　D. 利益分配风险

4. 以下对弹性供应链描述正确的是( )。
   A. 供应链策略的核心是精益思想

B. 供应链合作伙伴之间的信息共享与协调

   C. 多种供应、服务模式的组合

   D. 在制造、储存空间和流程能力方面，在关键路线上保持备用能力

5. 鲁棒性供应链策略包括（　　　　）。

   A. 设立或增加战略库存

   B. 采用标准化的产品设计、工厂布局及作业流程

   C. 以并行业务流程方案代替顺序业务流程方案

   D. 灵活的营销策略与销售价格

三、判断题

1. 供应链越长，供应链中间的流程越多，"牛鞭效应"越严重，供应链风险的出现概率及危害就越大。（　　）

2. 供应链风险识别是有效进行供应链风险管理的首要阶段，是风险评估、风险管理和控制的前提。（　　）

3. 风险转移措施能够降低风险对于企业本身的影响，尤其是财务影响，所以可以作为首选风险处理策略。（　　）

4. 风险数据分析和可视化，是风险管理数字化最高级的表现形式。（　　）

5. 在潜在的瓶颈点上从战略高度部署额外的能力和库存，对于抵御供应链风险是非常有好处的。（　　）

第十章 供应链服务与创新

学习目标

素养目标
- 培养服务意识、责任意识、效率意识和质量意识
- 培养供应链创新思维和技术思维,以创新驱动提升供应链服务实体经济发展的能力与成效的意识

知识目标
- 掌握供应链服务的含义、目标、特点与原则
- 熟悉供应链服务的主要模式
- 熟悉供应链金融的融资模式
- 了解数字化供应链在制造业、农产品和电商领域的行业创新

技能目标
- 能够依据自身资源为客户设计供应链服务产品
- 能够选择适合的供应链金融产品,解决上下游企业的资金需求
- 能够结合行业特点制定数字化供应链体系的初步方案

思维导图

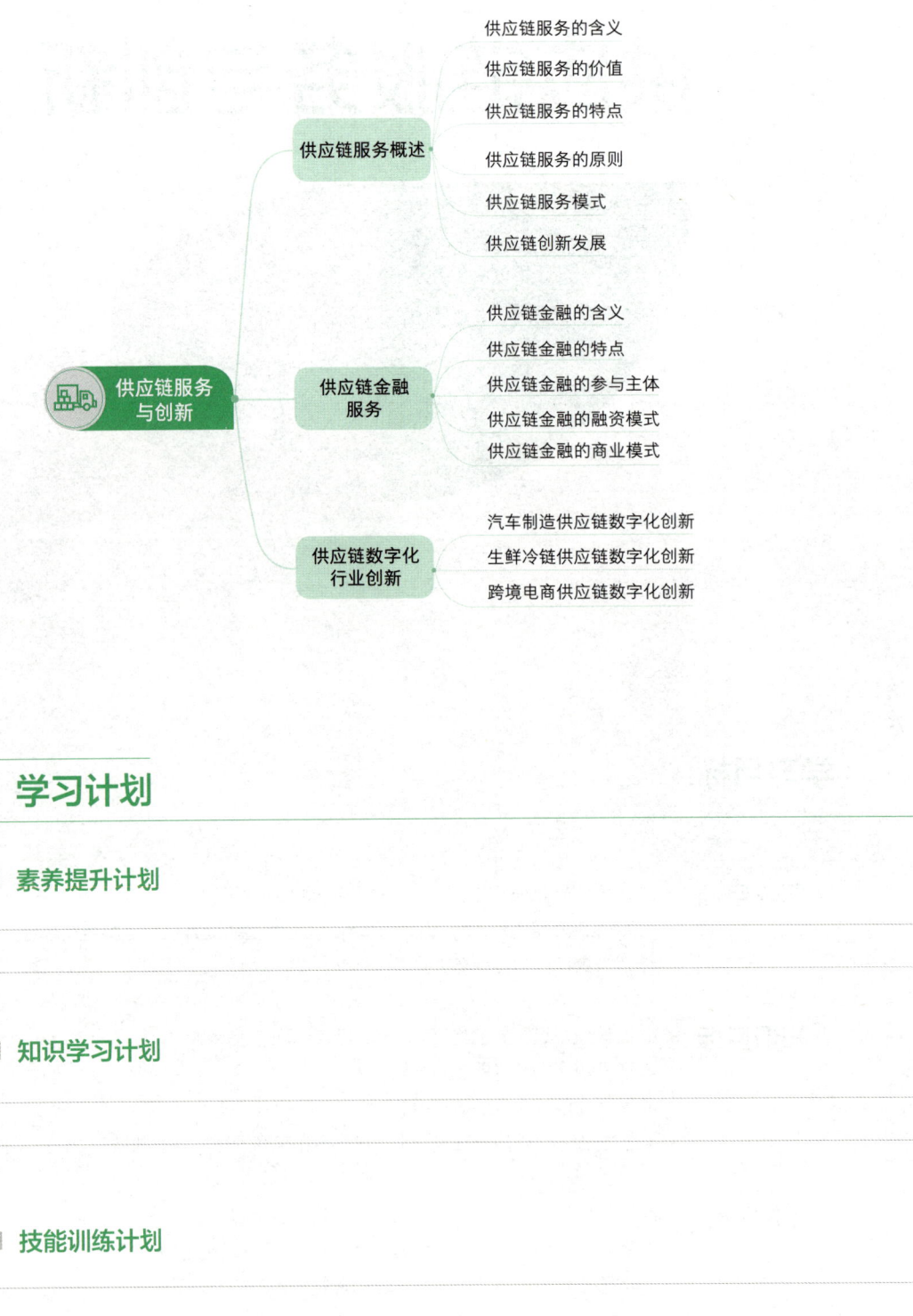

学习计划

素养提升计划

知识学习计划

技能训练计划

引导案例

供应链数字化创新有效推动新质生产力发展

新质生产力顺应了时代发展的新需求,代表着生产力的跃迁,是科技创新发挥主导作用的生产力,是摆脱了传统增长路径、符合高质量发展要求的生产力,是数字经济时代更具融合性、更体现新内涵的生产力。

供应链数字化创新能够有效推动新质生产力发展。

第一,供应链数字化创新能够整合先进信息技术和数据分析工具,通过流程标准化、自动化、实时数据监控与分析等手段,显著提升供应链的高效运作能力。

第二,供应链数字化创新通过基于不同业务场景的人工智能与大数据应用,实现预测需求、库存优化、供应链风险管理、大数据洞察与辅助决策,提升供应链的智能运营能力。

第三,供应链数字化创新还能通过提升透明度、智能感知能力、响应能力与多元化能力,提升供应链的韧性与安全能力。

第四,供应链数字化创新通过提高全产业链透明度和数据共享、促进产业链上下游企业交易与业务协作、优化跨区域供需资源匹配等方式,提升产业链的整合升级能力。

深圳市怡亚通供应链股份有限公司(简称"怡亚通")是世界500强——深圳市投资控股有限公司的旗下企业,中国A股首家上市的供应链企业。怡亚通在做精做强供应链服务的基础上,不断创新供应链发展思维与模式,坚持走"供应链+产业链+孵化器"的特色之路,在产业链整合运营、扁平化流通平台构建、新兴产业布局上持续发力,强化数字化平台与产业创新的对接,构建起以科技为引领、以市场为导向、数实融合的供应链创新服务体系。

怡亚通实现供应链服务创新的一大抓手是数字化平台。在流通端怡亚通通过云计算、大数据等技术建立数字化品牌引擎——怡通天下,通过不断优化现有业务流程,实现数据的深度挖掘和分析,为企业提供了更为精准的市场洞察和决策支持。此外,平台连接产品流通的各个环节,通过打通信息壁垒,实现供应链上下游无缝对接,提升了整个供应链的效率和响应速度。

怡亚通在产业布局上向"新"而行,在人工智能、半导体、新能源、新材料、高端装备等领域投入大量资金和资源,积极推动产业的快速发展,为公司的未来发展打造新的增长极。例如,怡亚通旗下公司联合石英砂领域的专家团队布局高纯度石英砂提纯技术研发与推广,主导的提纯技术不断取得了关键突破;积极推动绿色环保,怡亚通布局贵金属产品的生产及二次资源回收产业,搭建集贵金属贸易、化合物、催化剂、回收精炼等业务于一体的大炼化供应链平台,专注于铂族(铂、钯、铑、钌、铱)金属工业产品的生产和回收精炼,为石油化工、精细化工、制药、汽车、能源及环保等行业客户提供专业的一站式循环经济整合运营服务……通过整合资源,怡亚通与各领域掌握核心技术的企业、专业团队合作,充分发挥供应链核心企业的优势,成为引领新质生产力发展的重要推手。

> **引思明理**
>
> 党的二十大报告指出"必须坚持科技是第一生产力、人才是第一资源、创新是第一动力，深入实施科教兴国战略、人才强国战略、创新驱动发展战略，开辟发展新领域新赛道，不断塑造发展新动能新优势"。高水平、专业化的供应链管理服务与创新是有力促进实体经济发展的重要推手，越来越多以怡亚通为代表的供应链服务企业不断提升自身的科技实力和服务创新能力，融入生产、流通、贸易等各行各业，成为产业链发展壮大的倍增器。

第一节 供应链服务概述

一、供应链服务的含义

由于供应链具有节点数量众多、企业类型多样、客户需求复杂等特性，单一企业很难有效降低供应链成本，提升供应链管理效率，因此，需要有专门的企业来为供应链上的节点企业提供供应链服务，实现降低节点企业供应链成本和提升供应链管理效率的目的。

根据中华人民共和国国家标准《物流术语》（GB/T 18354—2021），供应链服务（Supply Chain Service）是指面向客户上下游业务，应用现代管理和技术手段，对其商流、物流、信息流和资金流进行整合与优化，形成以共享、开放、协同等为特征，为客户创造价值的经济活动。

党的二十大报告指出："构建优质高效的服务业新体系，推动现代服务业同先进制造业、现代农业深度融合"。供应链服务行业是新经济的产物，是从现代物流业发展而来的，是物流业的高端形态。现代物流与供应链服务的共同点是两者都是为整个供应链提供服务的。两者的差别在于提供服务的范围和供应链的集成程度。供应链服务是集成化企业管理服务模式，在降低企业成本、增加企业效益、控制企业风险等方面起到重要作用。

> **即学即问**
> 供应链服务越来越受到重视的原因是什么？

二、供应链服务的价值

供应链服务的价值体现为：通过为每个客户设计并实施供应链解决方案，将上下游各环节的企业整合成一个网络，并有效管理供应链各环节上的商流、物流、资金流和信息流，实现客户外包环节与非外包环节的无缝连接，从而帮助客户将精力专注于核心业务和核心优势，在提高客户效率、提升对市场的响应速度、降低供应链成本的前提下分享收益，并将企业深度嵌入客户的生产经营活动中，成为客户价值链上的战略合作伙伴。

供应链服务企业根据客户需求提供采购执行、渠道拓展、市场营销、媒体推广、库存管理、物资监管、进出口服务、跨境电商、新零售支持、物流与供应链金融等定制化服务，帮助企业提升品牌价值，开拓增量业务。

三、供应链服务的特点

1. 跨领域、跨区域、跨行业

跨领域，即纵向贯穿经营活动的商流、物流、资金流和信息流多个层次，具备在每个单一层次都能提供解决方案的专业能力。跨区域，即横向跨越区域乃至不同国家、不同制度和不同法律框架，具备在不同区域解决问题并执行方案的专业能力。跨行业，即深刻掌握不同行业、同行业中的不同客户、不同类型的商业模式，并具备针对客户个性化需求制定解决方案的能力。

2. 高超的整合与运营能力

供应链服务与普通物流服务不同，供应链企业强调整合各层级的现有资源，在供应链管理解决方案的指导下为客户提供全方位服务，这就要求从业企业具备较强的整合与运营能力。

3. 强大的信息系统支持

供应链服务具有大范围、跨领域、多层次立体全方位整合的特点，信息传递表现出多边、交叉、同步等特性，这就要求企业配备的信息系统技术架构先进、功能层次分明、高效协同，以满足业务需求。

四、供应链服务的原则

1. 连接原则

供应链服务需要遵循连接原则，即生产商、供应商、分销商、客户等参与者的战略、策略、实际操作等均应相互连接，以便能够借助IT技术、互联网平台，以及其他通信形式及时沟通与交互。

2. 协同性和同步性原则

供应链服务需要遵循协同性和同步性原则，强调参与者之间发扬密切合作的精神，共享利益，共担风险，使参与者各自的战略、策略、实际运作等实现同步运行和协同发展，力求避免或消除系统产生的瓶颈问题或难题。

3. 战略高度和客户服务原则

供应链服务要站在战略高度，对供应链服务中的核心能力和优质资源进行有效配置和科学集成。供应链服务必须坚持以客户服务为中心，持续促进和提高供应链服务的整体竞争力，力求使供应链成为客户获取最大价值的源泉。

五、供应链服务模式

（一）供应链综合物流服务模式

供应链综合物流企业提供仓储与配送一体化服务，其核心竞争力在于解决一系列物流、运输问题，为客户提供最佳物流设计方案。随着用户对时效性的要求越来越高，电子商务的高效便捷催生了物流网络的高速发展，在企业的资金及人力资源有限的背景下，物流外包及相关配套服务需求规模激增，包括运输网络、配送网络和仓储网络，其主要服务对象包括供应链上的各环节企业。

（二）供应链全境服务模式

提供前、后端贸易执行服务模式的供应链企业打通从生产到零售的所有中间环节，整合各环节企业，并实现紧密协作、统一协调，为客户提供采购、分销一站式服务方案。供应链服务企业掌握生产企业、各级分销商、零售商、物流商和金融机构等资源网络，可提供集采购、生产、仓配、分销、通关、支付、金融等于一体的综合性服务，竞争优势明显，对于新客户及品牌商的入驻更具有吸引力。

（三）供应链咨询服务模式

随着市场竞争环境的变化，传统产品、价格竞争逐步转变为品牌及相关配套服务的竞争，对企业的供应链体系提出了更高的要求，在重点发展核心业务的基础上，部分非核心业务外包需求不断扩大。供应链的方案设计以及定制类服务帮助实现企业高效发展和利益最大化，供应链咨询服务企业在单个或某一类型业务领域具有丰富的研究和实践经验，可提供全方位的咨询服务和建议。

（四）供应链金融服务模式

供应链服务商凭借其在供应链前、中、后端的商流、物流、资金流和信息流的控制力，能够做到对供应链运行中的货物、资金的动态监管和风险控制，使得供应链服务商成为供应链中天然的核心企业，通过共同设计交易结构，引入第三方资金或使用自有资金对供应链各个节点企业提供授信支持、交易结算等金融服务。供应链服务商发展供应链金融业务既能开拓新的业务模式，提升盈利能力，又能增强客户黏性，促进企业供应链业务量的发展。

六、供应链创新发展

供应链创新是指为了提升供应链的效率、效果和效益，对供应链的构成因素进行改进和优化的活动。这种创新活动旨在满足客户需求，提高产品质量，并实现整个供应链的增值。供应链的创新特征包括创新、协同、共赢、开放和绿色。

供应链创新对企业发展的作用体现在以下几个方面：

第一，供应链创新可以提高企业的效率。通过优化供应链，企业可以实现物流、生产和销售等各个环节的协同作业，从而提高生产效率并降低成本。例如，通过采用先进的物流技术和管理方法，可以实现对物流信息的实时监控和管理，从而提高物流效率并降低物流成本。同时，通过优化生产流程和生产设备，可以提高生产效率并降低生产成本。这些措施不仅可以提高企业的效率，还可以提高企业的竞争力。

第二，供应链创新可以提高企业的灵活性。随着市场需求的不断变化，企业需要不断调整生产和销售策略，以适应市场变化。通过优化供应链，企业可以实现对生产和销售的快速响应，从而提高企业的灵活性。例如，通过建立快速反应机制和灵活的生产线，可以实现快速生产和交付，从而满足市场需求的变化。同时，通过建立供应链合作伙伴关系，可以实现资源共享和风险分担，从而提高企业的灵活性和抗风险能力。

第三，供应链创新可以提高企业的可持续发展。随着社会的不断发展，企业需要不断适应环境和社会变化，以实现可持续发展。通过优化供应链，企业可以实现对资源的有效利用和环境保护，从而实现可持续发展。例如，通过采用环保材料和节能设备，降低企业的环境污染和能源消耗，实现可持续发展。同时，通过建立供应链合作伙伴关系，可以实现资源共享和循环利用，也可以实现可持续发展。

第二节 供应链金融服务

一、供应链金融的含义

根据中华人民共和国国家标准《物流术语》（18354—2021），供应链金融（supply chain finance）是指以核心企业为依托，以企业信用或交易标的为担保，锁定资金用途及还款来源，对供应链各环节参与企业提供融资、结算、资金管理等服务的业务和业态。与传统的融资业务相比，供应链金融较好地满足了部分中小企业的资金需求，激活了整个供应链的高效运转，降低融资成本，有利于整条产业链的协调发展。

供应链金融并非某一单一的业务或产品，它改变了过去银行等金融机构对单一企业主体的授信模式，围绕着某"1"家核心企业，从原材料采购到制成中间产品再到最终产品，最后由销售网络把产品送到消费者手中，将供应商、制造商、分销商、零售商直到最终用户连成一个整体，全方位地为链条上的"N"个企业提供融资服务，通过相关企业的职能分工与合作，实现整个供应链的不断增值。供应链金融的基本框架如图10-1所示。

图 10-1　供应链金融的基本框架

即学即问
供应链金融为什么越来越受到企业和客户双方的欢迎？

二、供应链金融的特点

（1）不单纯依赖客户企业的基本面资信状况来判断是否提供金融服务，而是依据供应链整体运作情况，以真实贸易背景为出发点。

（2）闭合式的资金运作，即将注入的融通资金限制在可控范围内，按照具体业务逐笔审核放款，资金链、物流运作需按照合同约定的模式流转。

（3）供应链金融可获得渠道及供应链系统内多个主体信息，可制定个性化的服务方案，尤其对于中小企业来说，其资金流在得到优化的同时提高了经营管理能力。

（4）流动性较差的资产是供应链金融服务的对象，在众多资金沉淀环节提高资金效率，但前提是该部分资产具有良好的自偿性。

三、供应链金融的参与主体

供应链金融的参与主体主要有金融机构、中小企业、支持型企业以及在供应链中占有优势地位的核心企业。供应链金融的参与主体及功能如表 10-1 所示。

表 10-1　供应链金融的参与主体及功能

参与主体	功能
金融机构	金融机构通过与支持型企业、核心企业的合作，在供应链各个环节，根据预付账款、存货、应收账款等动产进行"量体裁衣"，设计相应的供应链金融产品，为中小企业提供融资支持

续表

参与主体	功能
中小企业	中小企业可以通过货权质押、应收账款转让等方式从银行取得融资，把企业资产盘活，将有限的资金用于业务扩张，从而减少资金占用，提高资金利用率
支持型企业	主要是物流商作为供应链金融的主要协调者，一方面为中小企业提供物流、仓储服务，另一方面为银行等金融机构提供货押监管服务，搭建银企之间合作的桥梁
在供应链中占有优势地位的核心企业	核心企业依靠自身的优势地位和良好信用，通过担保、回购和承诺等方式帮助上下游中小企业融资，既能维持供应链的稳定性，又有利于自身发展壮大

四、供应链金融的融资模式

供应链金融作为有别于传统信贷的融资模式，能够为企业提供产业链上相应节点的融资服务，提高营运资金的周转能力。从业务切入节点来看，主要应用在订单采购、存货保管、销售回款三个阶段。

（一）订单采购阶段

与订单采购阶段对应的是预付账款环节，采购方作为资金需求方，为了预定采购、获取货物而进行的融资，可以理解为未来存货的融资。

根据采购定位的不同，可以分为两种状态：一是采购方作为经销商，通常是零售商或分销商。二是采购方作为代理承包方，通常是电子产业、汽车制造产业。在采购方承包模式下，采购方将采购环节外包，由采购承包方垫付采购费用。在这种模式下，融资是为了给特定需求方（发包方）垫付采购资金，并完成采购任务，重点在于发包方能否履约。

根据采购主体不同，预付账款环节的融资需求可以概括为以下两类：

1. 经销商的预付款融资模式

经销商的预付款融资模式比较典型的是保兑仓融资模式。保兑仓融资是基于预付款融资的一种，这种模式通常是为供应链中处于核心企业下游的经销商提供融资方案。保兑仓融资模式具体是指以银行承兑汇票作为结算工具，由商业银行对存货进行控制，第三方物流企业接受商业银行委托保管货物，对超出银行承兑汇票的部分由卖方回购仓单作为担保的一种特定票据业务。保兑仓融资模式针对的是下游企业（买方）的购买环节，核心企业（卖方）以"仓单"为质押物并承诺回购，从而对下游企业的融资活动进行担保。其主要流程是：在核心企业（供应商）承诺回购的前提下（若融资企业未能足额提取货物，核心企业必须负责回购剩余货物），银行、核心企业、融资企业、第三方物流企业四方共同签订"保兑仓协议书"，允许融资企业（购货方）向银行缴纳一定数额的保证金；融资企业向银行申请以供应商在银行指定仓库的既定仓单为质押，获得银行贷款支持，并由银行控制其提货权；第三方物流企业承担既定仓单的评估和监管责任,确保银行对提货权的控制。保兑仓融资模式如图10-2所示。

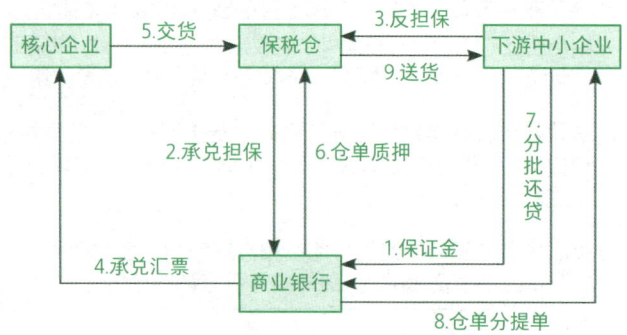

图10-2 保兑仓融资模式

2. 代理采购商的预付款融资模式

代理采购商的预付款融资模式比较典型的是怡亚通在代理采购方面的融资模式。第三方采购垫资业务兴起的背景是企业将供应链外包,由于产业链分工呈现出国际化的布局,因此采购业务也表现为国际化的特点。国际化采购呈现出采购种类众多、货款支付频繁、进口报关手续麻烦等特点。因此,怡亚通在承接外包采购的同时,先向企业提供垫资服务,然后再与企业统一结算。金融机构根据怡亚通的采购频率以及采购金额,提供相应的资金支持,如图10-3所示。

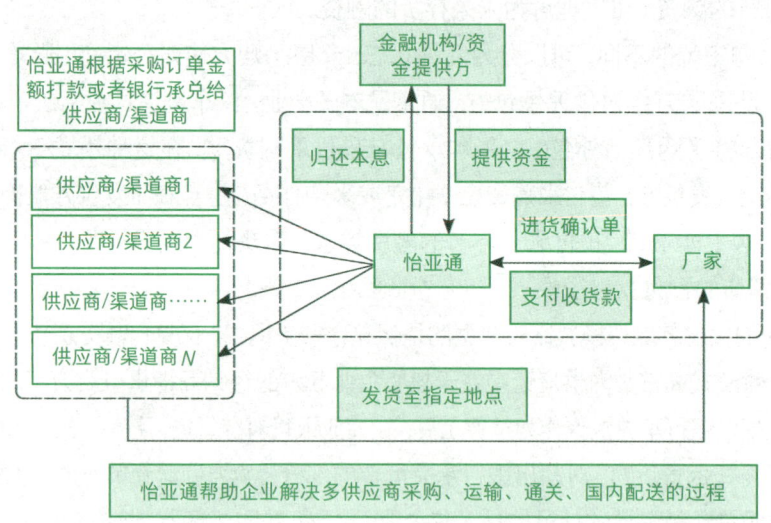

图10-3 怡亚通的垫资采购模式

(二)存货保管阶段

从采购到位到销售完毕,或者从生产阶段到销售完毕,均存在一定的时间差,这时候货物资产处于存货保管阶段。存货保管阶段除了在企业自有仓库存放,还可能在物流企业或者港口企业的仓库保存。此外，存货除了静态存放，也可能表现为在运输途中的动态存放。

存货作为资产存在的一种形式，实际上是对企业现金流的占用。资金需求方可以将货物质押获得融资，标准化货物往往具有较强的可质押性。

存货用于质押获得融资，相应的供应链金融产品包括仓单质押融资、动产质押融资等。在实际运用中，大宗商品贸易企业拥有货物的控制权，是这类融资的主要需求主体。在这种情况下，金融机构通常根据仓单提供资金支持，以仓单标的物为质权，为债权实现提供担保手段，并且将外部物流仓储企业作为监管方来实现对货物的把控。仓单/货权质押的融资模式如图10-4所示。

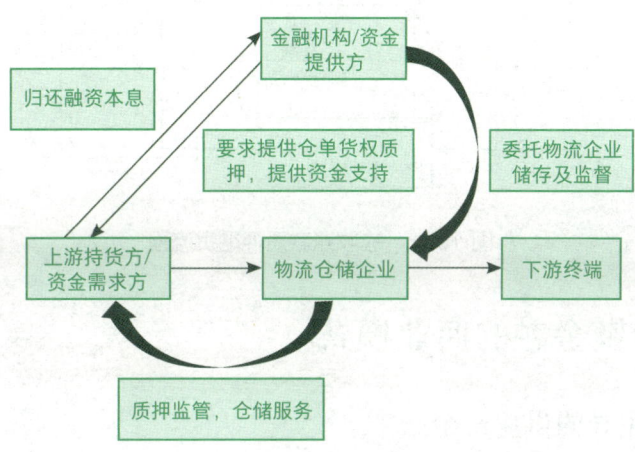

图 10-4　仓单/货权质押的融资模式

由于存货既有静态储存，也有动态运输的状况，因此金融机构也可以提供存货动态模式下的融资方案，核定库存总量，库存保持最低限额。在这种模式下，往往需要借助物联网技术对货物的状态进行实时监控。

(三) 销售回款阶段

从销售完毕至等待回款的阶段，形成了应收账款。它是一种以债权形式存在的资产，企业可以将这个权利作为质押，加快销售回款。

根据资金直接需求方不同分为两种情况：一是销售量较大的核心企业；二是应收账款账期较长的弱势企业。

第一种情况，核心企业是应收账款的融资方，由于销售量比较大，通常形成了较大的应收账款额度，但是众多分销商的支付周期存在差异，为了加快自身的销售回款，将销售形成的应收账款质押融资。这种模式下的融资是基于应收账款分散、小额、多笔的融资，违约率较低，可以形成应收账款资金池。

第二种情况，也就是将应收账款账期较长的弱势企业作为融资方，通常可分为直接融资与间接融资。直接融资主要是应收账款质押融资，间接融资主要是资产证券化的模式。

常用的是应收账款质押的直接融资方式。

应收账款的额度大小和账期长短是影响企业资金安排的重要因素。为了加快资产盘活,产生了将应收账款作为质押、转卖获取融资的需求,应收账款质押融资流程如图10-5所示。

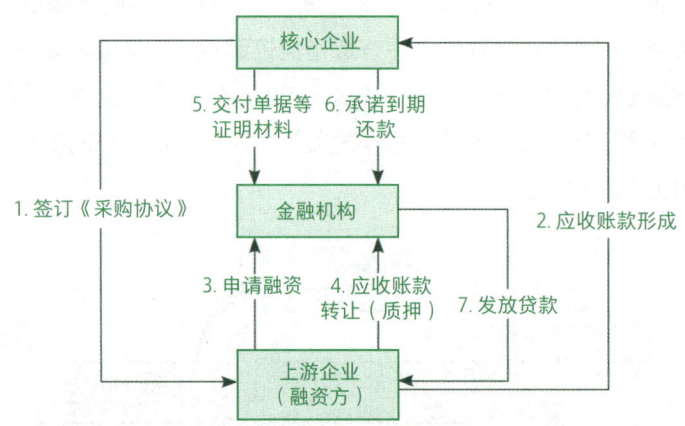

图 10-5　应收账款质押融资流程

五、供应链金融的商业模式

(一) 银行主导的供应链金融

党的二十大报告指出:"深化金融体制改革,建设现代中央银行制度,加强和完善现代金融监管,强化金融稳定保障体系,依法将各类金融活动全部纳入监管,守住不发生系统性风险底线"。在银行主导的供应链金融中,银行是主要的风控主体,由此导致在选择供应链企业时,规模较大、资金数据较全的企业成为银行的优先偏好。在该供应链金融模式下,链条企业所承担的资金成本较低,风控能力较强。该模式下的供应链金融体现出明显的安全边际,在贷款、授信、质押中强调各类凭证的有效性和真实性。同时,银行也凭借其金融系统职能,帮助供应链企业做好中间环节的服务,如资信调查、汇兑等。

以农业银行"链捷贷"为例,该供应链金融产品基于核心企业信用提供应收账款、存货、订单和预付款融资等基本模式,根据上下游企业需求、供应链情况、核心企业系统及数据情况,农业银行创新"保理 e 融""票据 e 融""应收 e 贷""订单 e 贷"等多项子产品。此外,上线有"保理 e 融"和"e 账通"等"核心企业应付账款多级流转"产品。全力打造线上供应链金融平台"农银智链",贯通中小微企业融资渠道,打通供应链,协同上下游,助力产业链供应链稳定畅通。

(二) 电商主导的供应链金融

电商平台开展供应链金融的核心是真实的交易数据。通过平台的交易属性、贷款发放和还款,可以形成资金闭环。电商平台的供应链金融有以 B2B 垂直电商平台为主导和以

B2C 电商平台为主导两种模式。两者都是利用企业在平台上的交易数据、物流信息和资金数据等进行风险评估，贷款金额根据企业信用级别发放。

例如，京东通过长期的沉淀和积累，制定了差异化的定位策略，自建物流体系等，用大数据、技术优化、人工智能来降低金融商业的成本。京东供应链金融服务平台是一个基于电子信息技术的服务平台，主要是面向上游企业开展一系列完整的金融服务。京东金融现在已经建立了七大业务板块，分别是供应链金融、消费金融、众筹、财富管理、支付、保险、证券，包括京保贝、京东白条、京东钱包、小金库、京小贷，以及权益类众筹、股权众筹、众筹保险等产品。

（三）ERP 厂商主导的供应链金融

供应链管理离不开 ERP 系统，ERP 系统在整合供应链中多个企业数据的同时，也能为金融机构设计融资产品创造新的突破口。因此，很多软件公司转型，构建基于 ERP 系统的供应链金融操作模式，采用先进的信息化管理手段，使得基于供应链管理的相关业务更加便捷，减少了供应链金融中的风险。

以用友为例，其供应链金融云平台前端对接核心企业的 ERP 系统、财务系统、采购平台、销售平台等，获取到真实的交易数据；后端对接资金方，包括商业银行、信托、基金、保理公司等，根据企业存货、财务、贸易等数据，经过多维度分析，为企业授信、融资、贷后监控提供数据支撑，实现资产端和资金端深度穿透融合，为供应链上下游中小企业提供融资服务。

（四）物流企业主导的供应链金融

物流作为连接供应链上下游的重要交付环节，其服务价值已经从单纯的物流服务逐渐发展到电子商务、金融等衍生服务。一些大型物流公司通过物流、资金流和信息流的结合进入供应链金融。物流企业从专业的物流服务切入，在货物的验收、评估和监管方面具有明显优势，可以有效地掌握企业的真实运营数据，降低信息不对称带来的风险。

以顺丰为例，顺丰的供应链金融背靠其强大的物流体系，业务线包括基于货权的仓储融资、基于应收账款的保理融资、基于客户经营条件与合约的订单融资和基于客户信用的"顺小贷"。"四流合一"成为支撑丰富供应链金融业务线的基石，其中，物流系统构成包括顺丰速运、顺丰仓配、顺丰供应链，以及顺丰家；在信息流和资金流方面，由历史交易数据、支付交易数据、物流系统信息，以及征信引入，来自 B2B 交易过程中沉淀下来的数据，被用于金融服务和评估；商流方面，涵盖顺丰优选和顺丰海淘等。基于上述"四流"，实现了在交易数据、物流信息、系统对接、监控系统四个方面的不断提升，从而为仓储融资、保理、订单融资等供应链金融各条业务线提供了有力保障。

(五) 供应链企业主导的供应链金融

专业的供应链服务商通过整合供应链的各个环节，形成集物流、采购、分销于一体的一站式供应链管理服务，在提供物流配送服务的同时提供采购、收款及相关结算等金融业务。具有代表性的是深圳怡亚通公司的产融运作模式，使其类似于一家小型银行，在为供应链内企业提供金融服务的同时自身获取盈利。

以怡亚通为例，怡亚通 2010 年成立宇商金融，深挖供应链大数据，围绕"N 1 N"供应链金融模式，形成一站式供应链管理服务平台，整合金融机构、物流商、征信服务商等社会资源，形成集物流、采购、分销于一体的一站式供应链管理服务，满足客户多元化的金融服务需求。怡亚通的供应链金融如图 10-6 所示。

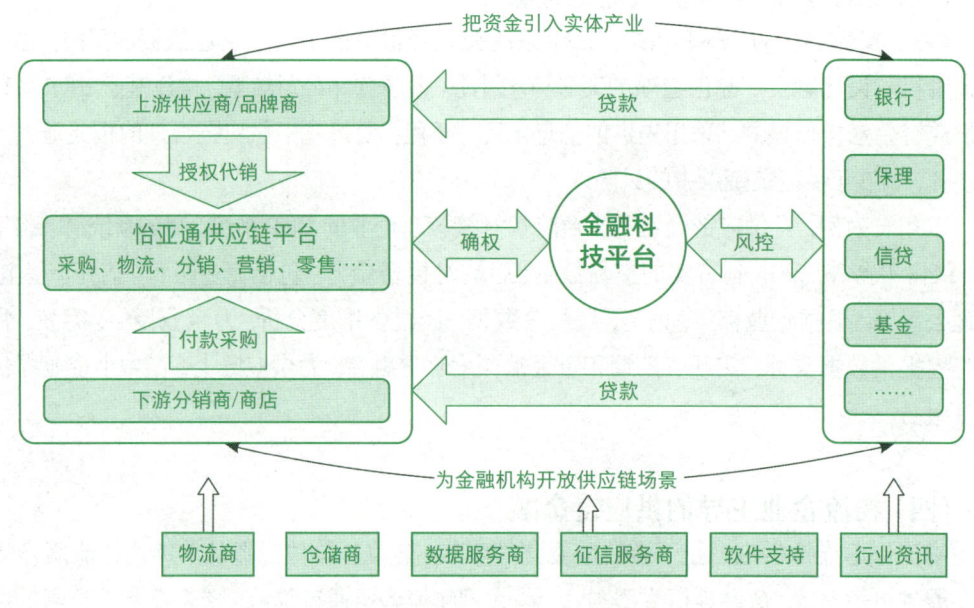

图 10-6　怡亚通的供应链金融

(六) 制造企业主导的供应链金融

有些大型传统制造企业有着深厚的行业背景和资源，利用其行业优势来发展供应链金融，对企业本身和行业来说是一种双赢。对企业来说，可直接赚取收益，提升企业的综合竞争力；对行业来说，从行业领军企业转变成供应链金融服务商，可以帮助供应链上下游中小企业良性运营，带动产业的持续发展。

例如，海尔集团利用自身的分销渠道网络、交易数据和物流业务等要素的雄厚积淀，成立了海尔金控。通过"资本＋触点＋链接"的"产业投行"模式建立以用户体验为中心的共享交互生态圈，实现生态增值的物联网金融平台。海尔金控融合了人工智能、大数据、安全识别、移动物联网、区块链、云计算等技术，连接各资源方共创协作，形成一个稳固的多边生态系统。海尔金控在为客户定制个性化资产及资金需求的同时，还基于流数据分析的授信技术，根据客户的业态设计贷款期限和还款方式，并渗透到客户交易场景当中，不断完善产业金融风控体系和消费场景金融风控体系，建立了实时交互的信息化系统。

> **创新驱动强链强国**
>
> **三一集团供应链金融解决中小企业融资痛点**
>
> 三一集团创建于1989年，是中国最大的工程机械制造厂商，主营业务是装备制造业。作为国内工程机械制造行业的骨干企业，三一集团充分发挥行业龙头企业的示范作用，推动供应链生态协调发展。基于信息化技术构建供应链金融服务平台不仅是满足企业自身发展的需要，而且可以赋能众多上下游中小企业。
>
> 工程机械行业属于典型的资金密集型行业，其供应链上游供应商通常采用"现款现货"的结算方式向大型钢材企业采购原材料并使用赊销的结算方式向其下游核心企业销售货物。这种资金期限不匹配的采购销售模式导致上游供应商经常面临较大的资金压力。因此，基于信息化技术构建供应链金融服务平台，整合产业供应链上的物流、现金流及信息流，使核心企业赋能供应链上的中小企业，以及解决其融资难、融资贵的重要举措。
>
> 在三一集团的上游供应商中，中小型零部件生产企业占比65%，内部管理和金融信息不对称等原因，导致其融资渠道匮乏，融资成本较高。上游供应商一方面迫切需要流动资金维持生产经营，另一方面缺乏有效的融资渠道，其资金压力也将通过采购价格反噬整个供应链，影响供应链协同发展。在此背景下，三一集团通过运用云计算、区块链、大数据等前沿技术，自建供应链金融平台，解决供应商的资金难题。依托供应链金融平台和大数据模型，可以将三一集团与产业链上下游企业深度绑定，通过交易数据的收集、清洗、整合、加工、分析，为供应链上下游的中小微企业描绘风险画像，建立全生命周期的信用体系，将三一集团的优质信用传递到供应链上游，为中小微企业提供基于真实贸易背景的在线金融服务，解决中小微供应商融资难、融资贵的资金痛点。

任务训练

1. 任务背景

跨境电商未来将成为国际贸易中不可或缺的一种业态。重庆西部物流园铁路口岸区园区拥有渝新欧国际物流通道，可为企业提供快速高效的物流运输方案。A公司准备在园区内建设并运营一个保税物流中心（B型），开展跨境电商业务：一是开展乳制品、食品、孕婴用品、日化用品、五金制品等商品保税存储及分拣包装的服务；二是依托园区国际铁路运输开展跨境电商国际物流业务。

2. 任务要求

作为项目竞标方，成立项目团队，分工协作，完成A公司保税物流中心（B型）的设施结构与功能设计。

3. 任务流程

任务流程如图 10-7 所示。

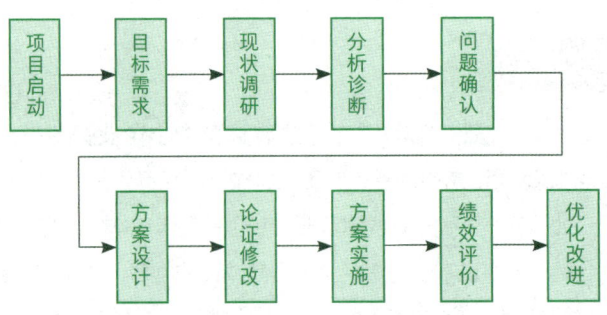

图 10-7　任务流程图

4. 任务成果

（1）WBS 工作分解结构表。
（2）保税物流中心（B 型）项目建议书。

第三节　供应链数字化行业创新

一、汽车制造供应链数字化创新

中国是世界上最大的新能源汽车生产国和消费国，也是规模最大的新能源汽车出口国。随着新能源、人工智能技术的发展，全球汽车产业正加速迈进电动化、智能化、数字化阶段。数字化技术贯穿汽车行业的制造、生产、营销、管理、运维、售后服务等各环节，供应链数字化是整个汽车行业价值链数字化的重要一环，具体表现为以下三个阶段：

（一）数字孪生：可视、预警与优化

数字孪生指通过数字技术在虚拟环境中创建和模拟现实世界中的实体或过程。它具有两层含义：一是从物理物体到虚拟物体的孪生，能够更全面地获取各种数据和细节，并实现汽车零部件、元器件的主动和被动维护；二是从虚拟物体到虚拟物体的孪生，通过组织数字孪生（digital twin of an organization, DTO）完成整个供应链各层的流程及组织的建模复刻。具体应用包括：

（1）模拟整个供应链的各个环节和组成部分，实时反映各种变化。例如，库存水平、生产进度、交货时间等，从而更好地管理和优化供应链运作。

（2）帮助预测供应链中的风险和问题。例如，供应瓶颈、延迟交货等，并提供相应的解决方案。

（3）模拟和优化供应链中的各种决策和方案，可以评估不同的供应链策略和变化对供应链绩效的影响，从而指导实际决策的制定。

（二）智能柔性：诊断现状、预见未来、指导决策

汽车行业的智能制造水平处于制造业的前沿位置，但以用户为中心的大规模定制化需求向企业提出了新的课题与挑战。

智能柔性举措是实现汽车个性化定制的一种先进模式与实践，目标是以用户为中心、提升及时交付率（on-time delivery，OTD）。它利用先进的智能和数字化手段（如物联网、人工智能、大数据分析等）提高供应链的智能化和灵活性。一方面，在制造领域更加关注数据透明、决策敏捷、设备智能、流程高效，实现非预见性自我调整，以此提升柔性化生产能力，降低不确定性，从而满足消费者定制化需求。另一方面，将制造端、供应端和消费端进行横向拉通，驱动流程中全要素的价值整合。

（三）自动化与数字化的深度融合：智能决策与执行

1. 数据驱动的自动化

将数字化技术与自动化系统连接，通过传感器、物联网和数据采集设备，收集各个环节的实时数据，包括设备状态、工艺参数、生产数据等，用于自动化控制系统的决策和优化，实现智能化的自动化操作。以智能仓储为例，采用 AGV 智能仓储、智能立体库、生产智能箱库的"货到人"模式，可大幅度提升出库效率、入库效率和空间利用率。

2. 智能算法的应用

利用人工智能、机器学习和优化算法，通过分析大量数据、生成算法和训练模型，可以预测设备故障，优化生产计划，提升质量控制，自动化地处理和分析数据，实现自动化决策和调整。以智能配送为例，车企采用自动驾驶技术，整车完成下线后自动入库，可提升 20% 以上的效率。

3. 虚拟化和仿真

通过建立数字孪生模型和虚拟仿真系统，可提供安全、可控的环境，进行自动化控制系统的优化和测试。同时，可用于员工培训和技能提升，提高自动化系统的操作效率和可靠性。

4. 自动化工作流程和协作

将数字化系统与自动化设备和机器人连接，实现整个工作流程的自动化和协作。

二、生鲜冷链供应链数字化创新

随着冷链快递、冷链共同配送、"生鲜电商+冷链宅配""中央厨房+食材冷链配送"等新业态、新模式日益普及，科技创新的力量正在推动冷链物流向智能化、科技化、自动化

方向转型升级，冷链物流全链条进一步实现科技赋能。冷链物流的高质量发展以数字技术创新打破农产品上行的瓶颈，有力促进乡村振兴。

（一）数字化技术赋能生鲜供应链

数字技术全面助力提高生鲜供应链的综合服务水平，推动生鲜供应链向数字化、智能化、高效化、生态化系统转型升级。其作用突出表现在以下方面：

区块链技术提供交易、分布式账本和去中心化功能，并在生鲜（尤其是特定的、复杂的生鲜品）供应链中实现端到端的可追溯性，使消费者能够追踪数字产品信息（例如，农场原产地、批号、工厂和加工过程）；人工智能技术提高了农业生产与物流操作的准确性、速度和吞吐量；自然语言处理技术增强和简化人机交互；物联网、5G、射频和传感器技术协助解决上下游信息孤岛及协同监管问题（如 5G—V2X 的车联网与车辆跟踪、智能排产计划与全渠道履约）；大数据、云计算或雾计算技术提高数据挖掘和数据利用价值；虚拟现实、增强现实技术结合人工智能技术促进用户体验提升。

（二）数字化技术提升客户体验

用户参与新品/服务设计，开发迎合需求趋势的新产品或服务，并开展全链路的组织架构、运营管理等数字化转型路径设计。农业生产阶段则是需求数据向生产端反哺，实现数字农业向智慧农业发展的全生命周期过程可溯可控的目标。物流的主目标则是各渠道相互补充相互需要基础上的网络协同，涉及农村网络、末端网络、快递网络、仓配网络及跨境网络。营销环节可以通过数字化技术赋能消费者洞察，传播和沟通消费者价值，从而实现精准营销。零售市场终端是通过独特体验以增加用户黏性并带来全链路的收益增长。

（三）生鲜供应链数字化平台

生鲜供应链模式的数字化实现可以通过在线交易平台开展，平台从各节点与流程获取相关数据，利用大数据、人工智能等技术为节点上的企业和商户提供信息服务与决策支持。生鲜供应链的数字化平台主要包括预测与资源统筹、集成化交易、分析与推演、追溯与风控四个子系统。预测与资源统筹子系统是针对用户的供需预测及其所牵引的节点间履约预测对资源（如生产要素品种和数量、物流子系统设施设备、线上线下渠道）的市场化统筹；集成化交易子系统是整合各节点间的多元交易模式，以形成网状的集成交易方案；分析与推演子系统是数字化技术驱动的各节点及子系统基于数据的挖掘、建模与分析（如弹性分析、绩效分析、业务分析、财务预警等）最终形成的决策策略；追溯与风控子系统是一套产品追溯体系，可还原产品从生产、加工、物流到消费的全程，实现"源头可溯、去向可追、风险可控、公众参与"的基本要求，确保产品的质量和安全。

三、跨境电商供应链数字化创新

近年来，我国持续加大跨境电商的培育力度。在硬件建设方面，目前我国跨境电商的海外仓超过 1 500 个，总面积超过 1 900 万平方米；在国际合作方面，我国跨境电商的贸易伙伴已经覆盖全球，是全球跨境电商生态链最完善的国家之一。未来，中国跨境电商在保持良好发展势头的同时，也面临着数字经济时代的巨大机遇与挑战。数字化能力提升与创新成为跨境电商高质量发展的重要支撑。

（一）跨境电商供应链数字技术

1. 数字化营销

采用大数据技术，基于跨境电商平台的后台数据，对点击率、回购率、退换货率、转化率及商品评价进行数据分析，可以有效预测爆款、普通款或经典款等，有助于企业深入了解用户的个性化消费需求行为习惯及偏好，进行科学选品，并进行广告的精准投放，实现个性化营销，提升客户满意度。同时，对于用户来说，可以减少搜寻商品的时间，提高交易的成功率。

2. 数字化支付

将区块链与跨境电商相结合，可以有效解决跨境电商在支付领域的相关问题，促进中国跨境支付的发展，保障资金安全。区块链去中心化点对点交易，每个节点相互独立，交易双方可以越过第三方支付平台进行直接交易。所有涉及节点都认同相关信息的真实有效性，保障交易高效安全。智能合约特性则是利用数字加密技术等手段在系统内部设置相应的规则，无须经交易双方同意，区块链系统会自动默认完成交易，避免资金交易延迟，提高系统内部运作的效率。

3. 数字化物流

在整个跨境电商物流链条上，各服务商在运营过程中会留下大量数据，利用人工智能技术对这些数据进行分析，建立一个可对物流数据进行管理的数字化物流作业系统，实现跨区域、跨文化的国际物流合作，建立符合国外需求的智慧物流配送体系，提升跨境物流在海外的物流配送服务能力；还可以通过整合物流企业提供的数据，利用协同平台数据集聚的优势，将物流需求方和供给方有效对接起来，实现供需匹配。

4. 数字化通关

跨境电商整个环节涉及的主体众多，交易频繁，因此信息在传递过程中会存在诸多安全隐患，而区块链技术的应用能防止数据被篡改，有利于海关追溯产品信息，做好对产品的质量监控。跨境电商平台可以与海关合作，打造"全链路溯源系统"，为商品发放电子"签证"，借助区块链技术的不可篡改特性实现商品采购、物流等信息的全链路溯源，从而使跨境电商交易的货物处于全方位监管之下。

(二)跨境电商供应链数字化创新

跨境电商供应链数字化创新发展可分为四个阶段:

(1) 企业通过技术驱动展开供应链价值主张,利用先进的大数据、云计算及智能算法等作为价值供应链的技术支撑,进行海量数据资源整合分类分析。

(2) 企业以客户需求为导向,利用海量数据支持,打造数字化供应链信息系统与物流服务,为客户定制所需要的产品,进行价值创造。

(3) 企业与社群平台的双向互动式价值传递,方便企业及时了解客户需求与反馈意见。

(4) 以大量客户需求数据信息为指导,不断改善与提升产品品质、资源及物流配送服务,获取客户参与度、客户有效性及客户效率等有价值的数据信息,支持动态优化与决策。

(三)跨境电商供应链数字化协同平台

跨境电商供应链数字化协同平台是一种以数字化技术为基础,通过跨境电商平台实现供应链各方的协同合作,提高供应链效率、降低供应链成本和风险,提升企业竞争力的新型管理模式。一体化跨境电商数字供应链平台通过引入5G、区块链、人工智能等先进技术,体现出以下优势:

1. 提高供应链的透明度和可追溯性

数字化协同平台能够实现信息的实时共享和传递,帮助企业更好地了解供应链各方面的运营情况和交易信息,从而更好地掌握供应链的运营状况,降低风险和不确定性。

2. 优化库存管理和物流配送

数字化协同平台通过智能化的数据分析和管理,能够实现库存的实时监控和优化,避免库存积压和缺货现象发生。同时,数字化协同平台也能够优化物流配送网络,提高物流效率和服务水平。

3. 拓展销售渠道和市场

数字化协同平台能够为企业提供更广阔的销售渠道和市场空间,降低进入新市场的门槛,帮助企业拓展海外市场和增加销售额。

4. 降低成本和提高效益

数字化协同平台能够降低供应链各方面的成本(包括采购成本、物流成本、仓储成本等)并提高效益。

制度保障稳链为民

冷链物流"国家队"为食材安全保驾护航

随着城乡居民对食品要求的不断提升,肉类、蔬菜、水果、水产品、乳品、速冻食品等越来越依赖于冷链物流的保驾护航,不仅调节了农产品的跨季供需,在稳定物价、平衡供应、减少损耗等方面也卓有成效。同时,冷链物流在生物制剂、药品、疫苗、鲜花等诸多领域都发挥了举足轻重的作用。

作为我国拓展强大国内市场优势和建设现代流通体系的重要领域，冷链物流是支撑农业规模化产业化发展，促进农业转型和农民增收，助力乡村振兴的重要基础；也是满足城乡居民个性化、品质化、差异化消费需求，推动消费升级和培育新增长点，深入实施扩大内需战略和促进形成强大国内市场的重要途径。因此，对保障食品和医药商品安全、建设人民满意的供应链具有重要意义。

在冷链物流系统中，冷链仓储是非常重要的核心设施，尤其是大型冷链物流建设因为门槛较高，不仅投入大，资金回笼慢，技术专业性强，在建设和运营中还经常面临多种因素的影响及干扰。只靠市场很难快速和均匀地提升冷链网点的建设与服务水平。

2020年的中央一号文件提出"安排中央预算内投资，支持建设一批骨干冷链物流基地"。至2023年，3批共有66个国家骨干冷链物流基地纳入年度建设名单，基地网络覆盖29个省（自治区、直辖市，含新疆生产建设兵团）。《"十四五"冷链物流发展规划》明确指出，布局建设100个左右国家骨干冷链物流基地。通过建设，冷链空间分布更为合理，有效拓展覆盖范围，一直困扰我国的冷链物流资源分布不平均的问题将得到改善。

在覆盖区域内，国家骨干冷链物流基地能够充分发挥区域冷链物流网络的组织核心作用，延伸冷链物流服务的网络，加速城乡冷链基础设施的发展。骨干网络经营网点、仓储物流配送设施的搭建，能够促进县、乡、村三级物流配送体系，强化县域物流配送中心集散中转和仓储配送功能，整合和集聚乡村冷链基础设施，填充冷链网末端网点，打通农产品冷链物流"最后一公里"，逐步形成全程"不脱冷"的冷链物流闭环链条，带动上下游产业转型升级，为乡村振兴奠定基础，为人民的美好生活保驾护航。

调查研究与善作善成

农产品供应链数字化转型提升保障能力

一、调研背景

在党的二十大报告中,稳链保民生被赋予了重要的战略意义。其中,发展稳固的农产品供应链是确保民生需求得到满足的关键环节。农产品供应链的稳固直接关系到广大人民群众的生活品质和身体健康。为此,各个城市都建立了完善的农产品供应体系,旨在任何情况下都能保障农产品的稳定供应。

随着科技进步和数字化浪潮的推进,农产品供应链面临着数字化转型的迫切需求。数字化转型可以进一步提升农产品供应链的效率和透明度,确保农产品从田间到餐桌的安全和新鲜。因此,对本地城市农产品供应体系、流通体系、物流体系等进行深入调研,并提出数字化转型的建议,具有重要的现实意义和实践价值。

二、调研要求

1. 调研本地城市农产品供应结构

(1)调研分析本地城市农产品供应体系的基本架构和运作机制,包括生产、流通、销售等环节,分析本地城市农产品供应体系的优势和不足。

(2)分别调研本地生产和外地调运的粮食、蔬菜、水果等农产品的种类和供应数量,分析各自的优劣势和互补性。

2. 调研本地城市农产品流通与物流体系

(1)了解本地农产品的流通渠道和物流网络,包括批发市场、农贸市场、超市等销售渠道和仓储、运输等物流环节。

(2)分析农产品流通与物流体系中的瓶颈和问题,如信息不对称、物流成本高等。

(3)调研现有物流技术的应用情况,如冷链技术、智能仓储等,评估其在提高农产品供应链效率中的作用。

3. 提出农产品供应链数字化转型建议

(1)基于调研结果,分析本地农产品供应链数字化转型的可行性和必要性。

(2)提出具体的数字化转型建议,包括利用大数据、物联网、人工智能等技术手段优化农产品供应链的管理和决策。

(3)评估数字化转型的预期效果,包括提高农产品供应链效率、降低物流成本、保证食品安全等方面的预期成果。

自测习题

一、单项选择题

1. 供应链服务必须坚持以（　　）为中心，持续促进和提高供应链服务的整体竞争力。
   A. 成本控制　　　　　　　B. 流程改造
   C. 客户服务　　　　　　　D. 竞争优势

2. （　　）指通过数字技术在虚拟环境中创建和模拟现实世界中的实体或过程。
   A. 数字建模　　　　　　　B. 数字孪生
   C. VR/AR　　　　　　　　D. 生成式人工智能

3. 为了加快资产盘活，产生了将（　　）作为质押、转卖获取融资的需求。
   A. 承兑汇票　　　　　　　B. 应收账款
   C. 授信额度　　　　　　　D. 原材料

4. （　　）模式针对的是下游企业（买方）的购买环节，核心企业（卖方）以"仓单"为质押物并承诺回购，从而对下游企业的融资活动进行担保。
   A. 保兑仓融资　　　　　　B. 仓单质押
   C. 垫资采购　　　　　　　D. 应收账款质押

5. （　　）技术提供交易、分布式账本和去中心化功能，并在生鲜（尤其是特定的、复杂的生鲜品）供应链中实现端到端的可追溯性。
   A. 大数据　　　　　　　　B. 物联网
   C. 人工智能　　　　　　　D. 区块链

二、多项选择题

1. 供应链服务企业根据客户需求提供（　　）等定制化服务。
   A. 采购执行　　　　　　　B. 库存管理
   C. 进出口服务　　　　　　D. 物流与供应链金融

2. 供应链金融从业务切入节点来看，主要应用在（　　）三个阶段。
   A. 订单采购　　　　　　　B. 存货保管
   C. 销售回款　　　　　　　D. 生产制造

3. 存货用于质押获得融资，相应的供应链金融产品包括（　　）。
   A. 订单质押融资　　　　　B. 提单质押融资
   C. 仓单质押融资　　　　　D. 动产质押融资

4. 自动化与数字化的深度融合表现为（　　）。
   A. 数据驱动的自动化　　　B. 智能算法的应用
   C. 虚拟化和仿真　　　　　D. 自动化工作流程和协作

5. 数字化技术全面助力提高生鲜供应链的综合服务水平，推动生鲜供应链向（　　　　）系统转型升级。

　　A. 数字化　　　　　　B. 智能化
　　C. 高效化　　　　　　D. 生态化

三、判断题

1. 供应链服务纵向贯穿经营活动的商流、物流、资金流和信息流多个层次，具备在每个单一层次都能提供解决方案的专业能力。（　　）
2. 供应链金融不单纯依赖客户企业的基本面资信状况来判断是否提供金融服务，而是依据供应链整体运作情况，以真实贸易背景为出发点。（　　）
3. 物联网技术、多媒体技术结合人工智能技术促进用户体验提升。（　　）
4. 营销环节可以通过数字化技术赋能消费者洞察，传播和沟通消费者价值，从而实现精准营销。（　　）
5. 数字孪生可以模拟和优化供应链中的各种决策和方案，可以评估不同的供应链策略和变化对供应链绩效的影响，从而指导实际决策的制定。（　　）

参考文献

[1] 马士华,林勇,等.供应链管理[M].6版.北京:机械工业出版社,2020.
[2] 胡建波.供应链管理实务[M].4版.成都:西南财经大学出版社,2021.
[3] 戴建平,李屏.新编供应链管理[M].2版.南京:南京大学出版社,2017.
[4] 张相斌,林萍,张冲.供应链管理——设计、运作与改进[M].北京:人民邮电出版社,2015.
[5] 朱占峰,陈勇.供应链管理[M].4版.北京:高等教育出版社,2023.
[6] 周苏,孙曙迎,王文.大数据时代供应链物流管理[M].北京:中国铁道出版社,2017.
[7] 施云.供应链架构师——从战略到运营[M].北京:中国财富出版社,2016.
[8] 殷绍伟.精益供应链:从中国制造到全球供应[M].北京:机械工业出版社,2016.
[9] 黄尧笛.供应链物流规划与设计:方法、工具和应用[M].北京:电子工业出版社,2016.
[10] 汪寿阳,田歆,陈庆洪,丁玉章.供应链工程——谱写中国商业新篇章[M].北京:科学出版社,2017.
[11] 王雷.供应链金融:"互联网+"时代的大数据与投行思维[M].北京:电子工业出版社,2017.
[12] 彭剑锋,宋跃三,吴满鑫.供应链改变中国[M].北京:中信出版集团,2017.
[13] 王远炼.供应链管理精益实战手册(图解版).北京:人民邮电出版社,2015.
[14] 刘宝红.供应链管理:实践者的专家之路[M].北京:机械工业出版社,2017.
[15] 宫迅伟.采购全流程风险控制与合规[M].北京:机械工业出版社,2020.
[16] 唐隆基,潘永刚.数字化供应链 转型升级路线与价值再造实践[M].北京:人民邮电出版社,2021.
[17] 宋华.供应链金融[M].3版.北京:中国人民大学出版社,2021.
[18] 宋华.数字供应链[M].北京:中国人民大学出版社,2022.
[19] 人力资源社会保障部教材办公室,中国物流与采购联合会.供应链管理师(一级)[M].北京:中国劳动社会保障出版社,2023.
[20] 人力资源社会保障部教材办公室,中国物流与采购联合会.供应链管理师(二级)[M].北京:中国劳动社会保障出版社,2022.
[21] 中国企业联合会,全国企业管理现代化创新成果(第二十八届)[M].北京:企业管理出版社,2022.
[22] 中国企业联合会,全国企业管理现代化创新成果(第二十九届)[M].北京:企业管理出版社,2023.

主编简介

马翔，教授，高级经济师，广东财贸职业学院数字供应链学院院长，供应链运营专业国家级职业教育教师教学创新团队负责人，"供应链基础"课程思政示范课负责人、课程思政教学名师，全国物流职业教育教学名师，《供应链运营专业教学标准》研制组组长，《物流类实训条件建设标准》研制组核心专家，职业教育学分银行专家，供应链运营专业省级教学资源库项目执行人。担任全国行业职业技能竞赛物流服务师赛项组委会委员，国际供应链建模设计大赛评审专家，职业院校智慧物流、供应链管理省赛专家组长、专家、裁判，英国专业管理考试委员会（Certified Supply Chain Professional, CSCP）国际注册供应链管理师项目专家组成员。兼任全国物流职业教育教学指导委员会物流管理类专委会委员，中国物流学会理事会理事，中国供应链产业及人才联盟专家委员会委员。具有连锁经营和配型中心15年企业工作经历与丰富实战经验。主要教学与研究方向为物流与供应链管理。主编教材《供应链管理基础》《企业管理基础》，其中《供应链管理基础》被评为"十四五"职业教育国家规划教材。

郑重声明

高等教育出版社依法对本书享有专有出版权。任何未经许可的复制、销售行为均违反《中华人民共和国著作权法》，其行为人将承担相应的民事责任和行政责任；构成犯罪的，将被依法追究刑事责任。为了维护市场秩序，保护读者的合法权益，避免读者误用盗版书造成不良后果，我社将配合行政执法部门和司法机关对违法犯罪的单位和个人进行严厉打击。社会各界人士如发现上述侵权行为，希望及时举报，我社将奖励举报有功人员。

反盗版举报电话　（010）58581999　58582371

反盗版举报邮箱　dd@hep.com.cn

通信地址　北京市西城区德外大街4号　高等教育出版社知识产权与法律事务部

邮政编码　100120

读者意见反馈

为收集对教材的意见建议，进一步完善教材编写并做好服务工作，读者可将对本教材的意见建议通过如下渠道反馈至我社。

咨询电话　400-810-0598

反馈邮箱　gjdzfwb@pub.hep.cn

通信地址　北京市朝阳区惠新东街4号富盛大厦1座　高等教育出版社总编辑办公室

邮政编码　100029

防伪查询说明

用户购书后刮开封底防伪涂层，使用手机微信等软件扫描二维码，会跳转至防伪查询网页，获得所购图书详细信息。

防伪客服电话　（010）58582300

资源服务提示

授课教师如需获取本书配套教辅资源，请登录"高等教育出版社产品信息检索系统"（http://xuanshu.hep.com.cn/）搜索下载，首次使用本系统的用户，请先注册并进行教师资格认证。

高教社高职物流专业QQ群：213776041